我看见的世界

李飞飞自传

FEI-FEI LI

[美] 李飞飞 著　赵灿 译

中信出版集团 | 北京

图书在版编目（CIP）数据

我看见的世界：李飞飞自传 /（美）李飞飞著；赵灿译 . -- 北京：中信出版社，2024.4 (2025.3重印)
书名原文：The Worlds I See
ISBN 978-7-5217-6218-1

Ⅰ.①我… Ⅱ.①李…②赵… Ⅲ.①回忆录－美国－现代 Ⅳ.①I712.55

中国国家版本馆 CIP 数据核字 (2023) 第 232447 号

THE WORLDS I SEE
Copyright © 2023 by Fei-Fei Li.
Simplified Chinese translation copyright © 2024 by CITIC Press Corporation
ALL RIGHTS RESERVED
本书仅限中国大陆地区发行销售

我看见的世界——李飞飞自传
著者：　　［美］李飞飞
译者：　　赵　灿
出版发行：中信出版集团股份有限公司
　　　　　（北京市朝阳区东三环北路 27 号嘉铭中心　邮编　100020）
承印者：　北京通州皇家印刷厂

开本：880mm×1230mm　1/32	印张：13.5　　字数：275 千字
版次：2024 年 4 月第 1 版	印次：2025 年 3 月第11次印刷
京权图字：01-2024-1291	书号：ISBN 978-7-5217-6218-1

定价：85.00 元

版权所有·侵权必究
如有印刷、装订问题，本公司负责调换。
服务热线：400-600-8099
投稿邮箱：author@citicpub.com

致我的父母，
你们不畏艰险，穿越黑暗，让我能够追寻光明。

致萨贝拉一家，
当我在陌生人的世界中迷失时，你们以善意之光照亮了我的道路。

致西尔维奥，
你以智慧、耐心和力量，点亮了我人生旅途的每一步。

致我的孩子们，
你们永远是我的世界里最灿烂的光。

目录

CONTENTS

01 如坐针毡的华盛顿之行 001

我马上要在美国国会就"人工智能"的话题做证,我坚信人工智能可以让世界变得更好。无论如何,我都要让大家知道,科学的力量依然值得我们满怀乐观。

02 逐梦之旅 013

十几岁的我疯狂地痴迷与热爱物理学,为此父母决定冲破周围一切障碍,飞越重洋,全家前往美国,开启逐梦之旅。

03 鸿沟渐窄 041

移居美国的决定让我们陷入贫困,全家都在艰难地跨越新环境带来的巨大鸿沟,但好在,我们都看到它正在缩小。

04 心智探索 087

从普林斯顿大学到伯克利,我首次接触到真正的科学给我带来的兴奋感。我确定自己无比热爱研究,我要找到属于自己的北极星。

05　第一道光　　　　　　　　　　125

人工智能的发展再次遭遇寒冬，我在导师们的引导下开始关注视觉研究。此后，它将成为我一切学术旅程的主线，成为我世界的中心。

06　北极星　　　　　　　　　　149

2004 年，我们创建的 Caltech 101 完工，成为有史以来为机器学习配置的最大规模的图像集合，里面有超过 9000 个图像，分布在 100 个类别中，另外我还独自完成了一个新类别的图像整理。如果彼得罗想要 100 个类别，我就给他 101 个。

07　一个假设　　　　　　　　　191

ImageNet 不仅是一个数据集，它是一个假设、一个赌注，即实现真正机器智能的第一步，是沉浸在完整的视觉世界中。这个赌注无论被证明是对是错，我都做好了准备。但我没想到，它被忽视了。

08　实验验证　　　　　　　　　235

在 ImageNet 的帮助下，AlexNet 焕发生机，它贪婪地吸收着 ImageNet 的内容，在 ImageNet 规模和多样性的土壤中生根发芽，茁壮成长。

09 万物以外是什么 271

深度学习革命已经到来,而我们还没有做好准备。报纸上的一篇文章让我看到了世界变化之快。我们的对手不是其他大学的某个神秘研究团队,而是谷歌。

10 似易实难 315

"人工智能还能做哪些事来帮助别人?"母亲在病床上的问题,让我开启了医疗服务的环境智能研究。另外,我开始思考"人工智能伦理"的议题。

11 无人可控 349

此时,我们都处在一场全球风暴之中,我们要从根本上重新构想人工智能,使其成为以人为本的实践,这个共同的目标就是下一颗北极星。

12 下一颗北极星 395

人工智能的未来仍然充满不确定性,我们有很多理由保持乐观,也同样有很多理由感到担忧。但一切都源于比单纯的技术更深层次、更有影响的问题:在我们创造的过程中,是什么在激励着我们的心灵和思想?

致谢 419

译后记 424

01

如坐针毡的
华盛顿之行

Pins and Needles
in D.C

✦

我马上要在美国国会就"人工智能"的话题做证,我坚信人工智能可以让世界变得更好。无论如何,我都要让大家知道,科学的力量依然值得我们满怀乐观。

酒店的大堂朴实无华，反映出这次行程安排更重视便捷，而不是住宿的奢华。大堂内气氛温和、秩序井然：客人和礼宾员礼貌地交谈，滚动的行李箱轮子嗡嗡作响，不时开合的玻璃门呼呼有声。但我却忐忑不安，靴子踩在薄薄的地毯上，发出急促的咔嗒声，就像我此刻的心情。作为一名致力于学术研究的学者，我马上要在美国众议院科学、太空和技术委员会就"人工智能"的话题做证，自然难免紧张不安。就在此前一天，我刚从美国西海岸乘坐红眼航班抵达华盛顿，几乎一夜未眠，一遍又一遍紧张地演练自己的发言。这是 2018 年 6 月 26 日，随着时间一分一秒流逝，我越来越接近职业生涯的又一个里程碑：到国会做证。

我走出酒店，来到人行道上。华盛顿特区的清晨阳光苍白，街道两旁联邦政府的办公大楼鳞次栉比，风格朴素，色彩单调，与我习惯的加州街景截然不同。在加州，目之所及是大片的住宅区和时髦的办公园区，偶尔可见一些教会风格的建筑。而在这里，即便是砖石建筑，也显得更有质感、更加古老。首都不愧是一座将历史刻在街头巷尾的城市。

我不禁想到自己第一次来这里时的情形，当年我还不知人工智能为何物，还没有进入学术界，与硅谷也没有任何联系。当时我的整个身份（至少对外部世界而言）可以用一个词来概括，那就是"移民"。对一个经济拮据、英语蹩脚的家庭来说，出门旅行困难重重。大多数活动可以按照免费和太贵来筛选安排；而且所有活动都是英语讲解，英语非母语的阴霾始终笼罩着我，似乎永远难以消散。即便如此，参观美国国家航空航天博物馆的场景仍在我的记忆深处熠熠生辉。博物馆里实物大小的展品展示了波澜壮阔的航空航天发展历史，让我的心灵受到极大震撼，想象力也随之飞扬。我意识到，即便身为一个生活在社会边缘的少女，我心目中的理想国度依然是科学世界。

尽管当时看起来遥不可及，但在接下来的几年里，我找到了属于自己的路，来到了科学世界的最前沿。这个领域不是航空航天，而是心智科学，以及对智能机器的初步探索。我的职业生涯开启短短十年之后，一项名为"深度学习"的突破性技术开始创造历史，人工智能变得非常非常重要。

算法、大规模数据和原始算力等在科学发展史上具有里程碑意义的技术，在 21 世纪初汇聚在一起，形成合力。虽然这些人工智能发展的必要条件用了半个多世纪才得以融合，但它们释放的能力在不到五年的时间里就将整个世界改头换面。商业模式彻底变革，相关行业投资额高达数十亿美元，人工智能似乎一夜之间从一个小众的学术领域爆发成为推动全球变革的力量——从行业分析师到政治评论员再到哲学家，所有人都在竞相解读这项技术的意义。人工智能的崛起速度和影响范围可谓史无前例，仅仅从这个角度看，也值得我即将面对的立法者们予以关注。

当然，人工智能的发展并没有这么简单。短短几年内，这个技术行业的繁荣发展就受到了质疑和抵制，因为媒体、倡导团体甚至政府机构的担忧都与日俱增。媒体开始持续报道算法偏见造成的日益加剧的危害、人工智能可能导致的大量失业，以及这一技术被用于监控带来的不安。相关报道使公众对人工智能形成了负面看法，这在整个科技领域都是非常罕见的。

几个月前，我曾在《纽约时报》发表专栏文章，尝试总结这些紧张关系。虽然文章只有800字左右，但我分享了我对人工智能领域发展前景的兴奋之情，分析了批评者提出的合理担忧，尽自己所能实现两者的平衡。我写道，人工智能对世界的真正影响，将在很大程度上取决于推动这项技术发展的动机——在人脸识别功能和定向广告投放不断发展的时代，这一观点挑战了现有认知。我认为，如果我们能够进一步拓宽对人工智能设想的边界，明确提出人工智能需要"对人类和社区产生积极影响"的要求，如果我们对成功的定义可以包含类似提法，我相信人工智能可以让世界变得更加美好。时至今日，我对这一点依然深信不疑。

这种对未来的信念似乎是我受邀做证的部分原因。我前不久刚与几位伙伴联合创立了非营利教育组织AI4ALL，推动向处于高中阶段的女生、有色人种和其他未被充分代表的群体开放大学实验室，提高STEM（科学、技术、工程与数学）领域的包容性。事实上，国会表示，他们有意让我做证的一个关键原因就是我正在努力推动人工智能领域参与人员的多元化。鉴于人工智能的功用令人担忧，如果我能带来些许积极的改变，会是一件令人鼓舞的事。我对未来充满期待，愿意为此付出，无怨无悔。

我加快了步伐。国会大厦赫然耸立于我的眼前，一如照片上那般雄伟，尽管此时我还没有完全意识到这里就是我此行的目的地。不过，我的确留意到一个明显的变化——周围的游客没有一个人在用纸质地图，而我十几岁来这里旅游的时候，纸质地图几乎从不离手。在此后的这些年里，智能手机已经改变了我们日常生活的方方面面，旅行自然也不例外。但与人工智能一样，智能手机也显露出其负面影响，在2018年代表科技界宣扬以人为中心的乐观主义，时机不对。

不管怎样说，我的专栏文章发表时正值"科技抵制浪潮"高涨之际：越来越多的人认为，硅谷的野心已经走向了巧取豪夺的极端。在我职业生涯的其他任何时候，类似的争议并不会波及我这个名不见经传的学者。但事有凑巧，作为斯坦福大学的教授，我在21个月的学术休假期间担任了谷歌云的首席人工智能科学家，任期才过半，我就被卷入争议的中心。除了和家人经营过一家干洗店，谷歌是我第一个学术界以外的雇主，当时距离我彻底重返大学只有几个月的时间了。但那天下午，我在公众眼中的身份已经无法改变。

矛盾的是，一方面，我担心自己会被误认为是科技产业内部人士；另一方面，我又作为一个局外人，经历了漫长的奋斗和挣扎。像许多移民一样，我感到被各种纵横交错的文化鸿沟所束缚。一些鸿沟不可名状，另一些则清晰地横亘在我的面前，难以跨越。英语是我的第二语言，但我每天大部分时间都必须用英语来交流；我是一名女性，而我所在的领域由男性主导，"帽衫男"一直是科学领域的典型形象，以至这个词现在已经没有任何讽刺的意味了。这么多年来，我一直在思考自己是否真正属于哪个世界，而国会似乎不太可能是一个能让我放下警惕的地方。

如果委员会对人工智能技术的未来感到担忧，就会更加凸显他们与我之间的共同点，因为我也同样忧心忡忡。我一直都对科学的力量持乐观态度，从未改变，但之前那些动荡的岁月让我明白，乐观的结果并不是理所当然的。未来可能是光明的，但不能守株待兔，前行之路尚不明确，需要我们共同努力。

在城市中穿行之际，还有一件事压在我的心头。不到24小时前，我还在帕洛阿尔托的一家医院里，陪在母亲身边，这样的陪伴已经持续了几周的时间。几十年来，她的健康面临无数的威胁，有些是慢性病，有些是急症，而这是她最近一次住院。实际上，我大部分的书面证词都是在重症监护室外一张狭小的椅子上起草。身穿蓝色手术服和白色大褂的医生在我身边来回穿梭。我甚至远程参加了听证会的准备会议。我们隔着笔记本电脑屏幕交谈,而我周围是护理员走动忙碌的身影和医院寻呼系统断断续续的声音。

我是家里的独女,是父母唯一的经济支柱,同时还要担任他们与看护人员之间的翻译。想到这些,我不禁觉得真不该安排这次行程。但是,能出席这次听证会让身为移民的母亲感到无比骄傲,相比之下,疾病根本不算什么。在来到美国仅仅20年后,她竟然可以看到自己的女儿在美国国会发表演讲,这样的机会绝对不能错过。在我的整个职业生涯中,母亲自始至终坚定地支持我,所以我相信她会坚决要求我参加听证会。

因为她的鼓励,我决定前来出席,但我的担忧丝毫没有得到缓解。万一母亲到时需要我,该怎么办?从登机的那一刻起,我就一直害怕接到关于母亲的电话,如果这个电话真的打来了,我该如何选择?万一抛开与技术、文化或者政治相关的种种原因,这次听证会之行本身就是一个巨大的错误呢?

仿佛是为了让我抛开思虑,举行听证会的雷伯恩众议院大厦高耸的灰色外墙突然映入眼帘。雷伯恩大厦不像街对面俯瞰着国家广场的圆顶国会大厦那样具有标志性,但也完美体现了华盛顿建筑的新古典主义风格。我从第一次上美国公民课起,就非常欣赏这一特点。靠近大厦正面时,高耸的柱子和饰有老鹰图案的山形墙气势恢宏。

进入大厦,穿过金属质感的双开大门,我加入了访客队伍,随着大家一起缓步前行。登记信息，领取证件，接受安检。此前的行程好像一阵旋风，匆忙预订的旅行安排、心绪不宁的准备工作，以及过度活跃的想象力造成的神经紧张，似乎终于都得以停息，只需等待听证会开始。我在大堂内找个座位坐了下来，从早上醒来到现在，第一次完全呼出了一口气。我伸长脖子望向拱形天花板和随处可见的高悬旗帜，顿感庄重，就连门厅也彰显着大国的威严。

母亲要求我来参加听证会是对的。我确信人工智能未来所依赖的机构范畴远远超出科学界，还包括教育机构、行动组织，当然还有政府。从硅谷的角度看，华盛顿是一座古朴的城市，它和斯坦福大学、谷歌一样，都是世界上最重要的地方。尽管美国的立国理念在过去几个世纪里并没有得到完美的实践，但这些理念看上去正是构建科技未来的智慧基石：尊重个人尊严，重视群体代表性的内在价值，相信人类努力的方向应该是由多数人的意志和利益引领，而不是少数人。

一想到人工智能的发展将由公共和私营领域、技术和哲学领域结合而成的联盟来指导，我就倍受激励，在城市穿行时芒刺在背的感觉被一阵兴奋之情所取代。我注意到会议厅的入口是开着的，便忍不住想在听证会占据我的注意力之前先进去四处看看。我偷偷向左右扫了两眼，确认没人注意到我，然后走了进去。

听证会大厅庄严肃穆，窗户从地板一直延伸到天花板，木制百叶窗和流苏窗帘相互映衬。会议厅内摆放着一排排的观众座席,并设有专门的媒体区,周围的墙壁上挂满了装裱好的肖像画。最前侧是一个华丽的讲台,俯瞰整个大厅。讲台的软垫座位上配备了麦克风和即将入座的委员会成员的名牌。会议厅中央是证人席,在等待着我入座。我看到自己的名字"李博士"用新罗马字体稍显随意地印在一张 21.6 厘米 × 27.9 厘米的纸上,塞进一个可重复使用的席位卡里。在如此令人生畏的场景中还有这么一个朴素的小东西,这种反差让人忍俊不禁,我悬着的心顿时放松了许多。

沉寂又持续了几秒钟,然后被会议厅内的窃窃私语声打破:代表们及其助手、媒体记者以及另外两个证人——美国政府问责署首席科学家蒂姆·珀森斯(Tim Persons)和刚成立的初创企业 OpenAI 的联合创始人兼首席技术官格雷格·布罗克曼(Greg Brockman)——鱼贯而入。大家各就各位,一切准备就绪。

我找到自己的位子坐了下来,瞬间感到肾上腺素飙升,流遍全身。我深吸了几口气,努力保持平静。我提醒自己:这不是我的教室,这些人也不是我的学生,我不是来讲课的。我今天要阐明的观点只有一个,我在脑海中反复默念,像在重复自己的信条:"在科学和工业领域,推动人工智能发展的动机是什么,这个问题非常重要。我认为这个动机必须明确地以人为本。"我试着不去想任何其他事情——人工智能的阴暗面、科技抵制浪潮等等，甚至有那么几分钟，连母亲的病情也被我抛到脑后。我的脑子里只有一个信条：发展的动机最重要。

"科学、太空和技术委员会听证会现在开始。"会议室广播系统第一次传出了声音，瞬间把我拉回现实。"早上好，欢迎各位来到今天的听证会。今天听证会的主题为'人工智能——威力越大，责任越大'。"

我把焦虑抛到脑后。无论等待我的是什么，我都确信一件事：人工智能技术可以让世界变得更好。虽然实现愿景的具体路径仍然悬而未决，但已经明确的是，即将开始的这场对话和类似的交流是我们解答这个问题的最佳机会。既然我已经乘飞机横跨美国，离开母亲的病榻来到这里，我就必须清晰准确地阐明自己的观点。

不管委员会当天的议程是什么，我自己的议程已经非常明确了。会议厅座无虚席，摄像机正在录像，麦克风已经打开。还有几分钟，我就要向我职业生涯中最重要的听众发表演讲了。现场的一切像慢动作一样在我面前不断重叠，我决意毫无保留地分享：我的希望和恐惧、信念和摇摆。我要把一切和盘托出。我要让大家知道，科学的力量依然值得我们满怀乐观，但要真正安全、公平、可持续地利用这一力量，光靠科学本身是远远不够的。

我相信人类文明正处在一场科技革命的风口浪尖，这场革命将重塑我们的生活方式。几千年来，人的不懈奋斗构成了社会发展的基石。如果无视这一点，而像本世纪的很多技术创新那样,仅仅追求"颠覆"却不考虑后果,就会犯下严重错误。科技革命必须深深植根于人类奋斗的基础之上,必须尊重全球社会的集体尊严,必须始终牢记自己的起源:人类的身体素质在自然界中并不起眼,只是因为人类拥有无尽的想象力,人类社会才取得长足发展。人类对自己的本质如此困惑,以至现在希望用硅重塑自己。因此,人工智能革命必须明确地以人为本。

20多年前开启的一段旅程决定了我将成为什么样的人。道路漫漫,时而荆棘遍地,时而柳暗花明。我漂洋过海,从中产家庭陷入贫困,又从贫困重返中产;我在常春藤盟校讲过课,也在硅谷高科技企业董事会任过职。不知不觉之间,这条人生之路塑造了我对人工智能技术的所有认知——鼓舞人心、充满挑战,但也令人恐惧——也决定了我对下一步发展方向的判断。最重要的是,我的人生道路是一堂长达20年的课程,让我认识到在定义21世纪的人工智能技术探索中,人性所扮演的核心角色。

02

逐梦之旅

Something to Chase

✦

十几岁的我疯狂地痴迷与热爱物理学，为此父母决定冲破周围一切障碍，飞越重洋，全家前往美国，开启逐梦之旅。

树冠枝繁叶茂，在我们头顶高处摇曳，勾勒出的纯净阴影仿佛画框，展示着夜空的画卷。美术老师指着天上的各个星座，我和身边的几个同学都伸长了脖子，目不转睛地仰头观望。我们全神贯注地听着讲解，四周安静极了，连老师近乎耳语的声音似乎都能传到下面的峡谷里，而每当有流星划过，我们就会忍不住发出阵阵惊叹。

　　他说："我们头顶上方就是传说中的牛郎织女，他们的浪漫爱情故事流传千古。"我们不知如何回应，只是继续凝望夜空。"看到那边了吗？"他指着一小撮闪闪发光的星星，用食指勾画出大致轮廓。"那是织女，她是天上的神仙，现在天文学家把其中最亮的恒星称为织女星。那边就是牛郎，是个放牛的凡人，那颗星叫牛郎星。牛郎和织女情投意合，但天条不允许他们私自相恋，所以他们被放逐到了天河的两端。"

　　美术老师已经带领我们在野外徒步好几天了。这是一次艰苦的跋涉，但对我们这群10岁的小小冒险家来说，其间却充满了意外的奢侈：我们没有露营，而是住在了大山深处的老乡家里，他们的热情好客让我记忆犹新。他们给我们提供了温暖的住处，吃的也都是他们亲手制作的食物，有香喷喷的米饭和腊肉，我至今都念念不忘。就连小溪也让人心生愉悦——远离工业污染的清澈溪水从高处倾泻而下，潺潺作响，流入当地人用竹竿做的引水管道里。我依然清楚地记得溪水喝起来纯净清凉，几近甘甜。

"现在，牛郎和织女被星河分隔两端。看到中间那条流淌的星河了吗？"老师指了指天上一条散发着柔和光芒的星河，如同天界的云柱，"这就是我们所处的银河系。"

我生活的地区阴多晴少，像这样晴朗的夜空格外珍贵，它点燃了我的好奇心，也激发了我对大自然的向往。从记事起，感知事物（无论是什么）的纯粹体验总能以难以言喻的方式让我深深沉浸其中。目之所及，仿佛总会有新鲜事物在等待着唤起我的惊奇之情，或许是一株植物的静谧，或许是一只昆虫小心翼翼的步伐，又或许是遥远山峰的朦胧深邃。年幼的我对这个世界还不甚了解，但我能感觉到，它值得探索。

老师指向天空的更高处，说："啊，快看，这是我最喜欢的一个星座。"

"这七颗星星组成了北斗七星。现在沿着这条线往上看，"他指向右边说，"看到那颗明亮的星星了吗？这可能是几百年来天上最重要的恒星，叫作北极星。"

我是独生女,家里看似平静,实则潜伏变数。我从小就能从家里的氛围中感觉到长辈们总会因为一些事情(也许是很多事情)而惴惴不安。随着时间的流逝,新的不满情绪逐渐浮出水面:未曾实现的梦想,令人渐生不安的悔恨之痛,还有另一种感觉常伴左右——所谓的"家园"并非真正属于我们。当然,这是我逐渐拼凑起来的一幅画面。小孩子总有天生的本领,可以把无意间听到的只言片语串联起来。

我出生在北京,但在千里之外的四川省省会成都长大。从名义上看,这里是母亲的老家,但其实她和家人也刚在当地定居不久。他们原籍杭州,20世纪30年代,抗日战争全面爆发,杭州沦陷,他们和成千上万的人一样被迫背井离乡。他们庆幸自己活了下来,却无法摆脱流离失所之痛,甚至连母亲这一代也受到了深刻的影响。

外祖父常常追忆动荡之前的往事,每念及此,总是痛心疾首。他在学校出类拔萃,本来前途无量,但为了养家糊口,不得不放弃学业。即便如此,他们还是陷入了多年的贫困之中。几十年来,他郁郁寡欢,无法释怀。这种情绪传递给了他的子女,也在某一天攫住了我:沉闷而无言,感觉家在他乡、活在别处。

成都历史悠久，底蕴深厚。不过，在我的童年时期，成都却是苏联式中央规划的完美写照，以围绕城市中心的环路为基本布局，像脚手架一样向四面八方辐射，直至郊区。这座城市不仅向四周扩张，也在不断垂直向上发展，设计风格统一的楼房拔地而起，越建越高，直插云雾缥缈的温和天空，四周被盆地所环绕。

高楼大厦横跨地平线，密密麻麻，但设计却平庸无奇；建筑主要由圆形和矩形构成，配以克制的棕色、灰色，醒目的大红色标语有节奏地点缀其中。城市建设缺乏巧思，有一种独特的工业化风格。当然，在狭窄的小巷里仍能看到老城的根基：屋顶低矮，斜瓦层叠，露天庭院掩映在绿荫翠幕之下。但如果鸟瞰城市，其发展趋势清晰可见。仿佛功利主义成了一种城市艺术形式，看似朴素实用，实则暗含仍处于早期阶段的好大喜功的勃勃雄心。

20世纪80年代，中国上上下下都怀揣愿景奔向现代化，成都也在不断发展，但即便如此，由于缺乏对世界的真正了解，孩子的世界观本质上仍是狭隘局促的。孩子关注身边的东西，只能隐约看到外面的世界。要想看得更远，看到未来的前沿，则需要特殊的影响。

如果一个孩子可以在完全没有成人监督的情况下设计出自

己理想的父母形象，那么父亲绝对符合我的要求。这是我对他最高的赞美，同时也是最严厉的批评。父亲英俊整洁，戴着与自己电气工程师专业背景相符的角质框架眼镜，一头浓密的卷发，看起来像个年轻演员或垮掉派诗人。然而，这样的外表掩盖了他最突出的性格特征：他对任何严肃正经的事情都严重过敏，简直到了病态的程度。他一辈子都像个没长大的孩子，并对此毫无悔意。与其说他拒绝承担成年人的责任，不如说他似乎真的觉察不到自己已经成年，好像缺乏某种其他人与生俱来的基本感知力。他经常突发奇想、随兴而为。有一次，他找来各种零件，自己动手组装了一辆带挎斗的自行车，竟然真的可以骑。他有时会把我放到挎斗里，穿过成都拥挤的街道，带我到他常去的公园或偏远的乡村。我们会花好几个小时做他最喜欢的事：捉蝴蝶，观察水牛悠然地躺在被水淹没的稻田里，或者捕捉野生啮齿动物和竹节虫，把它们带回家当宠物。

就连外人也能明显看出，我们之间没有传统父女间的等级关系，因为他更像我的同龄人，而不是父亲，在他身上完全看不到为人父的压力和焦虑。虽然我可以感觉到他很喜欢带我一起出去玩，但他那种乐在其中、心无旁骛的专注让我明白，无论他是有女儿、有儿子，还是根本没有孩子，他都会这样度过午后时光。正因为如此，他为我树立的榜样才更有感召力。在不知不觉中，他向我展示了最纯粹的好奇心。

父亲带我出去玩，不是为了教给我什么东西——他喜欢大自然，但并不是专家——可这种经历却在我心中播下了哲学的种子，成为塑造我人生的最大力量：我对探索自己视野以外的事物产生了永不满足的渴望。与父亲的游玩让我知道，即使在成都这样由人行道和混凝土大楼构成的迷宫里，依然有更多我看不见的东西等待发现。

父亲聪明、爱玩，有时做事不经思考，难免让人恼火。他的性格在我出生那天展现得淋漓尽致。大人们后来告诉我，我出生于距离成都千里之外的北京，这是祖父母家所在的城市。医院离故宫不远，产房在二楼。那天，母亲备受煎熬，但荒谬的是，父亲却姗姗来迟。他迟到不是因为交通拥堵，也不是因为出了什么意外情况，而是因为他一时兴起，去公园观鸟，完全忘了时间。兴趣广泛的父亲还喜欢玩文字游戏，这次观鸟迟到事件让他想到了"飞"字。"飞"意为"飞翔"，写法也宛如一只展翅翱翔的鸟，于是"飞飞"成了我名字的不二之选。这个名字恰好男女通用，也反映出父亲甚至对性别这种在中国传统文化中至关重要的概念都毫不在意。此外，我们这一代人很少有叫"飞"的，正好符合父亲标新立异的风格。我的名字是他成为父亲之后的第一个贡献，它朴实无华，饱含了父亲对我的情感。虽然他那天不靠谱的行为让母亲大动肝火，但她也说自己喜欢这个名字。

如果说我强烈的好奇心源自父亲，那么为这份好奇指明方向的人则是母亲。跟父亲一样，母亲的个性也源于自我认知与社会期待之间的矛盾。父亲是迷失在成年人身份中的孩子，而母亲则是困囿于平庸生活的知识女性。母亲天生头脑敏锐，家族智力基因优势明显——她的祖母是晚清时期第一批上大学的女性。母亲从小就自驱力十足，不仅认真学习，而且追求学以致用，希望成为世界的一部分，探索世界的各个角落，并留下自己的印记。在这种力量的驱使下，母亲的成绩在班里名列前茅，中意的大学可以随意挑选，前途无限光明。

但历史对母亲这样的人却另有安排。"文化大革命"爆发之后，母亲就身陷政治和社会世代斗争的反动一侧。她的家庭出身与国民党有关系，在她自己的政治身份得以成熟之前，命运就已注定。

偏见往往会缓慢而无声地吞噬一个人，母亲的困境亦是如此。没有人以暴力或监禁之名威胁她，没有阴谋，没有丑闻。有的只是老师和教务人员话里话外的消极打击，即使在她成绩最好的时候，也礼貌而坚定地阻止她报考最好的学校。他们对她的否定和冷落如影随形，令人窒息，让她的少年和青年时代笼罩了颓废的阴霾，也加重了外公的愤懑之情，给她平添了上一代人的重担。曾经意气风发、充满活力的她变得麻木，好奇心也被推向了与父亲相反的极端：她跟父亲一样充满探索欲，却缺少了天真烂漫，变得尖锐犀利，令人生畏。成年后的她非常好看，颧骨饱满，眼睛会说话，但在美丽的外表之下，是一股天生的叛逆，注定了她将永远对约束或礼仪规范嗤之以鼻。

随着岁月的流逝，母亲的挫败感越发严重，她的博学被更简单、更原始的欲望掩盖：她渴望逃离。这个欲望在她心中燃烧,让她的姿态变得拘谨,让她的内心充满狐疑,对人际交往也耐心全无。她想象着逃离自己的工作环境,甚至逃离自己的时代,她确信自己的命运正在别处等待。她感到自己注定要陷入无法慰藉的不安之中,只能等待时机,直到出现通往未知地平线的道路。她明白,这会是一场漫长的等待。

她意识到想象力并不受现实世界的限制,因此自幼就沉浸于书海之中。读书为她开启了一扇窗,让她了解自己无法到访的地方、无法感受的生活、无法经历的时代。她热切地与我分享她对书籍的热爱,就像父亲分享他对大自然的喜爱一样。她鼓励我广泛阅读各种类型的书,而书中的故事越是惊险跌宕,她的热情就越能感染我。所以,我不仅熟读鲁迅的作品和《道德经》等道家经典,也如数阅读了《第二性》《双城记》《老人与海》《基度山伯爵》等西方经典的中文译本。

彼时的我还无法理解母亲渴望逃离的原因,但我读的书越多,就越像她一样,热爱现实世界之外的幻想国度。每当读完一本书,那些故事就会在我的脑海中久久萦绕,仿佛是另一个现实世界在与我所处的世界相抗衡。无论是在步行上学的路上、骑车去公园的途中,还是去小卖部买东西的时候,我眼中看到的生活日常都与脑中遥远的景象交织在一起:狄更斯笔下英国的鹅卵石街道,海明威书中波涛汹涌的大海,大仲马描写的欧洲海岸的浪漫冒险。这些故事色彩斑斓,让我觉得自己与众不同,仿佛是母亲为我拉开了神秘的帷幕,向我展示了我从未想象过的可能性。对一个已经喜欢把更多时间用于思考而不是交友的青少年来说，这样的邀约让人无法抗拒。

不可否认，父母的性情并不般配，但他们之间的关系就像跳舞，你进我退，虽不稳定，却也平衡。父亲看上去有些傻里傻气，实则大智若愚。母亲则希望父亲可以把聪明才智运用到家庭生活中，这可以算作一种间接的钦佩和肯定。但两人的相处仍然时好时坏，母亲时常挑剔父亲干的活，父亲有时会缺乏耐心，两人因此发生争执。然而，当争吵平息，父亲经常在母亲不在场的时候跟我说，她是他见过的最聪明的人。

他们婚姻真正的基石是一种特殊的纽带，他们深知，生命中别无他人能够理解。他们对所处世界的制度失去了信心，虽然表现方式不同，但感受一致，两人因此成为伙伴，甚至可谓"共犯"，在日常生活中无声地对抗规则。父亲对功名利禄毫无兴趣，追求的东西都显得幼稚。在许多同龄人拼命往上爬的时候，父亲很是反感，母亲则对他的态度表示欣赏。母亲虽然略显挑剔，有时甚至太过高傲，但父亲被她敢于藐视社会规范的勇敢无畏所吸引。为了讨领导欢心，他们的朋友经常请客送礼，聚在一起聊的不是这个职务，就是那个头衔，而他们二人则保持自尊和高傲，坐在一旁，并不参与。父亲在化工厂的计算机部门工作，母亲本来是高中老师，后来成为办公室职员，但他们的工作更像是装饰门面，而不是真正的事业。父母的关系潜藏着很多问题，但也有一些可取之处。他们的共鸣虽然不多，却意义重大。

不出所料，他们对我的教育方式也跟他们的婚姻一样不走寻常路。当时的社会沉迷于向孩子灌输"尊重"的概念，衡量成功的标准与其说是成绩本身，不如说是遵守纪律，认真听讲，赢得老师表扬，但我的父母对此毫不在意，甚至有些不以为然，尤其是母亲。她对当时普遍的育儿目标进行了微调，并引以为傲：我当然要努力学习，充分发挥自己的潜力，但这么做并不是为了取悦任何人，或者得到任何东西。虽然她从来没有明确表达过，但我能感觉到，她认为"模范学生"和"好居民"等提法带有居高临下的评判色彩。她教导我，我的努力不是为了让老师满意，也不是为了符合某种意识形态，甚至不是为了迎合某种虚无缥缈的规则。我的努力只是为了自己。

虽然父母跟我之间存在文化断层，但他们真心爱我，为了养育我而辛勤工作。母亲经常会在履行家庭责任时走向完美主义的极端，父亲则漫不经心，我行我素，两人对比鲜明。虽然他们经常争吵，但母亲很少迁怒于我。在教育我的时候，她知道如何有效地调动自己的能量，有时还很有创意。她热切地教导我、鼓励我，尽一切所能武装我，让我有能力面对这个世界。有段时间她对缝纫很感兴趣，于是给我做了很多帽子、连衣裙和裤子。这些服装虽然款式简单，但对业余爱好者而言，做工已经相当精良了。

事实上，外人几乎看不出父母的处世哲学与其他人有什么区别。无论用哪种标准衡量，我们家似乎都是一个典型的中国新兴中产家庭，虽然还没有被即将到来的消费主义旋风席卷，但在很大程度上已幸免于前几代人的困顿之苦。即便如此,他们温文尔雅的外表绝不等于逆来顺受,更不能被解读为冷漠无情;他们深知,历史性的变革即将到来,他们愿意耐心等待。

我们家位于成都当时的外环路旁边,小区由三栋一模一样的塔楼组成,我家住在四楼。这个环路是不断扩张的城市边缘,一侧是工业,另一侧是农业。就像这座城市本身一样,居民楼也更加注重功能而非设计——白炽灯、水泥地,在现代人眼里或许显得过于简朴。越来越多的家庭选择粉刷墙面,用仿实木或仿彩色瓷砖的贴面板铺设地面,这些装饰虽然在一定程度上打破了视觉上的单调,却难以掩盖苏联风格的影响。

父母是我生命中最重要的人,其次就是我的外祖父母。每到星期天,我们就会走路到几百米外的外祖母家里。我们会挤坐在刚好能容纳下全家人的圆形餐桌旁,一起品尝外祖母精心准备的白米饭、红烧肉、小葱拌豆腐,还有一道特别精致的素什锦。去外祖母家是我每周最期待的事,而这些家庭聚餐也微妙地强化了我们外地人的身份。外祖父母做的饭是老家的沿海风味,浓郁微甜,和川菜的麻辣鲜香形成鲜明对比。直到今天,外祖母做的菜仍然是我最怀念的味道,尽管对一个土生土长的成都人来说,这种口味很不寻常。

奇怪的是,在我的童年记忆里没有任何关于祖父母的痕迹。

我知道祖父在父亲尚未成年时就去世了，祖母和姑姑住在北京。祖母成长于战乱年代，受到了很大的创伤，因此患有严重的身心疾病。不过，在某种程度上，我并不觉得生活中没有他们有什么奇怪，这与我父亲那不为俗世牵绊的天性相得益彰。父亲的行事方式完全不符合为人父母的要求，而他自己的生活中也好像无父无母，这让我觉得有一种奇妙的诗意浪漫。

外祖父母对我的培养方式也契合了父母的价值观。他们对我疼爱有加，但我从来不会觉得因为他们宠我，就不会管束我。他们并不认同他们这代人中盛行的重男轻女的观念，而是跟父母一样，鼓励我展开想象，并坚守原则：我首先是个独立的个体，其次才是个女孩。跟母亲一样，他们给我买了很多书，涵盖海洋生物、机器人和中国神话等各类广泛的主题。

外祖父母没有儿子，只有三个个性刚毅的女儿，所以在我出生之前，他们没有什么重男轻女的机会。后来表弟出生，家里终于有了一个男孩，但他们对我依然如故。我从来没有怀疑过外祖父母对我的爱。直到长大后，我才意识到，原来我们家门口以外的世界可能更加纷繁复杂。

我在成都就读的学校方方面面都以学生为中心，无论是教育教学，还是课堂布置，都是老师围着学生转。我们每个人都有一个固定的座位，从早上一直坐到下午，老师轮流来上课。如果谁有学习天赋，在初露端倪时就能得到老师的关注，并获得系统的培养，是男生还是女生似乎并不重要（至少一开始是这样的）。即使作为孩童，我也能明显感觉到老师是真心在乎我们的成长。他们始终勤勤恳恳，是父母和外祖父母之外，第一批为我的健康与幸福投注心力的社会成员。

我们的学习内容广泛而有趣，数学和科学与人文学科交相辉映、意趣横生，涵盖了地理、古诗词和贯穿千年的历史。例如，当得知成都就是著名的三国时期蜀汉的都城时，我觉得非常奇妙。在最好的时候，学校像是对母亲分享书籍和父亲鼓励探索的延续。

令人快意的时光在一个下午戛然而止——至少对我来说是如此。小学的最后一年即将结束，在平淡无奇的一天，老师在下课时提出了一个奇怪的要求：女生先回家，男生在座位上多坐几分钟。我顿时好奇了起来，于是在教室门口徘徊，藏在了一个能听到老师说话的地方。我听到的那些话让我终生难忘。

"我让女同学先走，是因为现在我要告诉你们：你们的整体表现是不行的。男孩天生就比女孩聪明，数学和科学就是体现你们脑子灵光的基础学科。你们的平均成绩竟然比女生还低，这种情况没有任何借口。我今天对你们非常失望。"

接下来，也许是觉得有必要鼓励一下大家，老师的语气似乎缓和了一些："但你们也不要自暴自弃。等到了十几岁，你们会发现，周围的女生自然就变笨了。她们后劲不足，成绩会不断下降。即便如此，我还是希望你们都能更加努力，发挥你们作为男生的潜力。落在女生后面是不可接受的，大家明白了吗？"

我愣了一会儿才反应过来。在此期间，我的脑子中冒出无数个问题：老师真的相信男生天生脑子更好使吗？我们女生真的会长大就变笨吗？难道所有老师都是这么看我的？他们一直都是这样想的吗？我该怎么理解说这些话的竟然是一个……女老师？

又过了一会儿，种种疑问被另一种感觉所替代，它沉重而强烈，从我体内不知何处升腾而起。这种感觉不是气馁，甚至不是感到被冒犯，而是愤怒。这是我不熟悉的愤怒之感——是一股悄然而炽烈的怒火，一种我从母亲身上见过的愤慨，但它无疑是属于我自己的。

随着时间的推移，我开始意识到，我家的公平包容在家庭之外并非理所当然。而老师的这番话并不是性别歧视的第一个迹象，大多数迹象都非常隐晦，甚至难以辨别，比如我会隐约感觉到，在数学和科学方面，老师更愿意鼓励男生。还有一些区别对待则是不加掩饰的。比如有一次我报名参加一年级的足球比赛——不是"男队"，而是校队——结果却被告知女生不能参加。

老师的话虽然让我震惊，但并没有让我气馁。相反，这些话强化了我成长过程中形成的理念：无论周围有什么障碍，都要奋力超越现实，构想出更加广阔的未来。现在我不仅想看得更远，还想走得更远。如果说数学和科学这类领域是属于男生的游戏，那又怎样，学习毕竟不是球赛，他们无法阻止我在这里上场参赛，我暗下决心，一定要赢。

后来，我进入了一所吸引全市优秀学生的中学。在那几年里，对女孩的预设和偏见让我越来越不耐烦，这种情绪已经超出了课业的范围。在同龄人中，我已经有"假小子"的称号，但老师的话仍然在我的记忆中回响，使我把一开始的怪癖上升到了个人使命的高度。我把头发剪得极短，拒绝穿裙子，全身心投入出乎他人意料的兴趣中，尤其是航空航天科学、高超声速飞机的设计，甚至还有不明飞行物等超自然话题。

像任何喜欢把生活想象成电视剧的青少年一样，我很容易认为在与中国的性别规范做斗争的过程中，自己是在孤军奋战。即使是那些多年来结交的朋友，似乎也不像我那样在意，也许是因为我已经习惯了和一群骑单车、爱打闹、聊战斗机而不是校园八卦的男同学混在一起。此外，我还有我的家人——不管我多么颓废，父母总是站在我这边，我深知这一点。

父亲很喜欢在小事上离经叛道。这首先表现在我们共同的基因上：由于他最显著的遗传馈赠，我已经因为是班上唯一头发自然卷的女生而与众不同。他总是在寻找各种机会表达自己的立场，游走于愚弄和颠覆之间，乐此不疲。在我上小学的时候，老师通知每个孩子准备统一的白色纽扣衬衫，参加即将举行的全校运动会。父亲仔细读完参会要求，脸上露出了顽皮的笑容，确保自己会一丝不苟地执行每条指示。但等到运动会那一天，卷发便不再是我唯一的标志——在一片白衬衫的海洋中，唯有我的衬衫上是彩虹色的纽扣。

与父亲不同，母亲表达支持的方式不是调皮取乐。如果说父亲是个爱搞恶作剧的人,那么母亲就是守护者。当她觉得自己的价值观——我们的价值观——受到质疑时,她会毫不犹豫地进行防卫。在一次令人难忘的会面中,我的中学老师就领教过她的厉害。

"您女儿特别聪明,这一点毫无疑问。但我担心,她对自己的前途不够严肃。比如,期末考试越早开始准备越好,所以我经常要求每个学生都跟全班同学分享自己正在读的书。大部分同学分享的都是教科书、备考资料和学校推荐的阅读书目。但是,飞飞这周推荐的书让我很担心啊,而且……"老师话音未落,母亲就插话道:"我女儿从小就特别爱看书。"她对自己的轻蔑态度毫不掩饰。

"是,那当然,她推荐的书肯定比班里其他同学都多……"
"所以有什么问题吗?"

老师叹了口气。很明显,这次谈话并没有像她预期的那样进行。

"问题就出在她读的这些书上。你看看,《不能承受的生命之轻》?勃朗特三姐妹的书?还有她订的这些杂志,又是关于海洋生物的,又是关于战斗机的,还有不明飞行物的……例子太多了。她没有重点阅读符合课程价值观和理念的文学作品。"

"是吗?所以呢?"

在接下来的片刻沉默中,我坐在母亲身边,竭力不让血管里流淌的喜悦流露在脸上。紧张的气氛又持续了一两分钟,然后老师向前倾身,做出最后一次尝试,声音里多了一丝严厉。

"我就直说了吧。您的女儿也许真的挺聪明的,但班上聪明的学生并不少。智力只是成功的一个因素。另一个因素是要有纪律性,要把个人兴趣放到一边,专心学习对未来最有用的东西。"

我不确定母亲接下来的话是不是一种回应。她低下头,声音比之前更轻了。"这是飞飞想要的吗?这是我对她的期望吗?"

"您说什么?"老师靠得更近了,显然跟我一样困惑。

母亲轻轻地叹了口气,然后抬起头看了看老师,脸上又恢复了坚定的表情。这个表情说明了一切,她不再继续打哑谜,而是站起来,感谢老师抽出时间跟她沟通,并向我示意我们要走了。

我试图跟上母亲的步伐。"可能我把你教得太好了,飞飞。"她无奈地说,"你和我一样,都不属于这里。"

✦

1989 年,一切都变了。

一开始是学校停课,刚开始只是停几天,后来越来越久,而且没有任何解释,让人无所适从。等到终于复课,老师们的态度发生了变化。爱国主义教育贯穿了每天的课程,不仅是语文、历史和思想政治课,甚至连数学和科学课也是如此。

更奇怪的是,学校生活和家庭生活形成了鲜明对比,父母似乎沉浸在神秘的亢奋情绪中。他们用低沉的语调隐晦地谈论着即将发生的事情，让人感觉形势不容乐观，却又令人兴奋。父亲似乎不像平时那么浮躁了，母亲好像也燃起了新的希望。在当时的年龄，我对政治知之甚少，但以我有限的政治敏感度，我也知道父母的想法跟其他成年人并不完全一致。这种奇怪的新现象是否与此有关呢？不管发生了什么，都超出了一个12岁孩子的认知范围。但有一件事我很清楚：我所在的世界比我想象的要复杂得多。

然后，在一个本该生机勃勃的夏日，欢声笑语骤然消失，一如出现时突然。在父母的朋友看来，我们家向来异常"民主"，而那天，父母却一反常态地关上了门，背着我商量事情。一切都明显笼罩着庄严的气氛，但我还是忍不住想要窥探一番。到了深夜，我蹑手蹑脚地跑到他们房间门口偷听，零星的几个词已经足以让我竖耳瞠目："教育"……"机会"……"自由"……"让她过上更好的生活"……还一直提到我的名字。我从来没有见过他们这样。最后，我带着满腹狐疑溜回床睡觉了。

"飞飞，我们得聊聊。"

显然，父母终于要向我挑明了。我们围坐在桌子旁，这里曾无数次见证我们家的民主精神。

"你父亲要离开一段时间。去美国。"

一时间，我的大脑一片空白。太多问题涌上心头，我不知从何说起，只是惊讶地瞪大了双眼。看到我的表情，他们就知道得好好跟我解释。他们说,这个决定其实只是第一步,以后还有更大的计划。我很快就意识到,第一阶段是母亲主导决定的,在这个阶段,父亲会在美国找个工作和住处。在随后不久的第二阶段,我们两个去美国找他。

我感到头晕目眩。一切都来得太快了,我无法理解。我的世界瞬间天翻地覆,但似乎没有人在乎我的想法。短短几周后,父亲就走了,带走了我从出生以来所熟悉的家庭生活的三分之一。一切都变得不一样了。

直到长大成人,我才体会到父亲的西行之路需要多大的勇气。但青春期的我却对此一无所知。父亲离开之后,我们的世界失去了色彩,逐渐凋敝。我无法换位思考,内心也并不强大,觉得他是一走了之,抛弃了我们。与此同时,母亲也逐渐陷入阴郁;虽然母亲经常心情不好,但这种阴郁不同寻常。她越来越无精打采,一天到晚需要休息,她那反叛的态度渐渐被绝望所取代。生活变得非常别扭。

我也在改变。近在眼前的青春期让我喜怒无常。再加上每天家里只有母亲一个人,我感到非常困惑,无法理解父亲离开的真正原因。母亲的确尽她所能承担起了父母双方的养育责任。她深知我正值青春期,情绪容易波动,所以当我需要发泄的时候,她总会耐心聆听。但她的全力付出却无法替代一个完整家庭的其乐融融。我总觉得在某种莫名其妙的梦想和我之间,父母选择了前者。

更糟糕的是，因为两国移民部门的官僚主义做派，计划的第二阶段（也就是我和母亲去美国跟父亲团聚的阶段）不断推迟。虽然父亲相对幸运，很快拿到签证，但我与母亲的情况却恰恰相反。我们再次见到父亲，已是三年多以后。

在此期间，我逐渐失去了学业上的优势。我从初一开始有物理课，一想到要把自己的聪明才智运用到新学科上，我就兴奋不已。但从第一天起，我就感觉不对劲。我的直觉搁浅了，失去了在数学课上表现出来的思维流畅性，而每当我努力理解新概念的时候，头脑都一片混乱。就连力和速度这样的基础概念，我都无法具象化。在经历了一年的挫败之后，我的自尊心严重受创，考试成绩不断下滑，艰难地越过了终点线。是父亲的离开带给我的精神创伤导致的吗？还是因为母亲莫名的疲惫让我日益忧虑？或者，小学老师说得没错，女生就是不如男生？——一想到这个，我的胃就不舒服。难道这就是等待每个女孩智力发展的残酷命运吗？最糟糕的是（甚至比我的课堂表现还要糟糕），我找不到答案。

又一个暑期即将来临。在此前一年中，我在学业上遭受了重大挫折，家人的精神支持也摇摇欲坠，让我不禁意志消沉。我跌到了人生的谷底。虽然我一向反感逃避挑战的做法，尤其在面对重大挑战时，但暑假的时候，在休憩和埋头刻苦自学两个月之间，我选择了休憩。

这段平静期来得恰如其时，但在这期间，我感到更多的是麻木，而不是放松。在我的视野边缘，没有新世界闪烁的光亮。

在现实生活之外，也许还有一些美好的精神家园，但那些都与我无关，我已不再想象。我的生活只剩下日常：家人的拥抱，朋友的闲聊，固定齿轮自行车的金属摩擦声，拥挤街道的喧嚣，手中书本的重量，走廊里母亲的声音。清晨，午后，夜晚。

但有一件事没有改变，那就是我对父亲的思念。两个学年之间的闲暇时光只会让我更加难以承受他的缺席。在我的生命中，似乎没有人能像他那样理解快乐的本质，没有他在身旁，我自己感受快乐的能力仿佛也被削弱了。

反常的是，我越为他的离去感到悲伤，就越发意识到，我所怀念的关于他的种种情景，正是物理学想要教给我的东西。父亲天生就能从光、速度、扭矩、力、重量和张力的角度来看待世界。他即兴制作齿轮和滑轮装置，解决了家里的各种难题；他通过万用表和焊接工具来利用电力。物理学一直是父亲思维的隐性基础，然而直到现在，在我最想念他的时候，我才豁然领悟。多么宝贵的领悟啊。虽然他远在天涯海角，但我渐渐明白，他已经给了我所需要的一切。

思维障碍出现得快，消失得也快。我突然感受到物理学的新维度，我只能将其描述为一种我从未意识到的浪漫。仿佛白昼如洪流般涌入，我看到了物理学的本质，就像父亲看到自然世界的本质一样：纯粹的奇迹之源。此时，我不仅理解了物理概念的含义，还能体会到其中的美感。回到学校后，我仿佛重生一般重新学习了物理。我盯着课本，如饥似渴地探索其中的奥秘。这种感觉前所未有。去年真的是这样吗？我怎么会没注意到呢？我的心跳开始加速。

这不仅仅是一种感觉而已。第一次考试，我就拿到了全班最高分。第二次考的分数更高。然后是第三次、第四次、第五次。牛顿力学、光学、电力学，一切都迎刃而解。从第一天上课到期末考试，我的成绩一直独占鳌头。所有人都注意到了，包括老师。曾经的像谜一样的东西现在变成了一种语言，一种我会说的语言。

但是，就在这项新技能似乎正源源不断地从我身上涌出时，我却深感卑微，更准确地说，是激动，因为我看到还有那么多知识等待我去探索。在物理学中，我看到的不是复杂，而是宏伟。物理学中既包含数学的优雅和确定性，也有化学的有形性，最吸引人的是，我从未想象过科学还能带来一种人文的感受，会像我从小接触的文学一样富有诗意。物理学的历史如同戏剧一般，丰富而生动，跨越几个世纪，让我深深着迷。

我想象着阿基米德因自己的发现而兴奋过头，赤身裸体在西西里岛的街道上奔跑，洗澡水洒落一地，邻居们纷纷侧目皱眉；我想象着当瘟疫肆虐欧洲时，住在伍尔斯索普的牛顿把自己锁在卧室里闭门不出，以修道士般的虔诚狂热地写着手稿，用一笔笔墨迹书就了《自然哲学的数学原理》这部伟大著作；我还想象着爱因斯坦，本是瑞士专利局一个不起眼的职员，却最终运用自己的智慧，以排山倒海之势冲破人类极限，进入宇宙深处，像打开包裹一样解释了空间和时间的奥秘，并把手伸入其中，获得了曾经只属于神的宇宙观。

我对文学的热爱丝毫未减，但如今，无论我走到哪里，物理学都已成为我观察世界的镜头。我仿佛置身于持续的白日梦中：当我骑车转弯时，我在思考加速度和角动量的变化程度；当我们家的猫从厨房最高的橱柜上一跃而下时，我在思考引力的大小，以及猫的质量与地板相撞时产生的力的大小；我研究着阳光如何透过窗户在墙壁上反射，又越过我的枕头；我思考着在我家、小区和世界上的每个表面之间传递的热量；我想象着熵，无情而永恒，慢慢地解构我周围的一切。

在初二结束时，我意识到，物理学已经不仅仅是我在青春期为填补父亲缺席而做出的努力。我爱物理学，就像父母爱着他们从我幼年时期就跟我分享的追求一样，这份爱简单而纯粹。父母向我展示了世界上还有更多可能性，他们给了我冒险、故事和想象力。这些曾经定义了我的生活。但在此之前，我只是个旁观者而已。物理学则是我第一次自己发现的东西，感觉很不一样。这一次，我可以追逐了。

✦

终于，在 1992 年，我刚满 15 岁不久，我们的签证下来了。我们在中国的时间只剩下最后几个月了，这段时间，我们的情绪起伏不定，时而兴奋，时而焦虑，难以平复。有时，我会幻想在美国这样的国家会有怎样的未来在等待着我。根据我当时的认知，我想迎接我的将是充满魅力和机遇的生活。我的一些同学似乎也是这么想的。谁能说他们想的是错的呢？我父亲已为我们的到来做了多年准备，而我和其他学生一样，提前接受了基本的英语语法和词汇教育。也许这个荒诞的计划还真是个明智的决策。但在某些时刻，我突然意识到我即将失去我所熟悉的一切——我的朋友，我的外祖父母——想到这些，我就仿佛挨了一记重拳。

成都没有直飞纽约的航班，所以我们要先到上海，从那里出发。在上海停留的几个小时里，我坚持要步行去外滩。外滩位于黄浦江边，是历史悠久的旅游景点，也是上海知名的地区，以其租界时期的建筑和黄浦江的美景而闻名，吸引着世界各地的摄影师前来一探究竟。但最让我好奇的是关于浦江饭店的传说，也就是当年英语国家的人所说的"礼查饭店"，据说，爱因斯坦在1922年获得诺贝尔奖前后曾在这里下榻。这恰恰是我需要的心灵遁世。爱因斯坦和上海的渊源对我是个好兆头。我想，一切也许不会太糟糕。毕竟，爱因斯坦也是个移民。

在临行前，我怀揣这个乐观的想法，紧紧贴在母亲身边。与其说美国是此行的目的地，不如说美国对于我只是一些遥不可及的抽象概念。无论我们要搬到美国这件事看起来多么不可思议，无论我觉得在那里安家的想法多么荒谬，无论面对以后的未知有多么可怕，母亲都比我更清楚。这是她一生反抗的顶点，激烈、极端又不可避免，我不得不钦佩她的决心。

当我们穿过蜿蜒的队伍走向登机口时，母亲步履稳健，昂首挺胸，眼神坚定，看起来一如既往地泰然自若。她花了一生时间等待解脱，有时满怀希望，有时愤怒焦虑，但总是带着虔诚，现在这一刻终于来了，我不禁感到一丝宽慰。我并不像她那么兴奋，但我对她充满自信的样子深怀感激。

然后，我看到了一个细节，虽然只是匆匆一瞥，却改变了这一刻的意义，也让我深感不安——我看到母亲塞在大衣下面的手在不停地颤抖。多年来，我努力以母亲为标杆，从来没见过她这样，我多希望自己能闭上眼睛，把这个瞬间抹去。

我们准备登机，身边的乘客摩肩接踵，登机廊桥在脚下嘎吱作响，飞机发动机发出巨大的轰鸣声。我们迈出最后几步，跨入机舱内部。里面的空间很小，与我想象中飞越重洋的大飞机不同。在命运的驱使下，我们大家庭几代人像游牧民族一样在中国的大地上缓慢迁徙。作为其中一员，在地球另一端开启新生活，似乎也顺理成章。但对一个还不确定自己在世界上的位置的少女来说，一切又显得那么不真实。

我坐下来，盯着前排座位的靠背，回想自己所拥有的一切。我有深爱的外祖父母，但离开意味着失去他们，至少是暂时不能陪在他们身边；我有父亲，虽然他的离开带来的伤痛还没有愈合，但我很期待能再见到他；我有母亲，我信任她，但我不知道她是不是还相信自己；至于我自己的身份，我说不清楚，毕竟我还是个十几岁的孩子，但不管怎样，我还有物理学。至于剩下的，就听天由命吧。

03

鸿沟渐窄

A Narrowing Gulf

✦

移居美国的决定让我们陷入贫困,全家都在艰难地跨越新环境带来的巨大鸿沟,但好在,我们都看到它正在缩小。

我们乘坐的波音 747 飞机舱门关闭，引擎轰鸣，在跑道上缓缓滑行。我和母亲还不知道，千里之外的终点是一个新生领域的发源地。虽然这个领域尚未建立起传统学科所享有的合法性，但注定要在几十年后掀起一场革命。不过，革命时刻的到来已是几十年后的事，对当时的我来说，更是远在千里之外。我的人生始于东方，与我日后走进科学殿堂的地方相距半个地球之遥。这是世界上最大的鸿沟，至少从地理距离上来说是如此。此时此刻，随着我们脚下的第一阵升力涌动，鸿沟开始缩小了。

20 世纪最伟大的两次变革都发生在此行的目的地。当中国经历痛苦而漫长的文化和经济转型时，美国出现了一场不同的革命：数字革命。在外祖父母陷入战时颠沛流离的动荡之中时，在父母承受着"文化大革命"的冲击时，一群来自美国和英国的科学家和工程师——从剑桥到波士顿再到北加州——已经进行了一场长达几十年的科学探索。有朝一日，这场探索将跻身人类历史上最深远的变革之列。

正如牛顿敏锐地看到了物质和能量世界背后的运转原理，爱因斯坦更进一步重新构想了时间和空间的关系，20 世纪中叶，在计算机科学领域也出现了一批具有远见卓识的人。他们是真正的梦想家，与前人一样，在科学探索领域放任不羁，勇往直前。他们洞察到隐匿于众人眼前的新前沿，迈出了揭示新发展的第一步。

曾几何时，使用先进技术进行算术运算所需的硬件可以占满整个房间。早在那个年代，阿兰·图灵（Alan Turing，英国密码破译专家，因帮助结束了第二次世界大战而闻名于世）等先驱科学家就已经发现了机器和人脑的相似之处，其所展现的突破性想象力与引领前人科学革命的物理学家相比毫不逊色。与爱因斯坦、玻尔和薛定谔一样，图灵和他同时代的人提出的问题直到今天仍能引发激烈的争论。智能到底是什么？可以用定量的机械方式解构智能吗？最大胆的问题也许是，我们有能力制造可以体现智能的机器吗？

图灵的设想得到了美国计算机科学家同行的呼应。1956 年，他们将好奇心编撰成文，提出了现在广为人知的《达特茅斯人工智能夏季研究项目提案》，"人工智能"一词就是在这份提案中诞生的。提案呼吁举办一次非正式研讨会，探讨如何通过计算机编程来完成类似人类的推理、感知和知识概括等活动。项目主要由约翰·麦卡锡（John McCarthy）和马文·明斯基（Marvin Minsky）主导，他们二位都是长期对大脑保持好奇心的数学家；此外还有 IBM 701 计算机的设计者纳撒尼尔·罗切斯特（Nathaniel Rochester），以及被誉为"信息论之父"的克劳德·香农（Claude Shannon）。

就像爱因斯坦在结束了专利局一天漫长的工作后打磨自己的想法，这些早期的思想家也是在繁忙职业生涯的间隙迈出了通往新世界的第一步，以名副其实的冒险精神进行早期的人工智能探索。事实上，人工智能与物理学不仅仅是主题上存在联系，还有更深层次的连接：人工智能的许多奠基人都兼容并蓄，涉足包括心理学和认知科学在内的各种领域，但他们的背景主要集中在数学、电子工程和物理学领域。这种背景是一把双刃剑。虽然他们能力出众，思维严谨，深刻理解第一性原理，但他们的探索往往局限在近乎纯理论的层面。在他们看来，人类的推理能力可以完美类比计算机程序：不过是逻辑规则的产物而已。他们设想，一旦对相关规则的理解趋于完善，任何一台遵循这些规则的机器都能够自然识别照片内容、理解人类语言、探索抽象概念，甚至创造性地解决新问题。这是非常勇敢的尝试，在当时的时代背景下尤其如此。他们的自信令人钦佩，但其想法还是过于简单化了。

达特茅斯研究小组很快发现，尽管我们行为的方方面面确实可以用简单的术语来描述，但人类思想的深度和多变却无法简单归纳为一套规则或标准，至少在实际操作中是不可行的。

然而，令人难以置信的是，提案却认真地将这项工作描述为几个研究生花上几个月时间就能搞定的"暑期项目"。原文是这样写的：

> 我们提议在 1956 年夏天，在新罕布什尔州汉诺威的达特茅斯学院开展为期两个月、10 人参加的人工智能研究项目。项目将基于以下设想：从理论上看，学习的任何一个方面或智能的任何其他特征，都可以被精确描述，可以通过建造相应的机器进行模拟。团队将努力探索如何让机器使用语言、形成抽象表述和概念，解决目前只有人类才能解决的各类问题，并不断自我完善。我们认为，通过精心挑选的科学家在一个夏天的共同努力，可以在一个或多个问题上取得重大进展。

然而，团队最终意识到，要在复制人类认知禀赋的深度和广度方面取得"重大进展"，八周时间可能不够。之前稳操胜券的心态逐渐消失。研究人员怀抱着更大的耐心，迈出了从最初异想天开的学术研究走向实践探索的第一步。经过半个多世纪的时间，探索仍远未完成，但在此过程中却涌现出一些具有变革性的成果。

尽管事实很快证明，开发人工智能的挑战远远超出了创始团队最初的预期，但相关思考仍然让人沉迷，也吸引了越来越多学者参与其中。1959年，麦卡锡和明斯基在麻省理工学院推出非正式的人工智能研究计划，后来发展成为麻省理工学院人工智能实验室。1963年，麦卡锡迁居斯坦福大学，将人工智能探索带到美国西海岸。他在这里成立了斯坦福大学人工智能实验室（Stanford AI Lab，简称 SAIL）。到20世纪60年代末，这两个实验室已经成为全球公认的人工智能领域的活动中心，覆盖硬件、软件和机器人技术等多个领域，持续推动相关理论研究、实验探索、激烈辩论和创造性开发。

研究人员也从人工智能领域早期的好高骛远中吸取了教训，尤其是在斯坦福大学人工智能实验室。到20世纪60年代，研究人员开始对小型抽象虚拟世界的数字化表示（digital representation）产生兴趣。虚拟世界通常由方块等简单物体构成，这样研究人员就可以专注于智能的基本要素，而不会被日常现实的细节所淹没。最著名的例子是麻省理工学院博士生特里·威诺格拉德（Terry Winograd）开发的一个程序，用户可以用简单的英语命令来操控一组虚拟的彩色方块。有段对话格外令人难忘，以下是部分摘录：

用户：找一块比你手中的方块更高的方块，把它放进盒子里。

计算机：我想，你说的"它"是指比我手中的方块更高的方块。

计算机：好的。

用户：盒子里装了什么？

计算机：蓝色三角锥和蓝色方块。

用户：三角锥是由什么支撑的？

计算机：盒子。

用户：有多少个方块不在盒子里？

计算机：四个。

即便在人工智能对话模型已经与真人极其接近的今天，上述对话也会让人觉得用户是在跟一个思维健全的对象聊天。毫无意外，威诺格拉德的项目被誉为一项突破性成就。许多观察家相信，人工智能革命近在眼前。然而，事情并没有这么简单。具有讽刺意味的是，程序的流畅性和灵活性恰恰是自身限制条件的产物。虽然程序可以就方块话题高谈阔论，但也仅此而已，它能回答的问题数量有限，提问稍有偏离，程序就可能失效，输出荒谬的答案。不过，将程序局限在狭窄的领域确实有成效；程序能完成的任务不多，但表现非常出色。

20世纪70年代，另一位斯坦福大学教授爱德华·费根鲍姆（Edward Feigenbaum）对相关理念进行了更深入的探索。他是斯坦福大学人工智能实验室研究员，经常与约翰·麦卡锡合作。早期人工智能试图从零开始打造通用智能；为了避免重蹈覆辙，费根鲍姆并没有选择拓宽威诺格拉德的程序或类似程序的应用范围，而是直接将其转移到另一个领域。毕竟，谁说计算机强大的语言识别和推理能力不能应用到现实世界呢？谁说计算机不能用来协助体检或金融分析呢？如果不让计算机回答关于几何形状的问题，而是给它一些疾病症状、患者特征数据库、交易记录和季度报告，让它据此回答问题，会产生什么结果？

费根鲍姆的创新开启了后来被称为"知识工程"（knowledge engineering）的全新子领域。在这个子领域中，有关特定领域（医学、制药、金融或几乎其他任何领域）的事实被整理成数据库。机器可以读取相关数据，像威诺格拉德的几何形状一样进行分析，并以自然流畅的书面问答形式提供答案，实现了媲美咨询人类专家的自动化体验。

这些程序被称为"专家系统"（expert systems）。多年来，它们一直是人工智能在现实世界中执行实用任务的最有力证据，也表明人工智能可以成为企业甚至整个行业的基础。由于人工智能展现出显而易见的商业应用场景，加上计算成本出现历史性下降，在整个20世纪70年代和80年代，涌现出了一批致力于把知识工程的力量进行商业化的公司。

在早期的专家系统中，有个叫"内科医生-I"（INTERNIST-I）的程序非常有名，其数据库中包含500种疾病描述和3000种疾病表现。早期的实验结果令人鼓舞，程序能够根据用户（一名真人内科医生）提供的症状观察记录，正确诊断出患者病情，即使在面对复杂的病例时，也能提供有用的信息。其他早期的程序还包括MOLGEN，可以帮助分子遗传学家设计DNA相关实验；还有VM呼吸机管理程序，可以为依赖呼吸机的患者提供临床医生建议；还有 SECS 化学合成模拟与评估程序，让我们在早期就窥见了人工智能在药物研发方面的应用潜力。

尽管专家系统曾经令人兴奋，但由于起始阶段海量信息的组织难度太大，后续开发经常陷入困境。在整合医学教科书、研究论文、医药文献甚至从业者访谈内容时，开发人员遇到的困难越来越多。更糟糕的是，即使这些系统看起来已经拥有足够多的数据，其表现也往往无法与真实的人类专家相媲美。尽管系统掌握了大量信息，检索和处理速度也超人一等，但它们的推理依然呆板而肤浅，过于拘泥于明确定义的规则，缺乏常识，经常被意料之外的盲点所迷惑。

随着商业兴趣的减弱和资金的蒸发，许多人得出结论：智能机器的想法固然有趣，但再一次难以成真。无论人工智能未来如何（会是什么形态？未来何时到来？我们如何抵达？），有一点越来越明确：这条道路不会一帆风顺。

✦

仿佛是为了把我从白日梦中摇醒，飞机在肯尼迪机场降落，轮子在跑道上一阵颠簸起伏。漫长而拥挤的飞行结束了，我松了口气。在之前的 14 个小时里，我大部分时间都在读书，在那些长久以来安慰我的故事里寻找最后的港湾。现在，崭新的世界就在眼前，无论我多么抗拒，它都要夺去我的注意力。机舱里传来悦耳又陌生的声音，提醒着我，我已身处陌生之地。

这不是什么度假,也不是一场冒险;突然间,我唯一能理解的生活莫名其妙地结束了,我无法想象的新生活即将开始。下飞机的时候,我没有感到一丝兴奋。

取行李的时候,我的心情更加紧张了,唯一开心的事,就是终于可以在出口处跟父亲团聚了。但几个小时过去了,他还没有出现。夕阳西下,一群群陌生人从我们身旁侧身而过,我们的不解逐渐变成了恐惧。当深爱之人消失太久,人难免会胡思乱想,而我们的处境让我们更加心急如焚:母亲口袋里只有20美元,我们没有返程机票,而且我很快就发现,我在学校学了几年的基础英语在实际生活中一点儿用都没有。

后来我们才知道,父亲的车坏了,而且坏在了隧道里(对我们这个依靠破旧二手车出行的移民家庭来说,车子抛锚很快就会成为家常便饭)。如果放在以前,我们可能会对这种倒霉事一笑置之,但那天情况不同。当父亲气喘吁吁地夺门而入时,我和母亲已经精疲力竭,一点儿欢聚的心情也没有了。

我们行驶在陌生的高速公路上,经过一个又一个很难读懂的路标。我开始意识到,我将要在这里住下去了。不管这感觉多么荒谬,不管我对新环境有多少疑惑和不解,这一点已经成为不可改变的事实。我只能勉强接受:就这样吧,我到美国了。

我们的目的地是新泽西州一个叫帕西帕尼的小镇。父亲之所以选择帕西帕尼,是因为这里移民众多,而且靠近高速公路。

03 鸿沟渐窄

在地球另一端长大的我第一次接触美国郊区的概念，立刻就感受到了差异。中国的城市市区人口密度很大，每一寸空间都被利用到极致：道路上挤满了汽车和自行车，人行道上人流如织，建筑物直插云霄，连高楼之间的空间也被无限压缩。中国是热闹匆忙的，是喧嚣繁华的，没有一刻停歇，城市由此被赋予了独特的个性。

相比之下，帕西帕尼空旷而寂静：空荡荡的人行道，悠闲驾车的司机，一切都显得那么宽敞。草坪环绕着只有一两层楼高的独栋住宅。小企业也拥有巨大的停车场，空车位比比皆是。这里树木葳蕤，花园随处可见。就连空气都仿佛更加清新，没有我记忆中的工业气息。

然而，留给我沉思的时间并不长，在车开进新家的那一刻，我的思绪就被强行拉了回来。为了顺利开启在美国的生活，我们还有很多事要做。第一件事就是适应大幅缩减的居住空间。我们的新家在一栋红砖公寓楼内，与一路上经过的美丽街区相去甚远；一家三口就要挤在二楼一套狭小的一居室里。空间极其逼仄，我们只能凑合：我的床被放在了厨房和用餐区之间，我就睡在这个窄道里，直到后来搬家。为了布置小家，我们会格外留心别人丢弃在车道和路边的家具。落地还不到48小时，我又迎来了下一个任务：入学。

对一个在成都长大的中国学生来说，在帕西帕尼高中的最初几天对我的感官造成了巨大冲击。整个学校的气氛躁动不安，周围的一切都比我之前生活的世界更鲜艳、更快速、更沉重、更喧闹。无论我朝哪个方向看，都没有哪一样在我的大脑里有过印记，仿佛光线和声音的本质在这里都发生了改变。

光是颜色就让人应接不暇。学生和老师们穿的衣服比我以往见过的任何衣服都要醒目，色调从大地色系到原色系，再到荧光色系，有纯色的，也有带条纹和图案的，衣服上装饰着字母、插图、抽象图案和品牌标识。除了衣服，还有帽子、太阳镜、耳环、皮包和名牌背包，更不用说女孩们的妆容了——我从来没见过十几岁的孩子化妆。

当我拿到新课本时，才明白了背包的必要性——这些课本比中国的平装课本要大得多。虽然大多数课本的边缘都参差不齐，但质量却出奇地好；每门课都配有一本装订精美的教科书，封面设计生动鲜艳，成百上千页内容都是全彩印刷，拿在手里极有分量。

更具冲击力的是学生的行动方式。在中国，学生都有自己固定的座位，在课间也比较安静。而在美国，下课铃声一响，学生便从一个教室蜂拥而出，大呼小叫着奔向下一个教室，青春期的活力如山洪般暴发，其中的紧迫感让我不知所措。

最后就是这里的人本身。美国孩子似乎普遍比较吵闹粗暴，对老师似乎也缺乏尊重。虽然听不懂美国学生跟老师在说什么，但我从来没见过谁会跟老师那样说话。最让我惊讶的是，不拘礼节似乎是双向的。师生之间的互动常常是对抗性的，但也充满了俏皮和温暖。在这原本令我生畏的第一天，我立刻确定了一件事：我会喜欢美国的老师。

家里的节奏相对熟悉，但同样让人身心疲惫。我突然进入了英语世界，即便是最简单的家庭作业也要花上几个小时，因为几乎每一步都需要求助于两本大词典，一本是中英词典，一本是英中词典。这让我感到非常沮丧。看来，我不得不把在中国上学时的游刃有余搁置一边（更不用说我日渐萌发的对物理学的热爱了），谦卑地回到起点。在可预见的未来，重新获得自我表达能力将是我智力生活的中心任务。

幸好，我们的生活很有规律，因为父母跟我一样忙碌。刚到美国不久，父亲就遇到了一位台湾商人，他利用自己的工程技能在这位商人的店里找了份修理相机的工作。虽然工资微薄，工作也很辛苦，但挣的钱刚好够我们维持生计。母亲也找到了工作，她在台湾人妻子经营的纽瓦克礼品店里当收银员。有了额外的收入固然可喜，但看到母亲这样有抱负的知识分子从事完全无法让她施展才能的工作，我感到非常难过。父母下班都很晚，我们也没钱点外卖，所以每天回到家后，不管有多么累，父亲都要赶紧准备晚饭。

过去三年，父亲经常给家里写信，我现在也一样。一有空暇时间，我就会给国内的家人和朋友写信。每封信都是一个恳求。我希望他们能告诉我，虽然我已经离开了，但我爱的人和事，尤其是外祖母的厨艺，依然还在。他们总会回信告诉我我想听的话，每次收到回信，我都既兴奋又伤感。有生以来第一次，我梦中那个遥远的世界不是神秘的异域，也不是未被发现的科学前沿，而是我最熟悉的地方。

现在回头看，我还忍不住想，如果我当时意识到自己比以往任何时候都更接近现代科学革命（即使只是在地理位置层面），我的思乡之情会不会得到纾解？来到美国，我的出身和未来之间的鸿沟缩小了，而在帕西帕尼安家，我和未来的距离被大大拉近了。我会在这里度过青春期的剩余时光，我还不知道，在距离新家不到一小时车程（沿着花园州公园大道仅有几千米远）的地方，历史正在被翻篇。

✦

在未来的某一天，杨立昆（Yann LeCun）会成为脸书的人工智能首席科学家，但在我们到达美国时，他在新泽西州霍姆德尔的贝尔实验室的研究生涯才刚刚起步。他为人谦逊但雄心勃勃，近些年引发了不小的轰动，因为他展示了"神经网络"（neural network）算法在准确识别人类笔迹方面的能力。尽管这项技术仍然相对较新，远未达到日后的普及程度，但与之前数十年的人工智能传统已经截然不同。神经网络算法的目标不是用离散的规则来描述笔迹（1是直的，2是弯的，3是对称的，诸如此类），而是从数据中推断出模式。

杨立昆从美国邮政署拿到了7200多个手写邮编的扫描件，涵盖各种风格、质地，甚至包括常见的错误。他向神经网络算法展示这几千个真实的人类笔迹,让机器也能像人类一样学习相关模式,形成内化的直觉。这套直觉很难用传统计算机程序的形式表达,但它使得算法能够以前所未有的方式理解真实世界的复杂混乱。

杨立昆的研究取得了巨大的成功。算法的识别非常精准,在短短几年内,它就被广泛应用于全美的自动提款机上,用来读取支票上的数字。在距离达特茅斯研究提案中首次提出人工智能概念几十年后,人工智能领域终于取得了极具实用性的成就。

此前的几代人试图用规则详尽描述智能,算法相对僵化,这种人工智能通常被称为"符号人工智能"(symbolic AI);20世纪80年代末到90年代初,潮流开始转向更自然的方法。杨立昆的成果就预示着一个大胆的未来。随着时间的推移,行业研究重点从"通过明确编程来解决问题"转变为"从示例中发现模式"。换言之,算法不是被告知该做什么,而是去学习该做什么。研究人员给它起了一个贴切的名字:"机器学习"(machine learning)。

在科学的发展进程中,思想孕育的过程相对富有诗意。没有任何一条自然法则规定洞察只有在能够付诸实践的前提下才会出现。很多灵感的火花都领先自己所处的时代几年、几十年,甚至几个世纪,历史上的例子比比皆是。而真正鼓舞人心的是,这些早期的思想家对于自己的发现抱有坚定的信念:无论前进的道路看起来多么不切实际,无论实验成功的前景多么渺茫，伟大的科学家都被与生俱来的探索欲所驱使，再艰难的环境也浇不灭他们孜孜以求的热情。机器学习几十年的发展历程即是如此。

机器学习的历史可以说是人工智能发展历史中不太为人所知的章节。尽管图灵本人很早就认可过机器学习，但这一概念相对来说仍然比较小众。1950年，图灵发表了一篇题为《计算机器与智能》的论文，简要对比了"基于规则的人工智能"（rule-based AI）和机器学习。基于规则的人工智能是指从零开始构建具有智能行为能力的完整体，而机器学习指的是允许智能体自主发展。图灵问道："与其努力打造程序来模拟成人的思维，为何不尝试用程序模拟儿童的思维呢？"事实上，机器学习自诞生之初就从人类认知中汲取了一定的灵感，这在很大程度上得益于神经科学等领域的同步发展。

早在19世纪，人们就对大脑的运作模式有了一些模糊的了解，但直到20世纪，我们今天所熟知的神经科学才开始逐渐形成。即便在那时，我们对大脑的认知也非常初级。就像第一批天文学家努力理解天空中天体的运行轨迹一样，当时的科学家对大脑的了解也仅限于他们能观察到的现象：电脉冲和化学信号的洪流，在一层层潮湿又神秘的褶皱组织里穿梭。

在科学处于混沌期、世界对科学探索闭关自守之际，如果还能看到一线希望，那就是那些充满好奇心的人正处在自己创造力的巅峰。他们从近乎虚无的状态中提出各种假设。即使是微不足道的进步，也能带来巨大的变革。随之而来的滚雪球效应可能会让人眼花缭乱。随着20世纪中叶的临近，神经科学即将确定该领域的基本概念，从而逐层建立真正的理论。这个时代与现代物理学的黎明期并无二致：当人类首次觉察到物理世界基本性质的蛛丝马迹，即粒子和力是我们所看到的一切事物的基石时，我们对自然的理解就彻底改变了。

1943年，研究人员沃伦·麦卡洛克（Warren S. McCulloch）和沃尔特·皮茨（Walter Pitts）共同发表文章，介绍了一项关于大脑基本单位"神经元"的新探索，把其中的生物学原理简化为数学的本质概念，从而推动了神经科学的重要进展。他们的方法的关键在于抽象化：通过剔除真实大脑中变幻莫测的电化学过程，将神经元简化为相对简单的信号交换。这种纯粹的交换性分析——输入什么、输出什么，以及两者之间如何相互关联——产生了深远的影响。不同于身体的其他部位，也不同于任何已知的自然结构，大脑似乎是唯一适合处理信息的器官。

从某种意义上说，这个发现相当于神经科学领域的原子裂变，它揭示了在整个大脑中重复出现的根本模式，展现出惊人的一致性和稳定性：大脑可以被看作由简单元素组成的大型网络，元素之间的联系可以随着时间的推移而改变；通过将复杂的行为分布于网络中，我们几乎可以完成无限的任务，并且可以不断学习新的任务，即使到了晚年也可以。

人类大脑的复杂性远远超越已知宇宙中的任何其他事物，但其构造又极其优雅，几乎把复杂性全部掩藏。汽车或手机都是由清晰区分的零件组装而成，这是人类设计师认为直观的形式。但大脑的构造与此不同，它是由近 1000 亿个神经元构成的巨大网络，其中的神经元就是一个个互相连接的微小单元，可以在电化学传输中精细聚焦。尽管整个大脑中的神经元行为受到类似概念的支配（至少在麦卡洛克和皮茨的模型层面上是如此），但神经元可以形成不同的网络，其排列和位置各不相同，可以应对各类挑战，如视觉、听觉、运动，甚至进行抽象思考。此外，大脑在最初在子宫内形成后的很长时间里，才通过学习形成了（或者至少是逐渐完善了）这些网络结构。这就是为什么尽管我们的灰质在解剖学上看起来并无二致，但每个人的个性、技能和记忆都是独一无二的。

有了这样清晰的模型，技术进步迟早会赶上研究界的好奇心。1958 年就迎来了这样一个时刻。康奈尔航空实验室的心理学研究员弗兰克·罗森布拉特（Frank Rosenblatt）发明了一种机械神经元，他称之为"感知机"（perceptron）。虽然罗森布拉特的创意在概念上非常简单，但当时的技术还没有数字化，因此操作难度很大。他将自己的心理学背景与对电气和机械工程的理解相结合，经过数月的辛勤努力，终于将数学模型转化为一个实用的实际设备。

更大胆的是，罗森布拉特的研究工作不仅实现了麦卡洛克和皮茨的想法，还结合了哈佛大学心理学家斯金纳（B. F. Skinner）提出的补充假设，对神经元的基本模型进行了扩展。

斯金纳认为，有些输入对神经元行为的影响更大，这就好比不同的读者可能会对阅读的内容产生不同程度的信任和怀疑。如果允许这些影响随着时间的推移而变化，随着任务的成功或失败而增强或减弱，那么从本质上看，神经元网络本质上就可以进行学习了。

罗森布拉特运用相关原理，设计了一个由 400 个光传感器组成的像素为 20 的摄像头。他把每个传感器的输出连接到感知机上，让感知机学会识别视觉模式，比如识别面前的索引卡上绘制的形状。由于每个传感器的初始影响权重是随机设置的，因此系统对所见图像的分类也是随机的。而罗森布拉特就是感知机的老师，他会用开关来告诉感知机哪些行为是正确的，哪些是错误的。通过这种方式，系统就能确定每个传感器的输入对答案的影响，并相应地增强或减弱这一影响。随着这个过程的重复进行，感知机就逐渐获得了形状识别的可靠能力。

在通过机器重现认知基础方面，罗森布拉特的感知机被誉为重大进步，研究界对他的工作成果进行了热切探索。然而，随着感知机的局限性逐渐凸显，人们的兴奋之情逐渐消退。研究人员开始质疑感知机能够解决的问题的范围，甚至包括理论层面能解决的问题，而当时技术条件有限，只能进行最简单的实施，无法进行更复杂的实验。

有意思的是，1969 年，达特茅斯暑期项目发起人之一马文·明斯基与计算机科学先驱西摩·佩珀特（Seymour Papert）合著的《感知机》（*Perceptrons*）一书出版，明斯基成为感知机最知名的批评者之一。这本书在肯定感知机优雅之处的同时，也对其进行了猛烈的抨击，指出感知机的设计缺乏严谨的理论基础，并列举了许多导致感知机应用范围极窄的弱点。尽管明斯基的观点没有被普遍视为这个问题的最终结论，许多同时代的人也提出了反驳意见，但是感知机的声誉已经受到了损害。在接下来的十几年里，整个机器学习领域（特别是感知机）都将被置于人工智能的一隅。

✦

在厨房里几乎无法交流。这里的噪声很大，有时候即使大声喊叫，也听不清对方在说什么。虽然聘用我的经理会说普通话，但厨师大多只说广东话——我既不会说，也听不懂。新来的我笨手笨脚，又容易碍事，所以尽量缩在角落里，不去理会那些近乎戏剧化的混乱场景：风扇的轰鸣声、炒锅发出的吱吱声，还有各种金属边缘碰撞和刮擦的声音。明火从炒锅里蹿出来，照亮了整个厨房，水柱从锅碗瓢盆上溅射而过。一个厨师发出低沉的"嘿"声，并向我示意，然后急匆匆地把一份做好的菜放在我面前。开始工作吧，我想。我以最快的速度把盒子装进外带袋，又放入餐巾纸、餐具，还有一些签语饼和酱油包，然后系紧提袋的提手。我双臂抱着袋子，深吸一口气，溜出厨房，进入用餐区。随着焦虑的情绪在体内蔓延，我匆忙的脚步开始加快，不禁小跑起来。

"飞飞!"我听到经理低声呵斥。

我意识到自己的错误,立刻停了下来,叹了口气。

"我跟你说过多少次了?不要在用餐区跑来跑去。你的任务是把订单送到前台,而不是让顾客觉得烦心。别逼我再说一遍。"可恶。我点了点头,结结巴巴地道了歉,然后小心翼翼地提着外卖包走完了剩下的路。

最能宽慰我思乡之情的就是每个月给外祖父母打电话。他们两个是我最挂念的人,听到他们的声音,我就会立刻把所有烦恼抛到九霄云外。但长途电话费贵得吓人,每次通话都匆忙到残忍。连跟最爱的人说说话都要争分夺秒,这种感觉实在荒谬。每当快到挂电话的时候,母亲的语速就会越来越快,让我闻之心碎。几个月后,我受够了。有些屈辱是我拒绝接受的。如果钱是唯一能摆脱束缚的方法,我决定自己去赚钱。

我通过报纸上的分类广告找到了第一份工作,在商业街上一家狭小昏暗的中餐馆里当服务生。这并不是正式的工作,所以不受劳动法和新泽西州最低工资标准的约束,雇用条款也反映了这一点:在学校没课的时候,我要从上午 11 点工作到晚上 11 点,每天 12 个小时,每小时 2 美元的工资。当地人警告我说周围的街区不太安全,到了晚上我会害怕的。他们强烈建议我每晚都要搭车回家,我照办了,从没有过例外。

因为兼职工作不稳定,所以我也同时在寻找其他工作。分类广告不断为我提供新的工作机会。在整个高中阶段,除了在中餐厅打工,我还每周去给人做家务,这份工作薪水更高但时数少;我还遛过狗,这可能是我赚得最少但最享受的工作,也是父亲格外感兴趣的一份工作。

只要我按时上下班,就能搭车来往于城里危险的区域。虽然工资一直很低,但我之前没有工作经历,所以也无从比较。不过,即便是如此微薄的收入,也能大大改善我们的生活,这让我感觉很棒。我也可以忍受工作时长——毕竟工作时间越长,为家里赚的钱就越多。

这些工作让人感到疲倦的地方在于移民经历笼罩的不确定性。我周围都是勤奋自律的人,有着跟我相似的故事,但我们似乎注定要陷入贫乏和卑微劳动的循环中,没人可以摆脱。我们来到这个国家,希望寻求其他地方没有的机会,但我却看不到任何通往这些机会的路径。

我们的处境已经够令人沮丧了,然而移民群体内缺乏鼓励更加让人情绪低落。这一点在工作中体现得尤为明显——为了勉强维持生计,我们都承受了巨大的压力,因此对任何偏离常规的行为都持粗暴的怀疑态度。我在餐厅亲身体会到了这一点。每天下午,我都会利用唯一的休息时间重温母亲与我分享的西方经典著作的中文译本。即便在那个时候,或者说,尤其是在那个时候,我仍然会被那些充满内涵的散文深深吸引,因为我正在英语方面苦苦挣扎,极其渴望重拾自信、表达自己。每翻一页都会把我带回过去——那个能确定自己在世界上的位置、不像现在这样飘摇的年代。

直到有一天，经理直截了当地告诉我看书是在浪费时间，还不如利用这个时间去打扫卫生间。回想起来，我觉得同为移民的他绝不是在居高临下地对我指手画脚，只是这件事再次提醒我，对我们这样的人来说，想象力在新生活里是多余的。这实在令人沮丧。

不管怎么说，努力还是得到了回报。我们开了一个银行账户，开始了每周一次的例行仪式，就是把我的收入（当然都是现金）存进银行。钱虽然不多，但我们家终于有一笔可以自由支配的资金了，大家都很开心。从那时开始，我们终于可以每个月都存下一些钱，去商店买东西也不用那么在意价格了。最重要的是，母亲给家里打电话时也恢复了一些松弛。她的语气就是对我的奖励——她和外祖父母的交谈虽然仍然简短，但口吻却跟我记忆中在成都餐桌上的一样不紧不慢。

✦

科学史往往是曲折、讽刺而又残酷的。新的思想被发现，然后被丢弃，接着又有新的思想被发现。被几代人视为基石的范式有时会在一夜之间被推翻，而推翻这一切的常常是显而易见的观察结果。恰恰因为这些观察太过简单，反而更容易被领域内最杰出的人物所忽视，从而为局外人发起革命创造了条件。正是这种既和谐又冲突的摇摆节奏，才使得科学追求如此戏剧化。

正如前文所述，就在罗森布拉特研发感知机的时候，出现了一项研究成果，可以解释感知机为何从未达到预期效果，以及以后类似机器如何才能成功。然而，这项研究成果来自另外一个领域。1959年，神经生理学家戴维·休伯尔（David Hubel）和托斯登·威塞尔（Torsten Wiesel）在哈佛大学进行了一项开创性的研究，研究了哺乳动物的大脑，特别是猫的视觉皮质。实验在暗室里进行，研究人员将基本形状的图画投射到墙壁上，精确控制猫所看到的东西，包括线条、缝隙和其他简单的细节，并仔细观察其神经元的反应方式。

休伯尔和威塞尔的研究发现，感知不是发生在单个神经元层次上，而是通过由多层神经元组成的层次结构进行的。这个层次结构从对表面细节的识别开始，最终到达复杂的高级意识。例如，第一层神经元可能会注意到一些细微的视觉特征，如特定角度的边缘、独特的纹理，或一抹绚丽的色彩。每一层神经元都聚焦在整体场景中的一个狭窄区域，称为"感受野"（receptive field）。这些视觉细节单独来看并没有太大意义，但当它们传递到下一层时，就会整合成为更复杂的形状和特征，覆盖更广阔的感受野，就像是拼图拼接在一起，展现出更大的图像片段。

最终，当这些逐步整合的细节被传递到最后一层时，我们就能感知到面孔、物体、地点等有意义的事物。由于大脑的网络结构允许无数步骤同时进行，我们的感知体验是连续不断、充满活力的。休伯尔和威塞尔的研究成果改变了我们对感官知觉的理解，二人因此获得了1981年的诺贝尔生理学或医学奖。

早期对人工智能满怀希望的研究人员一直在寻找可以遵循的模式。尽管休伯尔和威塞尔的发现似乎是为他们量身定做的，但这一研究成果几年以后才为世界所熟知。在此期间，罗森布拉特因一次划船事故不幸去世，年仅43岁。但在1980年，这一研究成果的运用带来了变革。福岛邦彦是一位日本研究员，在东京NHK广播科学研究实验室工作。他开发了一种由多个感知机组成的算法（现在已经通过软件实现），将感知机堆叠成一个连接的层次结构。由于每一层对复杂模式的敏感度都超过下一层，因此整个算法可以识别出多层次的细节以及它们之间的关系。

福岛邦彦将这一成果称为"新认知机"（neocognitron）。新认知机对输入数据的异常具有很高的复原力和容忍度，因此在准确辨认笔迹方面取得了突破性的进展。由于笔迹极不规则且风格多样，笔迹辨认一直是个棘手的问题。

然而，新认知机的成功只是揭示了一个新的障碍——这是科学界常见的现象。虽然这一算法功能强大、用途广泛，但由于它的架构过于复杂，在实际训练中，针对更为简单的前代算法所开发的方法并不适用，因为它们没有新认知机密集的连接内层。进展再次陷入停滞。直到几年后，机器学习的下一块拼图才终于浮出水面。

1986年，由加州大学圣迭戈分校教授大卫·鲁梅尔哈特（David E. Rumelhart）领导的一个研究人员小组在科学杂志《自然》(Nature)上发表短篇研究报告,介绍了一种能让新认知机等算法有效学习的技术。他们将其称为"反向传播"(backpropagation),名字来源于这一技术最显著的特征:在这种级联效应中,每个训练实例(具体来说,是网络对给定刺激的反应与正确答案之间的差异)通过网络的一端传递到另一端,并逐层进行误差的递减调整。

然而,真正使反向传播大放异彩的,是网络结构随着时间的推移出现的变化。随着网络接触到越来越多的实例(如照片或音频波形集),神经元之间的连接就会因所见所闻而被重塑,留下越来越详细的印记。就像流淌几百年的河水雕刻出的峡谷壁一样,在经过一定的训练后,神经网络会逐渐呈现出特定的特征。经过多年的努力,神经网络突然开始以前所未有的规模进行学习,并达到了前所未有的精确度,这预示着真正的转折点即将到来。

虽然鲁梅尔哈特是首席研究员,但他的两位合著者之一杰弗里·辛顿(Geoffrey Hinton)才是与反向传播联系最紧密的人物。辛顿当时是卡内基梅隆大学的教授,从小就被智能之谜所吸引,其职业生涯致力于探索重现智能的新方法。他孜孜不倦地探索各种新颖的机器学习方法,为这一领域的早期复兴做出了巨大贡献。那是一个神经网络稳步发展的时代,网络层数越来越多,神经元连接越来越复杂,训练技术也越来越完善。杨立昆是辛顿的第一批学生,他把这些研究成果应用到了识别手写邮编这一极具实用性的场景,引起广泛关注。在不到十年的时间里，机器学习这样一个曾经遥不可及的梦想终于在现实世界中开花结果。

✦

父亲仔细观察着眼前的一切，而我发现自己也在观察父亲。他脸上的惊奇神情看起来一定有些不合时宜，因为这种热情与我们周围的环境极不相称。自从我们第一次一起去荒野旅行，我对这种神情已经非常熟悉，但即便对我来说，在这样一个地方看到父亲的这种神情也会感到意外。那是一个周日，我们正在进行父亲来到美国后最热衷的一项活动：参加车库市场。

每逢周末，我们都会驱车数英里，寻找那些在车道或门前的草坪上摆卖物品的陌生人家，一般都会遇到好几个。不同地方的场景大同小异，但父亲从未对此感到厌倦。一堆堆封面褪色、皱皱巴巴的过期杂志和几十年前的平装书，带布格栅的高保真扬声器，孩子最近才穿不下的轮滑鞋，古代棋盘游戏，人偶，废弃的手提箱，破旧但还能用的锅碗瓢盆，早已过了最佳使用年限的露营设备，装满雅达利游戏卡带的纸箱，录像机和成堆的家用录像带，还有各种健身器材，等等，应有尽有。对父亲来说，这是一种全新的荒野，呼唤着我们去探索。

我很少见到父亲使用英语，但他在车库市场的时候会说。虽然父亲的英语水平接近于零，但也足以进行交易，有时甚至还能讨价还价。我很高兴看到他能以某种方式参与到美国的生活中，但我知道英语给他带来的困难不仅仅体现在实际生活中。对他来说，交谈是一门艺术，他时常为自己的谈话技巧感到自豪。早在给我取名之前，他就喜欢玩中文文字游戏，经常用双关语来表达幽默和关爱。我了解父亲对遣词造句的喜好，因此看到他只能说一些最基础的英语，表达深受限制，让我非常难受。但他的兴奋是有感染力的。在他走到另一个摊位时，看起来是那么高兴，我也感到非常欣慰。

他还有个特别有趣的癖好，就是痴迷于一切来自意大利的东西，尤其是皮革制品。由于英语水平有限，他很难区分哪些品牌的发音听起来像意大利语，但他已经练就一双敏锐的眼睛，能够分辨出一个诱人的短语："意大利制造"。他的这个癖好给我们原本漫无目的的闲逛平添了几分寻宝的刺激。父亲看到意大利二手货时，会情不自禁地眼前一亮，有点可爱，同时也让人疑惑——这些二手物品的价值往往还不够我们开车来回的油费，而他喜欢它们的原因，仅仅是这些东西和一个他从未去过的地中海国家有关。但我也有自己的癖好，我并不忌妒他。

这是父亲真正的天赋所在——不是工程学，不是相机修理，甚至不是文字游戏，而是在任何情况下，哪怕再平淡无奇，都可以发现幸福和快乐。因为观念的不同，我们飞越半个地球，来到陌生的国度，深陷贫困，每天都在为生存苦苦挣扎。但从父亲身上看不出这些。他正在专注地研究别人家的滑雪镜或咖啡机，他的满足感如此纯粹，让我也感同身受，几乎忘却了尘世间的烦恼。

我甚至感觉,在这样的时刻里,父亲也在满足自己精神上的好奇。他跟在国内时一样,尝试着从细节入手,建立起对周围环境的理解。他享受并撷取每一个细节,不断在脑海中建立琐碎的数据库。或许对我们一家来说,便宜货是生存的重要组成部分,但我很快就意识到,父亲每次出去淘货,并不完全是为了省钱,而是想把世界编成目录:不是正式地列举整理,甚至不是为了任何特定的目的,仅仅是因为他在这个过程中找到了乐趣。

作为移民,我们很容易认为自己遇到的所有问题都是由外部世界造成的。但实际上,我们最大的挑战往往源自内心。无论是在中国还是地球上的任何一个家庭,都是如此。

我最担心的是母亲,她的健康状况明显每况愈下。我们在中国的最后几年里,她的身体开始出现各种不适,到了美国之后又进一步加重,显然是因为新生活的压力太大。每天上班都坐守在收银机旁,一定非常乏味,但她下班后那种身心俱疲的状态,远远不是上班的消耗所能解释的。

生活似乎已经变得非常艰难了。就在这个时候,父亲失去了工作。更确切地说,他被解雇了。虽然我没有听到完整的故事,但我可以推断出,他与相机店老板发生了争执,然后大吵了一架,最后老板请他离开,再也不用回去了。当然,具体细节并不重要。对一个刚刚能勉强维持生计的家庭来说,这是一件关系到生死存亡的事。

"在哪一页？你刚才提到的问题。"

"第 134 页。在黄色方框旁边，最下面。"

"啊，找到了。谢谢。"

我正跟另外三个以英语为第二语言（就是通常所说的 ESL）的学生一起在图书馆里学习，其中一个女孩来自台湾，另外两个男孩分别来自大陆和韩国。能跟有相似背景的同龄人一起学习，在某种程度上给了我一种慰藉，但在图书馆里的其他学生面前，我们很难不觉得自己是异类，尤其是当我们不小心用母语说了一两句话的时候。

铃声响起。我们把试卷和书塞进背包，背到肩上，随着人群涌向双开门，走了出去。学生们摩肩接踵，匆忙赶路，这是平日最常见的景象。但那天下午，一些无形的界限被打破了。我们 ESL 学习小组的一个男生不经意间和一个美国学生发生了轻微的身体接触——可能踩到了他的脚趾、蹭到了他的背包拉链，或者做了一些我们都没注意到的小动作。但不管是什么，这件事引起了对方的不满。

美国男生立即大动肝火，毫不留情。他气冲冲地把这个男生拖到门外，推倒在走廊的地板上。看到这一幕，其他学生本能地往后退，留出一片空地。接着又是一阵混乱，本来只是一个人在打人，后来变成了两个男生，他们一边骂一边不停地踢打，被打的男生在地上蜷成一团，拼命护住自己的头，鲜血从他的鼻子里涌出，溅得满地都是。

一时间，我思绪万千，难以自持。一种强烈的共情冲击着我，让我感到一阵恶心，同时又觉得非常无助，有心无力。我被吓得六神无主，既因为地上的男孩，也因为我自己——或许下一个挨打的就是我们学习小组的其他人。我想说点儿什么，哪怕只是一个请求停止暴力的词，但奇怪的是，在那个混乱的时刻，我不知道该用哪种语言来表达。

晚上放学回家后，父母知道了我的无助，也许他们的感受比我更强烈。尽管他们明显也感到不满，但我能感觉到，在面临如此迫在眉睫的暴力威胁时，在这里孤立无援的生活只会让人感到更加无力。由于语言的限制，他们甚至都没有办法象征性地给校长打个电话。在如此艰难的生活环境中，在自己孩子的安全都不能得到保障的时候，他们也只能默默承受恐惧，别无他法。

朋友被打之后，我们好几个星期都没有见到他。他的恢复期一定特别孤独。他被打得鼻梁骨折外加脑震荡，康复之后，终于重返学校。我们一见到他，就立刻感觉他完全变了一个人，再也不是我们熟悉的那个男生了。以前他虽然英语不好，但总是幽默开朗，而现在变得孤僻阴郁。挨打的那一刻是残酷的——身体的疼痛、精神上的屈辱、纯粹的身体侵犯，但让人感觉最不人道的还是这种转变：他与生俱来的积极乐观被剥夺了。

我们其他人也发生了变化。曾经松散的 ESL 小团体变得更加紧密。把我们团结在一起的与其说是友情，不如说是我们现在呼吸的紧张空气。这种气氛从头到脚笼罩着我们每一个人。虽然在适应新环境的过程中，我也遇到了很多挑战，但以前我从来没有担心过安全的问题。现在，我不敢独自去洗手间或餐厅，因为我害怕会遇到危险，而每次看到图书馆的双开门，当时的画面就会不由自主地浮现在眼前。

这一切都发生在我刚刚开始适应新环境的时候。在帕西帕尼学习期间，我依然对数学和物理学着迷。然而，另一门学科意外地引起了我的兴趣：美国历史。我学得越多，就越能把美国建国的故事与自己最喜欢的物理学关联起来。在这里，也是一群不同凡响的思想家聚集在一起，为世界贡献了远远超前于时代的先进思想。以本杰明·富兰克林为例，他本人还是一名实践科学家，在他身上，政治家和科学家得到了完美统一。

我开始加倍努力，埋头苦读。一方面，我迫切需要通过学习来分散注意力；另一方面，我也需要来自外界的鼓励，让自己不再心猿意马。我渴望恢复在中国时的学业水平，哪怕只是部分恢复，但语言却给我造成了重重阻碍。每次作业都是艰难的挑战，几乎每句话都需要借助词典才能理解，所以我的速度总是非常慢，这让我极为痛苦，倍感挫败。我逐渐掌握了"速度""加速度""角度""力""势"等术语的英文说法，又重新认识了这些概念。但一切都来之不易。每天晚上，当我终于完成一天的学习任务爬上床时，感受到的不是成就感，而是干苦差事的疲惫感。对 ESL 学生来说，每节课都是英语课。

数学的学习尤其令人沮丧，而且我必须承认，这种沮丧并不是英语的语言障碍造成的。我一次又一次地犯下纯粹的计算错误，这些错误没有明显的规律可循，让人完全捉摸不透。值得庆幸的是，我不是唯一一个发现有问题的人——数学老师让我课后留下来交流这个情况。显然是某个环节出了问题，可就连他也觉得我的表现并不需要担忧，只是令人费解。

"我能看看你的计算器吗？"他问。我把计算器放在桌子上，看着他随意在按键上点了一通。

"啊哈！"他惊呼道，"切线！飞飞，是切线按键！看到了没？"

他把自己的计算器放在我的计算器旁边演示。果不其然，当他在两个计算器上输入同样的内容时，我的正切按键却得出了完全不同的结果。

"你的计算器一直都是坏的！听到这个消息，是不是松了口气？能告诉我这计算器是哪来的吗？"

突然间，一切都说得通了。老师一问这个问题，我就知道为什么答案很重要。

"呃，车库市场。"我有点儿难为情地低声说道，也在努力想这个词用英语怎么说。

"嗯。"他回答，我感觉他也没有料到我的答案是这个，"好，我们看看能不能帮你借一个，好吗？"

随着我的学习信心逐渐恢复，生活整体上也变得更容易驾驭了。无论是好是坏，我和父母依然一起度过大部分空闲的时间，跑腿、打扫卫生，偶尔一起坐在沙发上看租来的录影带，我们有时候会看台湾的情景喜剧，画面模糊不清。一切远非完美，母亲的病情虽不严重，但仍然在不断恶化，我们当时还不知道病因，但稳定的生活似乎第一次触手可及。

几个月过去了，我们开始了一个新的家庭传统，就是周末的时候开车在所居住的州四处游览。有一次，我们往南开了一个小时，到了普林斯顿大学的校园。我对这所大学的历史和传统一无所知，只是觉得校园景观和建筑美轮美奂，但对其他方面没有什么兴趣。走着走着，我看到了一尊青铜半身像，雕像上的那张面孔非常眼熟，便立刻停下仔细观看。当我辨认出是谁之后，周围的世界似乎消失了。我读着镌刻在高高的大理石底座上的碑文，呼吸骤然变得急促起来。

阿尔伯特·爱因斯坦于1879年3月14日在德国乌尔姆出生，1933年成为普林斯顿的永久居民，居住在默瑟街，直到1955年去世。

在担任高等研究院教授之前，爱因斯坦以他1905年提出的狭义相对论和1915—1916年提出的广义相对论而享誉全球。这两个理论都解释了宇宙的基本规律。他的名字成为天才的代名词。

作为一位诺贝尔物理学奖得主、哲学家、人道主义者、教育家和移民，阿尔伯特·爱因斯坦给世界留下了不可磨灭的印记，并表达了对普林斯顿大学深深的感激之情。

我一遍又一遍地读着碑文，每一个字都让我身体发抖、心灵震颤，仿佛体内有一团火焰在燃烧。它们突然出现，仿佛提醒我，在日复一日专注生存之际，我已经忘了一件事，那就是物理学。我对物理学的热情已经悄然消退，虽然学校现在也有这门学科，但完成物理作业只是我每天无数个必办事项之一。爱因斯坦是我心中最伟大的英雄，看着他的纪念雕像，我能感到这种热情又回来了。

我想起了上海的浦江饭店，想起了登机前那一闪而过的乐观情绪（踏上飞机的那一刻，我和自己关心的人和事已有千里之隔）。也许我是对的。也许这一直是一个好兆头，只是被推迟了。我从小就有的好奇心可能只是被新环境吓到了，但它并没有消失。

我又重新找到了追逐的目标。

✦

"你知道，这个班里有很多聪明孩子。"

萨贝拉老师的严厉众所周知，从他高大的身躯和粗鲁的语气就能一眼看出来。但当我站在他的桌子旁边时，我没想到他会有这样的反应。我的英语水平还有待提高，但我能感觉到他在否定我，而且态度似乎相当无礼。

高三也是我来美国的第二年。这一年，我斗志重燃，希望能在数学和物理方面证明自己。这是一种本能：对渴望获得未来希望的移民来说，学习成绩是一个公认的目标。但对我来说，起初是为了重获自尊，但很快就矫枉过正——课外生活的不稳定性让我对学业有成这个简单的目标义无反顾。

我刚刚参加了这学年的第一次数学考试。虽然我对自己解决纯数字部分的能力有些信心，但依然觉得英语文字阅读有些困难，所以我不确定自己对题目的理解是否正确。在老师下发批改后的试卷时，我能感觉到血液在耳朵里沸腾。我屏住呼吸，把自己的卷子翻了过来，希望至少能考 90 分，得个 A-。我快速地看了一眼分数，然后泄气地瘫在椅子上。89.4 分。

课后，我沮丧地挤在其他学生中间，在萨贝拉先生的桌子旁徘徊。我不是想让老师照顾我——即便在那时，我也知道，就算为了我的自尊，四舍五入把分数变成 90 分也没有什么意义——但我希望还有一些加分的机会。对我来说，A 和其他成绩之间的分界线是神圣而严肃的，我只是希望有机会让自己跨越这条线。不幸的是，萨贝拉先生那天没心情给我机会。

我闷闷不乐地走开了，整个下午，脑子里都在不断回放他说的话，也逐渐理解了他的用意。成都的老师似乎只是想让我融入群体，而我开始感觉到萨贝拉先生是在用一种不同的方式激励我。他想让我脱颖而出。他似乎在说，没人欠你什么。如果你那么渴望得 A，那么下次可以更加努力。我不能假装自己已经准备好接受这种智慧，但我不得不勉强承认，他的做法可能自有道理。

萨贝拉先生不是普通的老师。他的学位在全系最高，因此拥有自己的专属办公室和首席数学教师的头衔。他还是不折不扣的数学行家，收藏了大量教科书和参考书，堆满了办公室的每一面墙，五颜六色的书脊像彩虹一般。像他的许多学生一样，我也开始在放学后去他的办公室，向他请教问题，并提前开始做作业。很快，这就成了我每天的习惯。

这间被大家私下称为"数学实验室"的办公室成了我的避难所。一天又一天，一周又一周，一月又一月，我一边努力掌握一门新语言，一边抓紧数学学习，而老师的辅导帮我克服了种种障碍。时不时地，我的脑海中还会浮现图书馆的袭击事件，而数学实验室给了我真正的安全感。也是在这里，我有机会重拾对话的简单乐趣。对一个终日与书为伍的青少年移民来说，这种快乐非常奢侈。

讽刺的是，对我来说，恰恰因为英语不是母语，我反而更容易表达自己的想法。老师还是得跟我解释很多单词和英语概念，所以每一个问题都可以变成一场对话。我们聊得越多，我就越发意识到，他一点儿也不像我在中国偷听到的那个否定女孩智力的老师，也不像那个嘲笑我热爱阅读的扫兴老板。他有时言辞犀利、态度粗暴，但他从不像别人那样把我一语否定。

他对我采取了激将的方式,果见奇效。

除了对数字的热爱,我们还有很多其他的共同点。一天,在他下课后,我问了一个我认为很简单的问题:"萨贝拉先生,你能给我推荐几本书吗?"

"你是说数学书吗?"

"不,什么书都可以。读书可以帮我提高英语水平。"

我看得出他对这个要求很满意。萨贝拉先生是那种一旦打开话匣子就停不下来的人。他想了一下,然后微笑着问我:"你知道亚瑟·克拉克吗?他是我最喜欢的科幻作家之一。我觉得你也会喜欢的。"

"啊,科幻小说!太棒了!我也喜欢……嗯……"

我努力想用英语说出我崇拜的作家的名字,但只是磕磕巴巴蹦出几个音节,"Roov Vannah",并没有说明白。

"'Roov',嗯……"他歪着头,皱着眉,但还是礼貌地试图弄明白我的意思。

"你知道那本关于几千公里的书吗?就是在海底的。"

萨贝拉沉思了片刻,然后似乎恍然大悟。

"飞飞,你是说儒勒·凡尔纳吗?"

"是的,是的!儒勒……凡——啊,"我笑着笨拙地重复道,"我念不出他的名字,但我喜欢他的书!"

他的眼睛一亮。我后来才知道,萨贝拉先生是个科幻迷,尤其喜欢儒勒·凡尔纳。

"那你还知道其他西方作家吗?"

03 鸿沟渐窄

"是的,很多!我爱马克……嗯、吐温、杰克·伦敦,还有海明威、狄更斯,还有……"出于某种原因,我说这些名字时表现得更好。

"等等,等等——你是说他们的书你都读过?"

"不是英语版,是中文译本。我妈妈在中国和我分享过这些书。"

他似乎完全没有想到。他靠在椅子后背上,惊讶又欣喜地呵呵笑着。这是第一次有美国人没有把我仅仅视为一个说中文的移民。于是,我们聊的话题越来越广泛,也越来越不拘谨。他不再关注我的国籍、我在语言上的挣扎,甚至我作为学生的潜力,而是看到了一个孩子——孑然一身,挣扎着融入新的环境,但又渴望表达自己。时间一天天过去,我也觉得他不仅仅是我的老师,还是我意外结交的朋友。

在接下来的几个月里,去萨贝拉先生的办公室成了我每天最重要的事。他总会跟我讨论一些深刻的话题,也给我推荐了更多书目。我听从他的建议,开始读克拉克的书(尽管克拉克的遣词造句对我来说难度很大)。他甚至开始让我给他推荐书。我的阅读面逐渐扩大,他也一样。在我的推荐下,他读了《红楼梦》《三国演义》《西游记》等中国名著。但这一切都没有影响我的学习。相反,他提高了我的整体思考能力,让我感受到了学习的快乐,也让我重新走上了全面发展的道路。在此期间,我的学习成绩自然而然地提高了。

下课后去数学实验室寻求帮助的人不止我一个，但我很快就成为去得最勤的学生。萨贝拉先生很尊重我的求知欲，我也同样感激他的耐心；想要赢得移民的信任并不是一件容易的事情，但他的给予和热忱赢得了我的信任。时间一周又一周地过去，我们的学习范围扩展到了切向量、弧长、偏导数、链式法则等更抽象的内容，课堂习题也越来越难。在努力学习的同时，我也感到了一种自由——我从来没想过可以向一个美国人敞开心扉。他是我第一个可以倾诉家庭经济困难或者十几岁时对父母不满情绪的人。随着时间的流逝，他似乎自然而然地变成了一个亦师亦友、外加指导顾问的角色。他是我的情绪出口，填补了我生命中长久以来的空缺。

母亲一直激励着我，但她对数学和物理学没兴趣，我没办法跟她分享。随着她的健康状况越来越差，我们的母女关系变得更加复杂。父亲是第一个鼓励我对自然世界保持好奇的人，也是我学习物理学的启蒙老师，他是我心里最亲的人，但我不得不承认，我早已不再以他为榜样了。在很多方面，萨贝拉先生都提供了我跟父母关系中缺失的那块拼图。他在我身上看到了别人未曾察觉的东西，发现了我自己都没有意识到的潜力，而且，他拥有专业知识和能力，可以帮助我发掘这种潜力。

有意思的是，在我面前，萨贝拉先生似乎可以放下防备，我对他的了解也越来越多。我一直以为他是个非常自洽的人，在美国的社会秩序中拥有稳固的地位。后来我惊讶地发现，他在成长过程中一直缺失一样被我视作理所当然的东西：家人的支持。他来自一个意大利移民家庭，家人总是嘲笑他的书生气和对科幻小说的痴迷。就算跟自己的兄弟姐妹，他也觉得格格不入。因为这样的家庭氛围，他开始从自己的思想中寻求庇护，在孤独的知识之旅中越走越远。我们两个的经历虽然不同，但精神上却有很多共鸣。

✦

跟同龄人一样，高四的时候，我满脑子都是毕业的事。一开始，我的目标学校主要是州立大学和社区大学，而不是常春藤盟校。但我一直对一所顶级高校念念不忘，那就是普林斯顿大学。命运把我带到了新泽西，距离爱因斯坦曾经称之为家的地方只有一个小时的车程，那一天的校园之旅至今仍在我眼前不断浮现。但是，我们是一个靠从车库市场淘来的旧货才能勉强度日的家庭，连我用的计算器都是坏的，我们怎么可能负担得起常春藤盟校的学费呢？尽管如此，我还是无法抑制内心的冲动，提交了申请。就算只是象征性地申请一下，我也感觉具有特殊意义。

在 12 月一个异常寒冷的下午，我收到了学校的回复——学费似乎并不是我的入学障碍。那天放学后，我去取信，脏脏的积雪几乎把邮筒全部掩埋。我拨开雪，打开邮箱。突然，我停住了，深深地吸了一口气。我看向邮筒里面，立刻认出了最上面那个信封上的徽章。一个橙黑相间的盾牌——普林斯顿大学。我已经大概知道结果了：如果是大学的录取通知书，包裹会非常厚实，因为里面会装满新生的入学材料和后续说明。很明显，信箱里的信并不属于这种情况。

虽然我不用打开信封就知道录取决定是什么，但我还是决定读一下，好彻底死心。我毫不在意地撕开信封，然而第一个映入眼帘的词竟是"YES！"，这个词自成一行，还加粗了。我赶紧往下多读了几段，才明白了信的大意。看来，我的申请是进入了提前录取周期，在此期间，所有回复都是用薄信封寄出的。如果我没看错的话——当时我还不敢肯定——我被录取了。

惊喜还不止于此。信里还附有一份名为"经济援助"的文件，上面写了很多法律细节。以我当时的英文水平，并不能完全读懂。第二天，我把信带到学校，拿给萨贝拉先生看，他似乎也不明白。他停顿了一下，眯起眼睛仔细看了看那一页。我看着他脸上的表情随着阅读的深入而变化。最后，他抬起头，深吸了一口气，问我能不能让他再看一会儿。

"我觉得我知道这是什么意思了，"他说，"但我想再确认一下。"

我大吃一惊。他怎么会和我一样困惑呢？

萨贝拉先生建议我们把信交给校长，听听他的意见。不出所料，这封信似乎在校长身上也产生了同样的效果，至少一开始是这样。他的反应同样是困惑，紧接着，他坐到椅子上，茫然地凝视着远方，也不看我们两个。在片刻的沉默之后，他解释说我确实被录取了，但不仅如此。显然，我的录取中还包括了一些额外的东西：近乎全额的奖学金。

时隔数年，我才真正完全理解这一刻的重要意义，我父母也是一样。虽然母亲在听到这个消息后表现得非常冷静，但我知道这件事对她意味着什么。她生命中的每一个里程碑都在提醒她，她站在了那些无法弥合的鸿沟的错误一边。几十年来，她已经习惯了假装自信，但我知道，她从未真正感受到自信。现在，也许是有生以来第一次，她终于有理由相信这个故事可能没有如此简单。她已经押上了所有，至此才有了一种真正如释重负的感觉，而这种感觉我永远无法完全感同身受。

在高四的最后几个月，我来到美国后第一次有了类似自信的感觉。在萨贝拉先生的指导下，我重新找回了尊严。他的存在也提醒着我，即使是跟陌生人，也可以建立友谊和信任。我甚至认识了他的妻子琼。他们都是高个子，也都是高中数学老师。萨贝拉先生性格谨慎，沉默寡言，琼则外向健谈。很明显，他经常在家里提起我们的课后谈话。于是，在高四即将结束的时候，她邀请我去家中共进晚餐。这是我第一次亲眼看到美国郊区的家庭生活。

在学习方面，我还是一如既往地专注于数学和物理学——它们首先是我的激情所在，其次才是大学先修课程。过去三年，我一直夜以继日地学习、工作，现在刚刚克服了英语障碍。我感觉可以适当放慢脚步了——这也许是我有生以来第一次这么想。我的内心出现了难得的平静，但又觉得喜忧参半，因为我意识到，我不可能永远做萨贝拉先生的学生。我都不知道毕业后还能不能再见到他。

萨贝拉先生似乎察觉到了我的想法。有一天，他过来找我，一反常态地显得腼腆胆怯。我很少见到他这样。虽然他表面上看上去并不紧张，但话语间有很多弯弯绕绕，好像他知道自己想表达什么，却找不到合适的措辞。最后，他终于问我："如果你不觉得麻烦的话，你在学年结束后，是不是还可以跟我和我的家人保持联系？"

我不禁哑然失笑。这个问题我很难随口作答。他显然没有意识到，他已经成为我在美国最亲密、交情最深，也是唯一的朋友。他们一家就像我在美国的家人。问题不在于我是否愿意保持联系，而在于生命中若是没有了他的存在，我该如何在这个国家生存下去呢？

✦

风在树枝间嘶嘶作响，干枯的树叶发出微弱的辅音。苍白的水泥小径将绿色的草坪切割成多边形。褐色的砖墙静静地守望着，表面是几个世纪的历史留下的坑坑洼洼。最重要的是，天空如此湛蓝清澈，有时我还是很难相信这是真的。在这样的秋日午后，普林斯顿大学有时就像我的梦境。我不得不经常提醒自己，在这个地方，我不仅仅是一个过客。

我的童年宛如田园诗歌，属于中国的中产家庭；我的青春期一贫如洗，在美国度过，我学会了英语（虽然掌握得没有那么完美）。最近，我拿到了绿卡，向公民身份迈出了一步。与此同时，我生活在移民群体中。他们聪明又勤奋，但从来没有沿着经济财富的台阶向上攀爬过。我也曾经无助地目睹一个同学仅仅因为一次不经意的触碰而被打得遍体鳞伤——这一幕我至今无法忘怀。

这些都是至暗时刻，但它们让我更加珍视在一路上发现的人性的光辉。这个社区为移民家庭提供了立足之地，虽然简陋，却可以让他们容身；老师们鼓励一个几乎不会说英语的学生，其中一个老师把她的奋斗前行当作自己的首要任务；常春藤盟校将为她提供良好的教育。这个国家虽然看起来陌生，却开始让人感到可以亲近。虽然我的语言能力还有待提高，但已经有了很大的进步。我又能表达自己了。虽然表达有欠精准，但那是属于我自己的声音。如果我要把自己的一生奉献给科学——无论以何种形式，我都要感谢我在人生最低迷、最迷茫的日子里遇到的那些人。我越来越有一种久违的感觉：我心怀感恩。

无论我们家的故事结局如何，生活之笔都尚未书就。尽管我们依然贫穷，尽管我们仍然是局外人，尽管我们的未来依然不确定，但至少，我们已经不再孤单。

04

心智探索

Discovering the Mind

✦

从普林斯顿大学到伯克利,我首次接触到真正的科学给我带来的兴奋感。我确定自己无比热爱研究,我要找到属于自己的北极星。

漆黑一片的实验室里,投影仪正在墙面上循环投射着一个 16 秒的黑白视频,吸引了在场所有人的目光。实验室里的大部分观察者是人类,而最重要的观察者是我们面前桌子上被麻醉的猫。一排电极正在小心翼翼地监测它的大脑。另一边,几根散发着幽光的金属线纠缠在一起,将电极连接到放大器上。这个放大器的作用是将猫视觉皮质(大脑中专门负责视觉的区域)的峰值活动转化为音频信号。我们反复为现场唯一的猫观众播放视频,它观看视频的时候,一对扬声器就传出噼里啪啦的声音,让整个房间里弥漫着变幻莫测的声音质感。

猫看到什么画面,我们就会听到对应的声音。

那是 1997 年,我以物理学专业本科生的身份进入了实验室,准确地说,我还只是个大二的学生。然而,随着实验的进行,我能感觉到自己内心出现了变化。我所面对的奥秘似乎比宇宙本身还要大，却又无比微妙。再过几年，这个奥秘就会把我完全吞没。

✦

"怎么样，大学生活感觉如何？"

这是我进入普林斯顿大学后第一次跟萨贝拉先生通电话。

"该从哪里开始说呢？校园好像梦境一样，我这辈子见过的饭菜种类都没有食堂里那么多……对了对了，我有室友了！但说真的，你猜今天午饭都有什么，我说了你都不敢信。"

"所以你的第一印象基本上都跟吃的有关系？"他笑了，"那宿舍呢？"

"挺有意思的，我听到很多人都抱怨新生宿舍太小了。老实说，我的宿舍可能比我们在帕西帕尼的房子还大几平方米呢。"

我来到了一个有些不真实的世界。我跟萨贝拉先生打了20分钟左右的电话，他耐心地听我滔滔不绝地讲述我在这所藤校的各种神奇体验（至少是最开始的五天里让我大开眼界的事物），大到真正的珍奇物品，比如校园里丰富的艺术收藏品，小到我们这些申领助学金的人会更加留意的便利设施，比如宿舍里安装的独立电话和信箱等。

大学还有一种纯粹的科学魔力。第一次去参加生物学研讨会时，我经过了一个实验室。透过门上的玻璃向里望去，我看到研究人员戴着护目镜，穿着白色实验服，正在忙个不停；助手们从电影道具般精密的设备里取出样品；墙上贴满了海报，展示着各种实验结果和发现——眼前的一切仿佛是我的白日梦境。

学校里有太多值得品味和驻足的地方，但真正俘获我心的，还是校园里众多的图书馆。旗舰地位的费尔斯通图书馆规模恢宏，气势磅礴，其神韵之美、馆藏之多、地位之高，让人叹为观止。而我最常去的还是位于地下一层的数学和物理图书馆。虽然它的外观并不宏伟，但馆藏非常丰富，足以弥补这一点。在这里学习的学生们夜以继日，各种文献资料蔚为大观，一切都让我感到置身于一个超凡的世界之中。我立刻就找到了回家的感觉。

来到普林斯顿大学，感觉好像是我到达美国后，第一次真正呼吸到新鲜空气，但这背后也有过许多纠结。作为移民，我始终感觉自己应该（甚至必须）把学业作为获得经济来源的敲门砖，学有所成后进入医学、金融或工程等报酬丰厚的领域，以此摆脱社会边缘生活。这种逻辑是无可厚非的，因为我可能需要承担奉养父母的全部责任。因此，从实用主义的角度看，我应该选择赚钱的热门专业。然而与此同时，我的内心深处始终有一个小小的声音在唱反调，苦苦恳求着我去追寻从小就不断迸发的好奇心的火花：在普林斯顿大学学习物理学专业，因为这所大学可以说是现代物理学的殿堂。这是一种纯粹的情感诉求,无论从哪个角度看都不切实际,但我却无法摆脱它的纠缠。不管四年后会发生什么,我都无法想象在本科阶段学习其他专业。

我内心的声音并不是让我坚定选择学习物理学专业的唯一因素。尽管母亲在美国的生活近乎窘迫,尽管自从我们抵达美国,她似乎每时每刻都在做卑微的工作,但她始终坚信,我对科学的热情不能被忽视。多年的磨难并没有改变她。她还是那个在我小时候就鼓励我读中外经典的知识分子,默默无闻,朴实无华,却又异常坚毅,即使深陷似乎无法摆脱的贫困泥沼之中,也依然如故。父亲也毫不犹豫地认同了我的选择。其他人都无法理解这样的支持,尤其是我们在帕西帕尼移民群体里结交的朋友,他们认为我的决定纯粹是在浪费大好机会。但对我来说,有父母的支持已经足够。

如果我需要更多鼓励,在大学校园里就能找到,尤其是当我第一次走进物理报告厅的时候。报告厅宽敞而狭长,宛如一个洞穴,台阶逐级而下。曲线柔和的梁支撑着高高的天花板,令人心生敬畏。一排排坚固的实木长凳从我在门口的位置向下延伸到讲台。讲台就像一个等待表演者登场的舞台,很快就会有教授站在那里。墙上挂着一排黑板,比我在高中见过的所有黑板都要大得多,上面还残留着前几堂课留下的方程式痕迹。周围的窗户俯视着这一切,淡淡的自然光线照亮了整个教室。

我迈步走向一个空座位,心跳的节奏是步伐的两倍。所有学生都自信满满，看上去都比我博学多识。他们或坐或站，自在放松地交谈着，好像是在自己的地盘上一样。最后，我终于找到一个空位，就在这时，教授出现了，报告厅里顿时鸦雀无声。

"欢迎来到'物理105：高级力学'课。这门课要求很高，但对愿意付出努力的人来说，也会非常有启发性。"教授满头灰发，显然是匆匆梳理过，粗花呢外套就披在椅子上。他沉稳淡定，一派修为数十年的大师风范。

"我听说有些学生把我的课叫作'死亡力学'，"他笑着补充道，"我想这相当准确地概括了学生的流失率。"

我靠在座位上，缓缓吸了一口气，感到既欣喜又焦虑。

"对历史感兴趣的人可能会知道，我们现在身处的帕尔默厅，就是爱因斯坦在校期间多次演讲的场所。就是这个地方。"

什么？我不由自主地挺直了身子。

"事实上，离这里不远就是高等研究院，位于爱因斯坦大道1号。据说这个地点是专门为他挑选的，因为他喜欢在周围的树林中漫步，思考那些需要独处沉思的问题。"

我已经为学校的百年历史和高耸的哥特式建筑深深着迷，已经无比确信物理学是我正确的选择，已经爱上了这里，没想到还有这样的意外之喜。

周围的一切让我愈加着迷：教科书的书页、脚下的砖块和新鲜草坪的气息；在坐满学生的大教室里，老师们懒洋洋地来回踱步，不时停下来，靠在讲桌上漫不经心地仰起头；他们穿毛衣的样子，他们拿粉笔的姿势；他们的每一句话无不蕴含着毕生的知识；尽管课程内容早已了然于胸，但他们讲起课来总会双眼放光。我一直觉得我的激情定义了我，但这些人真正活出了他们的激情，达到了我从未想象过的程度。

尤其令人难忘的是埃里克·维斯乔斯（Eric Wieschaus）教授，他主持的遗传学研讨会让大一新生接触到了遗传学领域的前沿技术。他是专家中的专家，但让我印象最深的是他的语调。他说话时声音柔和，甚至有些腼腆，却永远充满激情。在他身上，完全看不出一丝精英主义的傲慢。他总是身穿宽松的格子衬衫，头发蓬松，胡子浓密，看起来更像一个木匠，而不是科学家。他的言谈举止传达了这样一个信息：即使是最复杂的想法，也应该大方分享，而不是独自占有。在一个秋天的早晨，他进一步实现了自我超越。

"各位，我真的不想这样，但恐怕今天的讲座要提前 30 分钟结束，呃，因为……嗯，我想你们中的一些人可能已经听说了……"

一些学生紧张地对望了几眼。

"我今天早上接到电话，克里斯汀·尼斯莱因－福尔哈德、爱德华·刘易斯和我……嗯，我们获得了今年的诺贝尔生理学或医学奖。"

大家都惊喜地倒吸了一口气，随之而来的是一片寂静。"哇！"一个学生喊道，打破了沉默，接着几个学生鼓起掌来。顷刻之间，整个教室响起了雷鸣般的掌声和欢呼声。

"快跟我们说说你们都做了什么！"另一个声音补充道，进一步缓和了紧张气氛，大家都哄堂大笑。

"你可以放心，这学期我一定会教你们的！"维斯乔斯腼腆地笑着回答。

全班同学发出顽皮的失望声。"好吧，好吧。"他做出让步，学生们的叹息声又变成了欢呼声，"一切还要从我们对果蝇的异常表型进行编目说起。我们原本想借此找到与导致致命并发症的基因相关的例子，却有了意外的收获，并且意义重大。原来许多基因也存在于人类身上，而且可能导致各种疾病。"

"要知道，"他继续说，"这个任务非常艰巨。为了找到导致果蝇出生缺陷的一个非常非常小的子集，我们筛选了数千个基因。这并不是一个明智的职业选择，尤其在那个年代。但怎么说呢？年轻的时候就是无知者无畏。可以说是努力得到了应有的回报吧。"

还有当时名不见经传的天体物理学家泰森教授，也就是后来享誉全球的尼尔·德格拉西·泰森（Neil deGrasse Tyson）。张扬的教学风格加上标志性的亲和力，使得他的课程很有感染力。他当时刚被任命为海登天文馆馆长，每周都会从纽约坐火车来普林斯顿上课。他一走进教室，就会吸引所有人的目光。为了让自己达到最舒适的教学状态，他会进行颇具戏剧性的课前仪式：隆重地脱下外套，摘下领带和手表，把钱包从口袋里掏出来放到桌子上，有时甚至把鞋也脱了。显然，在与我们分享自己对天体物理学的痴迷时，他不希望受到一丝一毫的干扰。

最后一堂课尤其令人难忘。他把灯光调暗，投射出哈勃望远镜对遥远宇宙进行深场成像的著名照片，用激昂的声音为我们解说，那声音仿佛是来自宇宙深处的呼唤。

"请大家深呼吸，让这张图片荡涤你的心灵。"他措辞严谨，语调轻柔，"那些微小的光点不是恒星，甚至不是恒星系统。它们是整个星系，成千上万的星系，其规模之大，非我们渺小的大脑所能理解。但借助哈勃望远镜这样的工具，人类终于第一次瞥见了宇宙之宏大。我之所以在最后一堂课给大家看这张照片，就是希望你们能够永远铭记这种感受，永远保持好奇心和勇气，永远愿意追问那些看似不可能的问题。'哈勃深场'的镜面曝光，让我们看到了答案有多么美妙。"

✦

两个世界正在逐渐成形。一个是现实生活。在这里，我时刻牵挂着母亲的健康、我们家岌岌可危的财务状况，以及我自己局外人的身份（尽管我越来越幸运）。另一个是普林斯顿大学，一个我只能用"智力天堂"来形容的地方。

而在这两个世界之间架起桥梁的是萨贝拉先生和琼。高中毕业后，我开始像对待其他朋友一样对待他们（但母亲坚持用"大胡子数学老师"这个亲切又正式的昵称来称呼萨贝拉先生）。在我认识的成年人中，只有萨贝拉先生和琼两个人真正经历过美国的大学生活。所以，在我最初笨头笨脑地适应大学生活时，他们成了我宝贵的知己。我们每周都会通电话，而每次去他们家做客，我都感觉是从现实中得到了解脱——虽然我很喜欢自己的新生活，但也经常感到难以招架。萨贝拉家的孩子们长得很快，最大的已经十几岁了。他们全家人似乎都喜欢拿我的粗心大意开玩笑，尤其喜欢调侃说就算天气再冷，我也不记得戴手套，还有就是我穿的袜子经常是不成对的。我们定期通电话，我也经常去他们家做客，一起谈天说地。他们是我在美国最早的榜样。他们为人谦和，关心社区，而且永远怀有善良之心。

虽然我努力游走于两个世界，但大一还没结束，它们就互相碰撞了。母亲的顽疾至今没有明确的诊断结果，多年来不断恶化，现在已经危及生命。没过多久，我就了解到，原来早在我出生时，父母就已经预料到了这样的命运，但他们至今仍无法解决。现在，他们似乎已经别无选择。是时候让我了解真相了。

母亲十几岁时就患有风湿热，这个病悄无声息地侵蚀着她的心脏瓣膜组织。由于风湿热长时间反复发作，母亲的心血管状况在她成年后不断恶化。医生甚至警告说，生孩子（也就是我）对她来说太危险了，从医学角度来说是不可取的。这个细节让我感到既温暖又心痛：她的叛逆精神已经带给我太多，现在竟然连我的生命都是她的叛逆所赐。她之前出现的是慢性病征，虽然很麻烦，但还可以正常生活，然而现在病情却急转直下，最终可能威胁到生命安全。如果不做手术，每一天都可能是她生命的最后一天。

04 心智探索

"这真让人难过。"萨贝拉先生的语气中带着一丝脆弱。我很少听到他这样说话。

"我们该怎么办？医生说只有做手术，她才能保住性命。"

电话那头沉默了片刻，我的心瞬间沉了下去。就连他也没有答案。

"……我真希望我知道，飞飞。"

一阵恐慌向我袭来。

一幅不敢想象的画面悄然出现在我的脑海中：没有母亲的生活。这个画面黑暗至极，让我瞬间失去了方向，完全不知道该如何应对。我的恐惧纯粹而原始，无形中带来冰冷的压迫，让我喘不过气来。它潜入我的胃里，在我体内越走越深。我被一种完全没有准备好承受的孤独感吞噬了。

更糟糕的是，我们既要面对母亲严重的病情，又不得不考虑家里窘迫的经济状况（承认这种矛盾的存在，让我感觉很奇怪）。这几年我们精打细算，把工资都存了起来，原本以为已经积攒了一笔不小的资金，结果发现手术费用比我们支票账户上的钱至少多了一个零。我们迫切想知道可选的方案，却可能面临没有任何选择。在这个过程中，我们越发认识到，单是术后检查和康复的费用就可能使我们破产。

我满脑子想的都是没有母亲以后，家里会变成什么样子。虽然她的收入微薄，但我们还能勉强维持生计，而如果她不工作，我们将难以为继。虽然父亲性格温和友好，但他似乎天生缺乏承担家庭义务的意识。他一直是个孩子，从未真正成长，需要母亲的严肃和务实来加以平衡。而此时，我偏偏正在普林斯顿大学学习物理学。一张张多米诺骨牌即将倒下。我根本无法想象尘埃落定后，生活将是什么样子。

好在天无绝人之路。虽然萨贝拉先生无从解决手术费用问题，但几周后，他在跟一位同事聊天时提到了我家的情况。这个同事是我高中的美术老师，他的一位邻居知道有家名叫德博拉心肺中心的护理机构，不仅擅长做母亲所需的手术，还为低收入家庭提供量身定制的补贴项目。而这家机构恰好位于普林斯顿大学附近。

我立刻拿起电话咨询，虽然要在父母和前台接待员之间担任翻译的角色，但心情依然热切。我很快就意识到，这家机构真的可以帮我们。他们不仅可以提供手术，似乎还可以为我们提供全额补贴。我连声道谢，用颤抖的手挂了电话。

手术恰好安排在我第一学期的期末考试期间。多亏了普林斯顿大学的荣誉守则，我得以在德博拉心肺中心参加考试。我就坐在手术室消毒区的外面，在手术过程中和术后充当翻译。

不得不说，在等待的过程中，能分散一下注意力也是件好事。这是个微创手术，所以我们不用过于担心母亲无法苏醒过来，但医院也表示，她的预后将取决于手术的结果。万一手术效果不尽如人意，我们也没有备选计划可言。我们只有这一次机会，去创造一个可以承受的未来。现在，我们出发了。

考试结束后，我看到父亲在大厅里来回踱步。我开始思考我们在美国的处境。去年是我们的幸运之年,但这种表象掩盖了一个真相:我们在这里是一无所有的漂泊者。我不知道当这一连串的幸运走到尽头,等待我们的将是什么。我们暂时停留在悬崖边上,虽未坠落,但朝不保夕。在这一切的背后,是一个极其简单而深刻的事实:我还没有准备好与母亲道别。真希望还能有更多考试来转移自己的注意力。

最后,医生走了出来,示意我们和他一起坐在长椅上。

"我们要讨论的事项很多,但先说最重要的:手术很成功。"我长长地舒了一口气。这是母亲手术那天我第一次完整地呼吸。虽然我跟医生的大部分对话父亲都听不懂,但还没等我翻译,他就已经从我的肢体语言中知道了结果。我能感觉到他也如释重负。

"她还能再活很多年,但前提是她从现在开始必须把健康放在首位。"

"好的,好的,当然。"我回答道,声音依然微弱,上气不接下气,"她该怎么做呢?"

"像她这种情况,压力是最大的敌人,无论是精神上的还是身体上的。所以,先说第一件事:她现在有工作吗?"

"是的,有份全职工作。"我小心翼翼地回答道。

医生的表情变得严肃起来。

"这种情况不能继续下去了。她最多只能做做兼职,就算是兼职,也得格外小心。你必须明白,这个手术确实帮了大忙,但从根本上说,她的心脏还是有问题,而且非常脆弱。她一定不能过度劳累。"

在感激之余,我不禁感到一阵失望。当然,这不是对医生的不满——他是好意,而且我毫不怀疑他的建议从医学角度来说是正确的。但我还是感到沮丧。

"我明白,但要多久不能工作呢?"我问。

医生停顿了一会儿,突然意识到我们两个人的期望之间存在巨大差距。

"她这辈子都不能再工作了,飞飞。"

✦

两周后,母亲回归了她的全职工作。

我毫不怀疑,以母亲叛逆的性格,当又有一条新的禁令可以蔑视时,她会很高兴,但把现实生活浪漫化没有任何意义。我们家好事多阻、前景未卜,再加上母亲比以前更强烈地坚持让我留在普林斯顿大学,所以她别无选择,只能继续工作,同时每天承担着健康风险。她和父亲已经付出太多,冒了太多风险。对他们来说,现在无论代价有多大,都不能放弃。

值得庆幸的是,手术确实改善了她的身体状况。她比以前更有精力了,似乎也基本摆脱了困扰她多年的胸痛。仅仅几周后,我就发现周末回家时再也没有看到她大口喘气的样子。尽管如此,安于现状肯定是不行的。但只要涉及我的教育,就没有任何商量余地,所以只能在其他方面想办法。

母亲手术后不久,我们就提起了这个话题。我从学校回到家,全家人围坐在刚到美国时从路边捡来的二手餐桌旁——多年来,我们在这张餐桌旁进行了无数次谈话和争吵,我也在写作业的间隙和父亲一起在餐桌上准备了无数次饭菜。

"飞飞,你也知道,在礼品店上完一天班对我来说越来越难了。是时候做出改变了。"

"什么样的改变?"我问道。

"我们需要更好的生存方式。不能总靠别人。我们想自己做点儿小生意。"

这种想法乍一听很荒谬,但我们越讨论越觉得合理。这么多年,我们疲于被动地应对问题,给别人打工,现在很渴望站起来,自己把握主动。相对于母亲高额的手术费用,我们手里的这点儿钱可能微不足道,但拿来做生意还是有希望成功的。而且我们还能向在新泽西结识的移民朋友借些钱,前提是我们至少能给他们带来一点儿回报。这一次,我们是主动出击的一方。我们先是想到了开杂货店,专门售卖我们经常驱车数英里才能找到的中国食品和配料。这是一个明智的计划,因为我们知道许多移民同胞都面临着同样的挑战,但对我们家来说,开一家繁忙的杂货店是一把双刃剑,因为母亲身患疾病,而父亲好像无法长时间集中精力工作。此外,进货的时间要求很高,一般都要在凌晨,而新泽西州的冬天气温会降至冰点,寒冷是母亲病情加重的主要诱因,单是天气问题就足以把开杂货店的选项一票否决。

我们继续在分类广告中搜索。餐馆？像父亲工作过的那种修理店？像母亲工作的礼品店？大多数选项都有类似的利弊权衡。终于，在接近页底的地方出现了一个答案，正是众里寻他千百度——当地的一家干洗店正在出售，我们越想越觉得完美。

我们想象着，如果开干洗店，就可以在合适的时间开门和关门，让母亲免受冬天恶劣天气的困扰。干洗本质上是机械操作，主要依赖锅炉、熨烫机和传送带等设备，所以父亲在机械方面的天赋可能也会派上用场。而且，高峰期通常出现在周末，我正好可以在店里助一臂之力。干洗店几乎满足了我们能想到的所有条件——除了我们三个人都没有任何经营经验。

当然，还要考虑转让价格的问题，毕竟这不是儿戏：10万美元。不过，只要稍加筹划，即便这样的障碍似乎也是可以克服的。虽然我们的积蓄还不到2万美元，只够支付一小部分，但我们可以以此为基础，多方筹借。多年来，我们不仅攒了点儿钱，还建立了自己的人际关系网，包括朋友、邻居和雇主，其中很多人都是父亲早年在中国结识的移民同胞。经过一番努力，我们终于凑到了近8万美元。光是本金感觉都要花上几个世纪的时间来偿还，更不用说利息了，但不管怎么说，我们已经有所进展。

遗憾的是，这次的运气注定不会长久。我们的确筹集到了相当可观的资金，尤其是对我们这样的家庭来说，但这仍然不足以进行谈判。我们的计划因此搁浅了。几周之后，这个想法开始从我们的脑海中淡去。当然，学业占据了我的大部分时间，而父母的日常工作也让他们忙得不可开交。母亲决定再忍耐一段时间。

大约又过了一个月，萨贝拉先生有一天提出周末接我回家。这并不奇怪，因为我周末回家的时候，偶尔也会跟他的家人住在一起。但那天，从我坐上他的斯巴鲁车的那一刻起，我们的聊天就感觉有些奇怪。他似乎想说什么很重要的事情，但又不知道该如何表达。他一谈到重要的话题就总是顾左右而言他，无法切入正题，好像在求着我从他嘴里把秘密拽出来。

"是这样的，我……那天晚上我和琼谈了一下。我和她谈了，嗯，我们讨论了一些事情，然后……"

"然后呢？"我问道。

"嗯，我只是……我没想到她会这么慷慨。她……你知道她对这一切一直都很慷慨。我……"

我完全不知道他后面要说什么。

"你看，她和我，呃，我们决定……"

"萨贝拉先生，我不明白你——"

"我是想告诉你，买干洗店还差的那部分钱，我们会借给你！"

我和萨贝拉先生一直喜欢用言语来沟通，我们会高谈阔论，有时甚至还会唇枪舌剑一番（当然没有恶意）。但此时此刻，我不知道该说什么才好。

"科恩先生！您好！您的夹克已经好了！"

顾客听了哈哈大笑，既惊讶又开心。"你还记得我！"他的表情就像在看舞台上的魔术表演，"我不知道你是怎么做到的。"他一边说，一边在钱包里翻找认领票。母亲也报以微笑，与他的热情相得益彰。这是她的另一面，我很少看到，或许从来没有看到过。距离她的手术过去了快半年的时间，这一幕对我来说格外动人。

科恩先生并不知道，母亲已经在心里记下了他开的那辆深蓝色大众帕萨特，一看到那辆车驶进停车场，她就会把他的夹克迅速整理好。"科恩先生！灰色夹克！"她喊道，我就在开门的叮当声响之前，赶紧找出衣服递给她（如果科恩先生知道这一切，也一定会觉得惊喜）。对我们的顾客来说，我们就好像有千里眼。母亲出生在一个国民党家庭，她的出身属于敌对的阵营，因而一直戴着精神枷锁做人。而现在，她在这新泽西州的干洗店里变得春风扑面、笑口常开。

然而，干洗店刚开张时并非一帆风顺，我们犯了很多错误，因为混淆顾客和损坏衣物赔付的钱比我们收入的还多。来店的顾客总是匆匆忙忙，但缺乏经验的我们行动缓慢，效率很低，经常让他们失去耐心。我们还经常跟隔壁的餐馆因为停车场的问题发生争执。最后，我们（更准确地说是我）完成了干洗店的"成人礼"——洗坏了一件羊绒毛衣,这也是我们赔偿最多的一次。

不过,最终我们还是找到了节奏。随着业务逐渐稳定下来,我们也从最初的小心翼翼变得熟练起来,动作连贯、从容不迫,甚至还有一丝节奏感。我们的顾客也注意到了。越来越多的人成为这里的常客,尤其是那些每天往返于郊区住所和市区办公室的年轻职员。我们非常幸运(不过我们在很久以后才意识到这一点),在正确的时间选择了正确的地点:20世纪90年代后半期,经济蓬勃发展,而我们的店恰好位于连接帕西帕尼和曼哈顿下城的公交车站对面。

我想起了萨贝拉夫妇。虽然他们自己的工资并不高,孩子们也快上大学了,但他们还是借给我们好几万美元,没有别的原因,就是希望看到我们家继续生存下去。这是一种我难以想象的慷慨,而一想到如果生意失败、让他们失望,我就觉得难以承受。正因为如此,干洗店开始稳定下来的迹象更加令我欢欣鼓舞。按照目前的发展态势,也许我们还钱的速度会超过地壳运动的速度。

最让我振奋的是,我看到了多年来未曾见到的东西:父母变得自信、自在了。他们不是在疲于应对,也不是在挣扎生存,而是真的有所作为。他们成了社会的一分子,每天都在以自己的方式做出贡献。我看到了他们的创造力和聪明才智,以及对勤奋工作的渴望(至少从母亲身上看到了)。

让人感到惊喜的,还不仅仅是母亲让人如沐春风的服务态度。她发现，虽然干洗行业本身利润微薄，但改衣业务却是有利可图的。于是她开始为顾客提供改衣服务，尽管她自己几乎没有任何经验。我们还在成都的时候，她曾给我做过衣服，从中学到了一些最基本的缝纫技巧。现在，她把自己的业余爱好变成了职业，在工作中勤学苦练。她的付出得到了回报。最早的一批顾客基本上是把自己的衣服交给了一个完全业余的人，但他们毫无觉察。她很快就在不知不觉中掌握了改衣技能。她头脑冷静、有条不紊地纠正最开始犯的错误，在一年内就赢得了回头客和持久的忠诚。

父亲也想办法贡献了自己的力量。干洗店里机器很多，对他来说简直就像个游乐场，他慢慢养成了定期维修锅炉、熨烫机、衣物输送机和干洗机的习惯。久而久之，他对修理的热情给店里节省了数千美元的维修费用。他甚至变得越来越有创造力，其中最有意思的是，他在整个店里安装了一个由电线和钩子组成的网，然后在上面种了常春藤和其他各类攀缘植物。干洗店里意外地变得郁郁葱葱，这既满足了父亲对自然的热爱，也让顾客感到赏心悦目。

有些时刻，我不得不退到一旁，静静地观察父母。他们俩就是在中国陪伴我长大的人：精神坚毅、足智多谋、令人过目难忘。我已经很久没有见过真实的他们了。能见证他们的回归，我倍感自豪。

✦

我的大学生活经历和大多数美国大学生并不相同，其中最明显的区别就是我需要每周回家帮忙。再加上我的个性依然保守，喜欢独来独往，所以除了学习，其他事都让我觉得困难重重。还有一个因素，就是我始终觉得很难融入同龄人中；语言上的差距、文化上的差异，当然还有巨大的阶级鸿沟，都加剧了这种隔阂感。

我发现这种鸿沟常常体现在一些表面现象或者微不足道的小事上。举个例子，俗话说"补鞋匠的孩子没鞋穿"，我们家新开的干洗店并没有扩大我的衣橱选择范围，但至少这个问题可以解决：普林斯顿大学的学生都很有钱，所以在这里上学的一个好处就是，宿舍的洗衣房里堆满了被丢弃的衣服。我依靠二手衣服度过了高中时光，现在，二手衣服也成为我大学生活的一部分。

然而，还有一些鸿沟无法轻易弥合。我从来没有加入过学校著名的美食俱乐部，也从来没有体验过许多常春藤盟校学生似乎与生俱来的社交本能。回想起来，我好像连一次派对都没有参加过。最终，即使我进入了这个令人向往的地方，也无法改变一个事实：我来自一个同龄人难以理解的世界。当然，我也同样难以理解他们的世界。

不过，这种相对封闭的生活自有好处。由于身上还背负着家庭责任，我的空闲时间本来就不多，所以没有理由再让其他任何事情影响我丰富的学习生活。每过一天，我就距离大学生活结束更近一步，我无法忍受因为错过学习宝贵知识的机会而深深懊悔，所以我尽可能把学习日程安排得满满当当。我在公告板上搜寻讲座和研讨会的广告，从图书馆借阅成堆的书，让自己沉浸在数学和物理学的知识海洋中。

我甚至养成了每周五参加高等研究院员工下午茶的习惯。虽然我跟高等研究院没什么关系，但这个下午茶活动并不是严格意义上的闭门研讨会。有时，我会遇到一些研究生，可以一起讨论学业。但我真正渴望的是一种真切的置身其中的感觉，能够在伟大的思想中漫游（正是这些思想让这里成为科学家们向往的传奇之地），哪怕只是偶尔亲耳聆听他们谈话的片段。

有时，当人群散开时，我会在无意间瞥见约翰·惠勒（John Wheeler）这样的物理学先驱，或者爱德华·威滕（Edward Witten）这样的前沿弦理论研究者。这是我梦寐以求的时刻。让我感到更加不真实的是，此刻的场景是那么平淡无奇：各个领域的巨匠们绕着楼梯闲庭信步，摆弄茶歇点心时伸手拿餐巾，闲聊时不时地点头。巨匠们就存在于和我的生活一样平凡的生活之中。

✦

到了大二，情况开始发生变化。尽管我对物理学的热爱丝毫未减，但我发现自己在思考，从宏大叙事的角度来看，这门学科对我来说意味着什么。我的信念似乎开始逐渐动摇。我想知道真正激励我的是物理学本身,还是推动物理学发展的精神——这种精神激励着历史上最聪明的一群人对我们的世界提出如此大胆的问题。我努力追随他们的脚步,去揭示一些未知的真相,但我已经不再确定那将是怎样的真相。

在此期间,我还在不断阅读。我对那些吸引我的伟大思想背后的人物越来越感兴趣。我如饥似渴地读着爱因斯坦、费曼和玻尔等思想家的传记,像学习学校的课程一样认真研究他们的个人历史。当我了解到他们对亚原子粒子和自然常数的浓厚兴趣时,我也开始注意到一种模式。这种模式非常奇特,在诸多思想家身上不断重复出现,出奇地相似。

我发现,到了职业生涯晚期,物理学界最伟大的人物竟然不约而同地对生命本身的奥秘产生了兴趣,甚至突然开始正式研究生物学。薛定谔是我最喜欢的例子之一。他的整个职业生涯都走在20世纪量子力学的最前沿,然而他却在那本短小精悍的《生命是什么》一书中探究了遗传学和生物体的行为,甚至研究了生物的伦理意义。这本书对我产生了深远的影响,通过更有机的视角探索世界的想法令我深深着迷。多年来,我一直在追寻物理学的足迹,探索宇宙的最深处,但突然间,物理学的轨迹又回到了自己身上,引领我第一次向内看——看向活生生的躯体、跳动的心脏和躁动不安的心灵。

我的阅读清单越来越五花八门,无所不包。我沉浸在侯世达(Douglas Richard Hofstadter)所写的《哥德尔、艾舍尔、巴赫：集异璧之大成》中，也被罗杰·彭罗斯（Roger Penrose）的《皇帝新脑》的广度和深度所吸引。就这两本书而言，挑战我的不仅仅是其思想之精辟、智慧之高深，还有它们之间丰富的联系。它们挖掘了人类上千年来对理解心智的渴望，实际上，是对理解智慧本身的渴望，比我以前所接触的抽象领域更深入，同时又保持了明确无误的人文主义主线。这些书真正体现了科学的美德是严格细致、以假设为导向，但又不失浪漫和敬畏。事实上，对我这样的读者来说，他们严谨的方法极大地增强了我的惊叹之情。

更重要的是，正是从这两本书中，我首次接触到了"用离散的数学术语来理解心智"这一观点。它们都提出了令人信服的理由：从本质上说，对智慧的全面描述揭示的不是魔法，而是一种过程，是规则和原则的运作。这些规则和原则在可测量的量上，以可理解甚至可预测的方式发挥作用。换句话说，它们为我揭示了计算所包含的哲学意义。

直到上了大学，我才知道许多同龄人都是与计算机一同长大的。他们的身份是由"卧室黑客"的原型塑造的——整天熬夜，周身永远包裹着蓝色的光芒。他们不断学习、探索、实验。他们在孩提时代使用 BASIC 等计算机语言制作视频游戏，在青少年时期上编程课，在互联网上找到志同道合的社区。对他们来说，计算机不仅仅是爱好和理想，更是发挥创造力的无限机会。在进入普林斯顿大学时，他们中的许多人已经精通编程技术。

在上大学前的大部分时间里，我与计算机的接触并不多，只是将其当作工具而已。父亲利用他在个人计算机仓库短暂工作的机会，为我组装了一套台式机，作为我上大学的礼物。但对我来说，这台计算机只不过是写论文或访问早期互联网的工具，就像是我高中用的图形计算器的升级版。

然而，随着学习的深入，我开始意识到计算机的价值还不止于此。计算机不仅能帮我们解码思维的本质，还能帮我们建立思维模型。从本质上看，随着模型在细节和精确度上的不断改进，随着我们的智能被机器进一步映射、解构甚至模拟，模型可以体现人类智慧。曾被我视为硬件设备的计算机，现在成为我寻求理解的盟友。这个曾让早期的人工智能先驱们（虽然我还不知道他们的名字，但他们很快就会成为我崇拜的对象）无比着迷的概念，现在也抓住了我的心。下个季度伊始，我报名参加了自己的第一门计算机科学课程。

物理学为我学习计算机打下了坚实的基础。我开始学习一门新的语言——一种简称为 C 的编程语言。与英语不同，C 语言以一种前所未有的方式赋予我力量。它的清晰度和精确度都堪称完美，让我能够以复杂、抽象的方式进行计算，而且计算规模之大是我以前无法想象的。我想起在从中国飞往美国的航班上，为了让我振作精神，母亲对我说："学习一门新语言，就像打开了一扇通往新世界的大门。"在最初挣扎着学习英语的那几年里,我并不认同她的观点。但随着我对计算机科学的深入研究,她的话引起了我更多共鸣。

在这期间,一个机会出现了——我立刻意识到这可能会改变我的一生。

"萨贝拉先生,你不会相信今天发生了什么。一位同学告诉我,今年夏天加州大学伯克利分校进行了一项实验。我还不知道所有的细节,但这个实验涉及神经科学、生物学还有视觉的工作原理。你知道,涉及大脑内部的事情。"

"哇,正合你的胃口,是吧?"

几周以来,我像着了魔似的一直在聊这件事。萨贝拉先生自然知道我对这个消息的兴奋程度。

"是啊!但最让我兴奋的是,他说他们需要一个助理,而且他们更倾向于选一个没有太多经验的本科生。"

"等等,你的意思是——"

"我想今年夏天我要去伯克利了!"

✦

无论是对受过训练还是没有受过训练的观察者来说,20世纪90年代早期无疑都象征着一个全新时代的来临。辛顿的反向传播技术似乎为神经网络提供了最后一块拼图,而杨立昆在手写数字识别方面的成功,则为算法在现实世界中的应用提供了无懈可击的验证。一种近乎神奇的工程范式已经到来,在这种范式中，类似人类的有机感知可以像数据库或文件服务器一样被精心设计出来。但是，麻烦再一次显露端倪。刚刚起步的人工智能领域很快就会发现，充满了失败尝试和希望破灭的日子尚未结束。

虽然杨立昆取得了巨大成就，但机器学习的理论与实践之间却存在着偏差。尽管神经网络的潜力显而易见，但除了在识别邮政编码方面取得成功，它在其他场景中的应用很快就陷入困境。原因是多方面的。首先，尽管在白板上绘制的算法在概念上非常优雅，但就算是很简单的实现，所需的计算量也非常惊人，甚至远远超出大多数企业和政府的能力范围。此外，数字数据的可用性也是令人担忧的问题。在当时，数字数据相对稀缺，尤其是图像、视频、音频等感知数据。当时大部分数据都是碎片化的独家数据，而且存储于私人服务器中，编目不统一。无论神经网络注定要实现什么目标，很明显，此时时机还不成熟。

不久之后，"人工智能寒冬"来临，研究界失去了方向和支撑，进入了一个漫长的低迷期。甚至有人认为"人工智能"这个词本身过于宽泛，是一种妄想。人工智能的能力被淡化，研究人员转向了更加狭隘的领域，如决策、模式识别和自然语言处理（旨在理解人类的语言和文字）。"人工智能"似乎注定只是科幻小说家的沃土，而不是学者的领域。就像物理学的发展史会随着发现的大幅度起伏而呈现出正弦曲线一样，人工智能的发展也充满了起起伏伏。

杨立昆和辛顿都是先驱，这一点毋庸置疑。但他们能否在活着的时候见证自己的想法改变世界，还是个未知数。两人都继续专注于研究，与此同时，世界仍在不断向前，找寻着更简单、更高效、更节省人力的解决方案。简单来说，神经网络是个很好的概念，只是生不逢时。

✦

"我们代表美国航空公司和全体机组人员，欢迎您来到加州！现在是当地时间下午3点46分，室外气温21摄氏度，晴空万里，非常舒适。我们准备在奥克兰国际机场降落，请您收起小桌板，系好安全带。"

我是独自完成在美国国内的第一次旅行的。我对自己笑了笑，因为我突然意识到，对我来说，扩音器里的声音对我来说不再是陌生的外语了。

抵达加州，令人兴奋，但当时做出这个决定并不容易。父母仍然需要依靠我的帮助才能顺利经营干洗店，而我要去美国的另一端生活八周。我们不知道该如何应对这个局面。然而，母亲还是一如既往地坚持让我去。

我的一位研究员同事来到机场接我。我们直接去了实验室，打算等有时间了再讨论住宿和其他实际问题。现在，他似乎也和我一样，迫不及待地想投入研究中。

"你从哪里来？你的背景是什么？"他问道。

"我在普林斯顿学物理。"我回答道,觉得自己有点儿格格不入。我学的不是神经科学,甚至也不是生物学,我突然开始担心团队会不会接受我。

"不错。我学的是电气工程。对了,我叫加勒特。"

电气工程?真的吗?所以我不是唯一一个来自其他领域的人?

"等等,你是说你也没有生物学背景?"

"没有啊。这就是这个项目的魅力所在。我们不是要直接去研究大脑,至少不是从生物学的角度出发。"

我很困惑,但也充满了好奇。

"我们是通过计算进行研究。"

正如加勒特跟我解释的那样,我们的项目基于休伯尔和威塞尔有关哺乳动物视觉皮质的开创性工作,希望可以取得突破性的进展。我们按照原实验的方法,在猫的眼前投射图像,然后分析其神经元反应。不过,由于技术上的巨大进步,我们可以开展更加深入的研究。我们投射的不再是孤立的线段,而是全动态视频片段。我们也不仅仅研究视频激发的大脑活动,而是尝试从内部重构引起大脑活动的图像。

对我来说,这段经历之所以如此独特,是因为当时的环境。实验室刚成立不久,由一位年轻的助理教授负责管理,而我和另一位本科生与博士后加勒特一起担任辅助角色。虽然这个项目人手不够、资金不足,但也难得地没有受到过多的限制。因此,我在资历远远不够的情况下承担起了一名研究科学家的责任,这一切都令我感到兴奋。我的工作包括从零开始搭建实验仪器:研究硬件设备、寻找合适的电极、选购放大器和扬声器(以便听取它们的输出),然后把所有东西从头到尾组装到一起。工作节奏很快,经常会有压力,但从不枯燥。

然而,知识探索并不是我生活的全部。

"呃,飞飞?"实验室的电话响了,加勒特用熟悉的语调叫了我的名字,"我觉得是你……妈妈?"他低声说,一只手捂着听筒。

"谢谢。"我接过电话。

"嗨,妈妈。"我切换成普通话轻声说道,"嗯?对,她想知道——不是,妈妈,我的意思是——不是,不是……"

于是,我再次在电话中接待了一位身处北美大陆另一头的顾客。

"让她接电话,好吗?好,谢谢。"

"你好,罗素太太。"我又切换成英语,"听起来您很担心亚麻布的问题?是的。是的,没错。应该没问题。让我妈妈接电话吧,我告诉她。谢谢您,您也是。"

如果说我曾经担心这次的西海岸冒险会让我忘乎所以,那么这样的时刻总能让这种担忧烟消云散。我不得不随时放下手头的一切工作,去跟客户保证他们的衣物不会缩水。这可以帮助我保持脚踏实地的状态。

✦

即便是在移动设备、宇宙飞船和粒子加速器等各种先进设备飞速发展的时代，大脑仍然是已知宇宙中最复杂的物体。它超越功能最强大的超级计算机，而一切活动都发生在以立方英寸为单位计算的微小空间内，能量来源只不过是我们每天消耗的卡路里的一小部分。当我们窥探大脑的褶皱时，会更加感叹这个器官的神奇。

尽管构成大脑大部分结构的神经元相对简单，但大脑也许是最能充分诠释"量变引起质变"这一公理的例子。当神经元以千亿计的数量级复制，当它们之间的连接达到 10 的 11 次方时，质变就发生了。物质变成了思维，产生了爱、喜悦、悲伤、愤怒、恐惧和欢笑，也造就了我们在科学、艺术、音乐和数学等方面的能力。

有了大脑，我们可以辨别颜色，一些人成为艺术家，一些人成为评论家，还有数十亿人成为鉴赏家。大脑的灰质不仅可以解读听觉振动，还可以唤起创作歌曲的灵感，珍惜聆听音乐的体验，甚至回忆起跟朋友第一次在收音机上听到一首歌时的场景，记忆的细节之清晰，铭心刻骨。这一奇特的解剖结构完全由有机化合物组成，终生被困在头骨的黑暗之匣中。正是因为大脑，我们所珍视的一切生命体验才成为可能。

以前从未接触过神经科学的我被大脑的奥妙深深吸引，无法自解。如此微不足道的成分怎么会产生如此深奥的事物？这个问题深深地冲击着我,渗透到实验室工作的方方面面,让原本复杂、乏味的工作变得令人振奋。

具体来说,我们的研究目标是通过一个看似简单明了的问题来探索感官信息的处理方式:如果给一只猫播放一连串精确控制的视觉刺激(我们播放的是简短的自然风景片段),我们是否能够只利用猫大脑中检测到的信号来重建这些片段?

为了找到答案,我们将目光投向了视觉皮质中被称为"外侧膝状体核"(lateral geniculate nucleus,LGN)的部分。外侧膝状体核是视神经和大脑内更高层次处理过程之间的中转站,研究发现,它能够影响视野内注意力的集中,并跟踪刺激随时间的变化。在我们的实验中,外侧膝状体核还提供了一组可访问的神经元,我们可以将其与视网膜的相应区域联系起来。换句话说,外侧膝状体核位于眼睛感知和大脑理解之间,我们的目标是解码在其中传递的信号。

不管怎么说,理论上是如此。然而,实际情况更为复杂。举个例子,能够探测大脑皮质的电极非常薄,只有微米数量级,相当于一根头发丝的大小。为了将电极精准地置入猫的大脑中,我们依靠一种机械辅助装置,缓慢而准确地进行操作。电极的输出端连接了一个放大器,将原始电信号转换成可听的形式,并通过扬声器播放出来。然后,我们将数据输入一台运行专门信号处理软件的计算机,进行后期分析。慢慢地,一切都准备就绪。最后,在经历了一系列的构建、验证和再验证后,一个出奇精密的仪器终于可以运行了。我们调暗灯光,打开投影仪,连接电极。

"大家都准备好了吗？三……二……"

直到现在，接下来的经历仍然难以用语言表达。

"……一。"

随着开关的拨动，扩音器里传出一阵噼里啪啦的声音。刚开始是一片混乱，甚至有点儿吓人，但这些噪声逐渐呈现出微弱的秩序感，尤其是当我们能够将屏幕上的图像与听到的声音联系起来时，我们开始听到一种有节奏的嗖嗖声，这种节奏很快就变得清晰可辨。我们常常一听就是几个小时，中间稍微调节投影的视觉效果，全程密切关注声音的变化。随着时间的推移，模式开始浮现出来，每个看似统一的神经元群都显示出了独特的音调和特征。我们手头有很多数字工具，从这一点来说，这种程度的实验似乎并无必要。但它帮我们训练了耳朵，培养了直觉，让我们跟研究建立了深刻的联系（是动手实验，而不是单纯的分析）。这感觉就像纯粹的科学。

当结果逐渐显现时，我们的兴奋之情溢于言表。令人惊讶的是（至少对我来说），我们的方法真的奏效了。通过运用一些信号处理技巧，我们成功重建了在猫眼前投射的视频（尽管稍显模糊），而这一切只不过是利用了在猫的大脑中截取的信号。当然，任何实验都存在许多局限，但我们对视觉神经元如何对刺激做出反应有了真正的、功能性的理解。我们记录了整个实验过程，将结果制成表格，并提交了一份草案供同行评议。不到两年，我们的研究成果就在《神经科学杂志》上发表了。

对一个新手团队来说，这相当不错。

除了第一次接触真正的科学所带来的兴奋，伯克利还帮助我从全新的角度看待普林斯顿大学。家里的生活很规律，每天在大学上课，周末在干洗店帮忙，几乎没什么其他事情。当然，我对此很满足；我知道父母为我做出的牺牲，而我把自己的学生生涯看作一份极好的礼物。但我心里也清楚，终有一天，我将把我的激情搁置一旁（也许要永远搁置），去做一些实际的事情，比如从事医学或金融这类职业。家是我朝着这个方向一点一点努力的地方。在那里，我依然觉得自己是个移民。

相比之下，伯克利就像是另一个现实世界。每天去实验室就像穿行于一个光怪陆离的世界，从近乎持续不断的抗议活动，到偶尔出现的传说中的"裸男"——20 世纪 90 年代末校园生活中令人喜爱的叛逆人物——都昭示着这里的一切都有所不同，包括我自己。在这里，我不再感觉自己是个移民。我没有被孤立的感觉。我甚至不觉得自己贫穷。我只觉得自己是个科学家。

最重要的是，我在这里第一次闪现了一些想法，而这些想法很快就会让我以前所有的痴迷相形见绌。虽然物理学的研究领域是整个自然宇宙，从普朗克尺度到超星系团，但很难想象还有比我们所研究的领域更令人兴奋的思想乐园。不知何故，智慧的奥秘总是让我感觉更加广阔，也更加亲切。因此，尽管首次参与这样的项目让没有任何实验室经验的我承受了繁重的任务和巨大的压力，但我从未感到疲倦。每天走出实验室时，天早就黑了。但每次穿过伯克利的街道回到宿舍，我都精神焕发。我只感到全身心满足。

虽然实验只持续了一个暑假，但再次回到普林斯顿大学，我已脱胎换骨。物理学是我最初的痴迷，但我开始意识到，物理学的魅力并不在于方程式，甚至也不在于概念，而在于对其象征意义的追逐和探索。我现在清楚地知道，我热爱研究，我能感觉到那种激情。每当我打开螺旋装订的笔记本记下想法时，每当我听到记号笔修改方程式发出的吱吱声时，每当我启动实验室的计算机进行运算、风扇呼呼作响时，一种新发现的热情就会涌上心头。

孩童时期，每当我和父亲发现一只从未见过的蝴蝶，或偶然发现一种新品种的竹节虫，我就会有这种感觉，而现在的研究工作触发了我小时候在成都周边山区探险时的感觉。在实验室里，时间失去了意义，我在工作中忘掉了自我。在经历了几乎从来没有过真正归属感的青春期之后，我突然确信我找到了属于自己的位置。

✦

我把自己的一部分留在了伯克利实验室的黑暗之中，从未离去。在我的记忆中，扩音器发出的不属于这个世界的声音仍在回响，每一个嘶嘶声和噼啪声都暗示着一种科学语言刚刚开始崭露头角。比起普林斯顿大学，伯克利更能代表父母来到这个国家所追求的东西：自由地认清自己的激情，毫不妥协、无怨无悔地活出激情。无论未来是什么样的，那些在实验室里一边倾听一边心跳加速的时刻已经足够让我确信，他们做出了正确的抉择。

父母对无限机会的追求是他们的北极星。这个愿景让他们焕发出无与伦比的活力，在他们的生命中打下了深深的烙印，是他们生而为人的定义。正是这种狂热的追求，让我心目中的英雄们一步步地从学者变为科学家，最终成为传奇。与真正的科学发现的第一次接触至今仍让我惊叹不已。与此同时，我发现自己开始在天宇中追寻属于自己的北极星，那是每一位科学家都会穷尽一切追逐的坐标，无论是一个问题、一个假设，还是一个赌注。哪怕要追到天涯海角，我也会毫不犹豫。

我只需要找到那颗北极星。

05

第一道光

First Light

✦

人工智能的发展再次遭遇寒冬,我在导师们的引导下开始关注视觉研究。此后,它将成为我一切学术旅程的主线,成为我世界的中心。

想象一下这样的情景：这个世界上不存在任何感觉，甚至都不能用"黑暗"一词来描述，因为与之对应的"光明"概念尚未被构想出来。在这个世界里，什么都看不到、听不到、感觉不到，而所谓的"活着"不过就是新陈代谢的过程。再进一步想象：这个世界的生物只有进食、繁殖等毫无感情的机械性本能，甚至没有最基本的自我意识，更不用说身份、群体或广阔世界等更加复杂的概念了。现在，进一步想象一下整个星球都是如此——这个星球充满了生物，但它们还没有意识到自己的存在。

这就是5.43亿年前地球生命的状态。当时，地球的大部分地区都被原始海洋所覆盖。相比现在充满感官刺激和智力活动的世界，5.43亿年前的生命形态极其原始，近乎抽象，用苏格拉底的话说，它们完全生活在一种"未经审视"的状态中。那个世界完全不被看到，海水深邃而本能粗浅。

我们的远古祖先形态简单，考虑到当时的环境，这也是很自然的事。它们居住的水下空间生物稀少，无须为了食物相互竞争。在三叶虫出现之前，生物捕获猎物主要靠运气，而猎物也采取了同样漫无目的的方式来躲避捕食者，双方均靠运气生存。只有当食物近在咫尺、无须付出任何主动努力时，生物才会进食。

然而，这种感官剥夺的影响是深远的。由于什么都看不到、听不到、摸不到，早期的生命形式没有任何可思考的对象。现代人类在日常生活中已经对外部世界的存在习以为常，而远古时期的生命体跟外界现实世界没有任何联系，根本接触不到刺激，因此完全没有大脑。大脑尽管很神秘，但本质上只是一种有机的信息处理系统。在一个没有感官输入的世界里，生物没有能力收集关于世界的信息，因此大脑完全没有存在的必要。

我们无法想象这样一个有机体的内部活动，但如此尝试却能带来启发。它让我们意识到，我们从不知道与外界没有感官联系是一种什么体验（即使还在子宫的时候，我们就已经能够感受到外部世界了），我们也不能简单地抛开意识，去想象无意识的状态是什么样子。毕竟，我们的思考不就是对外界直接刺激或间接刺激的反应吗？即便是最抽象的思考（甚至是像心算等瞬间思维），也是建立在推理的基础上的。而我们的推理能力则源于多年在实体空间中生活的经验。无论我们的大脑多么复杂，其中的思维活动最终都可以追溯到来自其边界之外的刺激。

接着，整个地球在极短时间内发生了翻天覆地的变化。这一时期至今仍让进化生物学家们感到困惑：生命体的复杂性呈现出爆发式增长，进化速度达到了令人难以置信的水平，估计是后来所有时代的四倍。随之而来的是前所未有的竞争氛围。这是一场争夺主导地位的持久战。随着生存挑战的加剧，每一代生物都被迫逐渐进化和适应。为了应对这个敌意倍增的世界，生物的身体变得坚硬起来，它们用防御性的坚韧外骨骼保护身体的软组织，也演化出了牙齿、下颚和爪子等攻击性器官。

这就是我们现在所说的"寒武纪生命大爆发"时期。在这一时期，生物进化秩序经历了一次大洗牌。虽然寒武纪生命大爆发是地球生命历史上的关键篇章，甚至可以说是最重要的篇章，但其确切原因至今还没有定论。有人认为是由气候突变引发的，也有人推测是由于海洋酸度发生了巨变。动物学家安德鲁·帕克（Andrew Parker）的观点与众不同，尽管许多生物学家对其持怀疑态度，但他的假设却深深影响了我对人工智能的看法。帕克认为，与其说带来改变的是一种外部力量，不如说是一种内部力量。他认为，引发寒武纪生命大爆发的导火线是一种能力的出现：光敏感性，这也是现代眼睛形成的基础。

对光的感知迅速发展，其核心在于一类被称为"视蛋白"的蛋白质。这种蛋白质具有独特的性质，比如在吸收光子时会改变形状（本质上是对光的物理反应），并连接成一种叫作"离子通道"的链条，将这种反应转化为生物电信号，传输到身体的其他部位。

尽管早期的视觉发展非常简单（至少相对于今天无比复杂的眼球来说是简单的），但它们为进化提供了立足点，带来了感知能力的迅速提升。接下来是在感光区周围形成一个浅浅的凹陷，不仅可以辨别附近光源的亮度，还可以辨别光源的方向。经过进一步的进化迭代，这个凹陷变得越来越深、越来越窄，最终演化成了类似针孔相机的光圈形式。

早在公元前400年，中国古代思想家墨子就首次在其著作中描述了"小孔成像"。后来，亚里士多德也独立观察到这一现象。小孔成像简单利用了暗箱效应这一自然现象，光线通过箱子侧面的小孔，将外部世界的清晰图像投射到箱子内部。光圈大大增加了光敏感性，将视觉体验从对光线的简单感知扩展到了对整个场景的认识。

最后，随着晶状体的出现，现代视觉的器官基础就此形成。晶状体增加了进入眼球的光线量和清晰度。关于晶状体究竟是如何形成的，至今仍存在很多猜测。许多假设都认为，晶状体最初与视觉无关，纯粹是一个保护结构。无论确切的起源如何，晶状体在进化记录中反复出现，在所有生物门类中独立演化。晶状体很快进化成为一个精致的透明表面，能够在不同世代中灵活地适应各种光学特性，从而急剧加速了眼睛的进化。光敏感性的出现是地球生命史上的一个转折点。

仅仅通过让光线进入体内（无论光线多么昏暗、多么模糊不清），远古生物就第一次认识到，在它们自身之外还存在着某种事物。更紧迫的是，它们意识到自己需要努力求生，而面对的结果不止一种。它们开始感觉到，周围的环境无比严酷，威胁与机会并存，对资源的竞争日益激烈，而它们的行为决定了自己是捕食者还是被食者。

对光的感知打响了进化军备竞赛的第一枪。在这场军备竞赛中，哪怕是拥有最微小的优势（即使是稍微提升深度或略微改善敏锐度），都是幸运的，因为这样的生物及其后代可以在不断寻找食物、栖息地和配偶的竞争中处于领先地位。微弱的竞争优势是进化压力的游乐场，通过一次又一次的突变和快速迭代，对生态系统产生了近乎即时的影响。

当然，大多数变异都是无用的，有些甚至是有害的。但是，即使是微不足道的优势，也能引发巨大的变化，在一连串的动荡中颠覆自然秩序，然后在新的基线上稳固下来，并很快在此基础上建立起更强大的能力。随着一代又一代的生物登上历史舞台，进化过程也在不断加速，在短短的1000万年时间里（帕克诙谐地称之为进化史上的"眨眼之间"），地球上的生命涅槃重生。

感官意识和行动能力之间的关系在调节竞争局面上起着重要作用。即使是最早期的视觉形式，也能让生物获得关于周围环境的零星信息。这些信息不仅能指导生物的行为，还能以前所未有的即时性，驱使生物采取各种行为。有了视觉，饥饿的捕食者越来越能够确定食物的位置。它们不再被动地等待食物的到来，而是主动出击，追逐食物。反过来，在面对捕食者时，生物也会利用自身的模糊意识做出躲避反应。

很快，生物创新的闪光绽放成为集体之舞，随着不断丰富的生命分类进入一个新的时代，力量的平衡来回摇摆。今天，化石记录揭示了这一狂热时期自然选择的成果；有证据表明，仅仅是三叶虫的进化就在寒武纪末期达到顶峰，有数万个物种分布在10个目中。

与此同时，触觉的出现使进化变得更为复杂，很快就与不断发展的视觉形成了互补与平衡。与早期的光敏感性一样，新生的神经末梢也遍布原始生物的体表，传递触觉信号。

这些神经细胞不断生长并相互连接，形成了所谓的"神经网络"。这种分散的网络是中枢神经系统的前身，而中枢神经系统最终将成为更高级生命形式的特征。神经网络是一种生物电系统，原理简单，但功能强大。神经网络将对运动功能和感觉功能的控制融合到同一个反应机制中，这种机制适合执行"应对身体攻击"和"觅食"等基本任务。在进化过程中，神经网络虽然原始，却是与竞争日益激烈的外部世界保持同步的权宜之计，即使今天也依然存在，尤其是在水生生物中，例如某些种类的水母。

但是，仅仅将眼睛、神经末梢和四肢连接起来是不够的，尤其是因为随着眼球不断进化，看到的世界越发广阔、细致，同时，四肢也发展出了新的自由度和更强的关节。要在复杂的环境中有效行动，需要的不仅仅是条件反射，这就带来了另一个适应性挑战，促使生物体在"所见所感"和"如何反应"之间发展出日益复杂的中间环节。

随着感官所提供的信息深度和数量不断增加，生物体处理信息的工具也面临着增长的压力，类似我们需要更多更加复杂的计算设备来管理现代世界中的海量数据。为了处理五花八门的信息，神经系统不断发展，最终形成一个集中枢纽，其中的组成部分被越来越密集地压缩到一个器官里。我们把这个器官称为大脑。

因此，大脑并不是内部某种神秘的智力火花的产物，而是对外部世界的反应。愈加清晰和纷杂的外部世界影像，通过感官到达生物体内部，感知周围环境的能力促使我们发展出了整合、分析并最终理解这种感知的机制。视觉就是感知系统最为活跃的组成部分。

随着第一批新觉醒的生物踏上陆地，进化大戏再起高潮。这些生物随着海浪的翻涌被冲到岸上，发现了一个陌生的世界。在这个世界中，移动的基本原理变得陌生，需要一个全新的模式。例如，运动不再是毫不费力、可以朝着任何方向进行的动作，而是被限制在平面上，并受到重力和摩擦力等物理力的制约。

在另一方面，生物的视线范围得到了极大的扩展。在海洋表面，大气层毫无遮挡，与幽闭黑暗的深海形成了鲜明对比。世界不再是模糊的流体，而是一幅宏伟开阔的景象，从海岸线的边缘到山峰，甚至更远的地方，都变得明亮而清晰。视野从几英寸扩展到了几英里，这对早期陆地生物的思维提出了相应扩展的挑战。

环境的变化对"计划"这一概念产生了尤其深远的影响，因为现在的行动可以在更大的范围内展开，同时还要应对更多的不确定性。随着视野广度和深度的扩大，大脑不得不以更强大的智能来适应环境，逐渐融入了对因果关系、时间流逝，甚至对操纵环境本身的影响的认识。这不仅为强大的捕食者和灵活的被食者创造了条件，也为真正的智能、为现代人类的出现奠定了基础。

数亿年后，我们很难不被这个进化转折点所创造的世界所震撼。几千年的文明进程见证了人类的发展，从灵长类动物到游牧部落，从农业社区到工业化城市，再到现在的科技和信息处理超级王国。

这一惊人进程的本质是我们与世界的感官联系，即便到了现在也是如此。尽管科技为我们提供了巨大的帮助（从我们口袋里的移动设备到地球轨道上的卫星），我们依然依赖与日常现实的联系来应对生活中的种种任务。

与此相对，远古时期的化石记录已经开始影响我们自己的文化记录。从预示着新交流形式黎明的洞穴壁画，到文艺复兴时期迸发的创造力洪流，再到今天的摄影、电影、电视，甚至电子游戏世界，艺术发展史有力印证了视觉的首要地位，也让我们看到，几个世纪以来，我们辨别视觉细微差异的能力越来越强了。

在卡拉瓦乔的明暗对照画法与维米尔和左恩的柔和阴影之

间的强烈对比中，我们可以看到视觉理解的齿轮在转动。我们可以超越现实主义，从凡·高和卡洛的风格化肖像中提炼出日常生活的意象。我们甚至可以从现代主义画家奥基弗以及抽象表现主义画家马瑟韦尔和罗思柯相对晦涩的作品中感受到它的存在。无论是现实主义还是概念主义，无论是感性主义还是政治主义，艺术都利用了这几亿年来来之不易的进化结果，享受着创作的纯粹乐趣，通过个人的眼睛，也就是个人的感受来诠释这个世界。

✦

"飞飞，当一名大学毕业生的感觉如何？你马上就毕业了。"琼收拾完桌上的餐盘，一边切着放在台面上冷却的布朗尼蛋糕，一边问道。

大概在四年前，我第一次到萨贝拉家做客，也是我记忆中第一次吃美国的甜食。我尝了一口，不禁面露惊喜。我的反应让琼非常开心，所以每次我来做客，她都会专门烤这种蛋糕，这已经成了一种惯例。其实蛋糕粉是商店买的现成的，但这并不重要。在我看来，她的布朗尼蛋糕就是最好吃的。

"挺兴奋的。但我没想到下一步这么难选。"

"你有没有再考虑过我们之前说的那些选择呢？读研？找工作？或者先出去玩一圈？"萨贝拉先生问道。

"再给她一点儿考虑的时间吧，鲍勃！"琼笑着端上我们的甜点。

"没关系的。其实我一直也在想这些事。"

那是1999年,我在普林斯顿大学的学习生涯即将结束,再次面临科学抱负与现实生活之间的抉择。读研的诱惑与开启职业生涯的压力让我左右为难。这次是一个真正的两难困境:当时网络经济正在蓬勃发展,盛况空前,拥有数学头脑和名校学位的人成了金融界热切追捧的对象,甚至像我这样学物理的,也受到了华尔街的大力招揽。包括高盛和美林在内的众多知名企业向我抛出了橄榄枝(可以想象,这些公司的名字都刻在庄严的大理石板上)。他们提供了一切:福利、晋升机会、令人艳羡的起薪,当然还有真正的医疗保险。他们承诺免除我们的债务,结束干洗店的劳累,在母亲的健康状况日益恶化的情况下为我的家庭提供保障。而对我的唯一要求就是放弃科学。

在自己斟酌了大半个星期之后,我终于在干洗店的片刻闲暇中向母亲提起了这件事。我们各自坐在平常的位置上:她在缝纫机前,嘴里夹着两根别针,一脸专注地检查着手中的衣物;而我则在她旁边,扮演裁缝助手的角色,正在给一条她准备加长的裤子拆线。

"妈妈,我在考虑几个选择。我面试了几家'公司',中文是叫'公司'吧?就是华尔街巨头。我必须得承认,他们给的条件很诱人。"

"华尔街巨头?"

我意识到，她并不熟悉这些美国文化术语。

"就是股票、交易什么的。搞投资的。当然，还有很多东西要学，不过如果我真的下定决心，我觉得还是能学会的。"

"嗯。"她平淡地回答，"这是你想要的吗？"

"我的意思是……光是薪水就足以改变我们的生活了，而且——"

"飞飞，这是你想要的吗？"

"你知道我想要什么，妈妈。我想成为一名科学家。"

"那还有什么好说的呢？"

面对我的含糊其词，母亲的回应总是一针见血，速度之快让我得花点儿时间才能反应过来。三步绝杀，一剑封喉。我要去读研究生了。

普林斯顿大学的教授们常说，研究生学习不仅仅是另一个学术里程碑，更是一个转折点，代表着从学生到成为真正科学家的第一次转变。研究生学习将把激情转化为旅程，将兴趣转化为身份，将这段教育经历锤炼为事业、声誉和生活的基础。这种看法令人鼓舞，让我所面临的问题变得明确，但同时也让它变得更加费解。我知道自己想成为一名科学家，但究竟是什么样的科学家？究竟是为了什么目的？我怎么才能找到答案呢？

在加州大学伯克利分校的经历让我看到了智能的奥秘，也让我认识到，深入理解视觉可能是解开智能之谜的关键。然而，在视觉研究领域，我面临着两个选择：神经科学和计算科学。神经科学可以让我更深入地了解大脑的能力，而计算科学则可以利用工程学的原理来建模，甚至复制智能能力。

我决定两者兼修。

同时研究神经科学和计算科学的组合并不常见，至少在当时的硕士项目中是这样。不过，也有少数几所院校可以满足我的需求，只是需要花费一些精力去寻找。事实上，我的运气非常好，有两所排名世界前列的学校恰好提供了我想要的课程。

第一个选择是斯坦福大学的双轨项目，融合了神经科学和电子工程学，由戴维·希格（David Heeger）教授领衔，他是少有的在两个领域都拥有丰富经验的学者。课程的每个细节似乎都是为我量身定做的，只是有一点不太合适：这是他在斯坦福大学的最后一年，他离开后，这个项目也就停了。

于是我排除了这个选项，将目光转向了麻省理工学院的项目。我觉得这个项目更符合我的兴趣。项目是托马索·波焦（Tomaso Poggio）博士精心打造的，他是计算机视觉这个相对冷门领域的第一代研究者。即使在当时，波焦的工作也已经给我留下了深刻的印象。现在回想起来，我才意识到他的工作是多么超前，这让我对他更加敬重了。波焦直接从大脑结构中汲取灵感，建立了一组名为"关联主义模型"（connectivist model）的算法，用于识别图像内容。这种信息处理系统内部的结构密集交织，与神经网络并无二致。

我还有一个学校可以考虑：加州理工学院。这所学校有着悠久的历史，其世界闻名的喷气推进实验室与美国国家航空航天局保持着密切的合作，但不可否认的是，加州理工学院在排名上处于劣势。斯坦福大学和麻省理工学院是全球最负盛名的学术机构，拒绝其中任何一家的录取通知书似乎都很难理解，更不用说同时拒绝两家了。但要说起与我的个人偶像之间的联系，加州理工学院有一点远超其实力所及，即费曼、密立根，甚至爱因斯坦本人都曾在这里讲学。至少，我无法抗拒去学校参访的机会。

从乘飞机抵达帕萨迪纳的那一刻起，加州理工学院在气候方面的优势就显而易见了。这是我第一次来到南加州，当地的天气果然名不虚传，气候干爽，阳光明媚，热气袭人，与新泽西的潮湿形成鲜明对比，让我仿佛瞬间来到了一个避风港。从遮天盖地盛开的鲜花，到池塘里慵懒地晒太阳的乌龟，南加州的城市风貌也让我感觉新奇不已。在学术氛围方面，麻省理工学院和斯坦福大学都无可挑剔，但加州理工学院却更似世外桃源。虽然校园很小（甚至跟普林斯顿大学小小的校园相比都相形见绌），但这里的活力把我征服了。在普林斯顿大学那庄严的大教堂式建筑中度过了这么多年后，加州理工学院色彩斑斓、高大明亮的西班牙殖民时期建筑让我感觉仿佛置身于另一个世界。与物理有关的观光机会随处可得。我一眼就看到了爱因斯坦骑自行车的著名照片拍摄地，不经意间路过了密立根图书馆，还碰巧看到了费曼做过著名演讲的礼堂。

在加州理工学院参访期间,我所看到和感受到的一切都表明,这里就是我的归属。虽然气候原因听起来微不足道,但有机会逃离美国东北地区的暴风雪,摆脱多年来的严寒之苦,本身对我来说就有很大的诱惑力。而真正把这种"怦然心动"变成"心意已决"的,是我即将追随的导师们。

第一个将要担任我的导师的是彼得罗·佩罗纳(Pietro Perona),他全身上下散发着意大利人的魅力,将学科边界视为无物,在跨学科研究中游刃有余。他在电气工程系,但热爱认知科学,和我一样希望把两者结合起来。第一次跟他交流时,我就觉得他兴趣广泛、知识渊博。

"飞飞,我很好奇,你对墙上的那幅画有什么看法?"

彼得罗指着一幅装裱精美的海报问我。海报上,大胆的原色被不规则间距的正交线分割成正方形和长方形。

在普林斯顿大学的时候,我抽时间上过几门艺术课,于是我高兴地指出这是蒙德里安的作品。

"我一直很喜欢他的作品。"彼得罗继续说道,"几何的简单性总是能让我停下来思考。"

"具体是思考什么呢?"我问。

"思考是否有一些指导规则,或者至少是解释规则。"

"规则?你是说……比如算法?"

他笑了笑,接着说:"你不感到好奇吗?如果测量蒙德里安每幅画的比例,结果发现了某种特定的模式,那不是很有意思吗?"

我也报以微笑。我不知道他在多大程度上是认真的（我几乎可以肯定他是在和我开玩笑），但我喜欢他会花时间思考这样的事情。他聪明过人，喜欢冒险，又不时展现出天真的一面。我觉得自己一直在等待遇到这样的思考者。

第二位未来的导师是计算神经科学家克里斯托夫·科赫（Christof Koch）。与彼得罗类似，我第一天就在克里斯托夫身上看到了优秀科学家都具备的特质：拥有无限想象力，同时敢于面对这种想象力带来的挑战。他在生物物理学方面已经有很高的造诣，但仍在不断精进创新，让我深感钦佩。像彼得罗一样，他渴望跨越学科界限，将不同学科融合发展，也鼓励我追寻同样的道路。我们两个有着相同的背景，他也是物理学专业，以前也是波焦的学生。但在第一次见面时，我发现他的头脑中蕴藏着一种深沉的哲学激情，这种激情主导了我们的第一次谈话。

"飞飞，你有没有想过怎么跟色盲解释颜色是什么？怎么用语言来表达'看到红色'这种体验？"

嗯……我从来没有想过这个问题。

"我们非常熟悉颜色，但似乎无法用语言来描述颜色，这不是很奇怪吗？我们只能说到颜色。当我说'蓝色'或'红色'时，你就知道我是什么意思，但这只是因为你已经见过这些颜色。我的话只是唤起了你的回忆，并没有传递新的信息。"

他的话让我陷入了沉思。

"所以，想象一下，如果未来的人类完全理解了视觉的工作原理，那么你觉得他们能掌握用第一原理来描述红色的能力吗？"

我想了一会儿。

"难道这不是必然的吗？我的意思是，如果真的'完全理解'，那必然会具备这种能力。"

"你的回答完全合理。但前提是可以在还原主义描述中找到对这种经历的描述和解释。如果找不到怎么办？我们该如何处理这个矛盾？视觉是一种复杂的现象，也许是最复杂的现象之一，但仍然是一个物理过程：物质的表现遵循物理定律。然而，从主观上讲，我们的经验难道不是非物质的吗？为什么看到红色会让人觉得是一种主观感受呢？"

这些都是我以前从来没有思考过的问题。他的不断追问让我对他挑战我的能力有了全面的认识。

这两位导师的组合很有意思。他们俩都身材高大，看上去年龄相仿（我猜测都在40岁左右），但体形却截然不同，彼得罗比较健壮，克里斯托夫则相对清瘦。两人的口音都很重，一个是意大利口音，另一个是德国口音，但说起话来都幽默自信，也非常随和，让咄咄逼人的追问也显得没那么可怕。彼得罗穿衣是学者风格，穿着纽扣衬衫和米色夹克，衬衫下摆总是塞进裤子里；克里斯托夫则对自己浮夸大胆的着装风格引以为豪，他喜欢刺眼的荧光衬衫，还喜欢把头发染成漫画书里的颜色，比如绿色或紫色。

然而，他们有一点相似到离奇的程度，那就是都有一种只能用"陶然自得"来形容的好奇心。这使得他们说的每句话都极具感染力。他们自由奔放，总会毫不迟疑地就复杂的话题提出探索性的问题，仿佛只需聊上几句，就能解开生命中最深奥的谜题。尤其是克里斯托夫，他经常沉浸在自己的思考中难以自拔，即使我们两个人在交谈，他似乎也更喜欢在自言自语中探索这些问题。但他的专注并不是因为冷漠，而是源于天真，就像一个被白日梦弄得神魂颠倒的孩子。看到他这个样子，我就会想到常常心不在焉的父亲，觉得特别可爱。

这么多年来，我一直生活在自我怀疑之中，努力掌握英语，为人处世也变得谨小慎微。但奇怪的是，我被他们这种漫不经心、旁若无人的性格吸引了。就像当初与萨贝拉先生相处时一样，我发现，如果其他人跟我有着对科学的共同热爱，那么我就会觉得我们是平等的同伴，哪怕只是友好地聊过几句。而在跟彼得罗和克里斯托夫这样的人对话时，我所熟悉的现实世界几乎变得无关紧要，仿佛我们在心灵相通，不受语言、地位或年龄的束缚。在我心目中，他们是我的新榜样：同样都是移民，他们不仅获得了世俗意义上的成功，而且成了卓越的科学家。

在加州理工学院参访的那个下午让我毕生难忘。这些导师都是学术界的巨头，能跟他们交谈几个小时是我的荣幸，更不用说考虑成为他们的学生了。还没有登上返程飞机，我就做出了决定。

人类的视觉能力进化范围广,演化过程复杂,因此我们几十年来都无法将这个能力用自动化复制也不足为奇。但如果这种情况改变了呢?如果我们能与机器共享人类对世界的感知,会发生什么呢?机器拥有自动化的速度,可以持续产出高精度影像,不知疲倦为何物。想象一下,无人机甚至卫星在森林、冰川和海岸线上空飞行,对全球的环境健康状况提供专业评估。想象一下,智能的非人类助手像人类助手一样帮助视力障碍人群应对复杂的环境。想象一下,机器人急救员将急救医护人员或消防员的判断与机器的耐力和恢复能力相结合,使搜索和救援变得更加安全。想象一下,自动医疗诊断能通过移动设备为世界各地的病人提供专家意见。

数字世界的机会也不胜枚举。视觉媒体发展百年以来,摄影、电影、新闻和电视等图像消费已经成为现代生活不可或缺的一部分。自计算机诞生之日起,文本和数字数据就可以自由搜索,但与之不同的是,仅仅是对图像进行粗略的搜索,都依然需要依靠人工来完成,耗时耗力,成本高昂。图像数据库规模极其庞大,人工管理分类早已无望,视觉智能机器能提供帮助吗?

从人工智能领域发展早期,这样的可能性就一直诱惑着研究人员。然而,他们很快就意识到,视觉理解的挑战极其复杂,这一点也被此后的每一代人反复证实。首先就是数据本身。数字图像是以像素的形式存储的,也就是说,单个颜色点用数字编码表示,因此在机器看来,像素只不过是一长串整数。如果算法想要像人类一样,根据有意义的概念(如人物、地点和事物)来理解图像,就必须对这个列表进行筛选,并找出以某种方式对应的数字模式。

遗憾的是,定义这种数字模式的难度很大,即使是定义直线或几何形状这样的简单概念也很难。人脸识别更是难上加难,因为人脸是有机体,变量非常多:肤色、比例、拍摄角度、光线条件、图像背景等,组合种类繁多,极其复杂。

从数据开始,谜题越来越难。例如,人类在看到事物之后,会形成更深层次的理解,那么被动观察行为和理解行为之间的界限究竟在哪里?我们对影像的感知包括由边缘和纹理形成的一团团的色块,我们会下意识地解读这些色块,这是一种纯粹的感知体验。而在我们有意识地处理所看到的东西之前,有多少次是下意识地看到了图像?研究人员很快就发现两者不可分割:看到即理解,因此科学挑战既存在于感官层面,又存在于智力层面。所以,视觉不仅仅是我们对智力的应用,实际上,它就是智力的同义词。

这就是视觉的魔力。视觉是一种非常精细的技能。虽然我们看到的世界只是光线恰好落在我们眼睛表面的映射,但我们从光线中获得的信息却能延伸到我们的全部经验。从感官输入到可靠、可操作的知识,这是一种近乎奇迹的转变,是人类大脑最了不起的一大能力。仅仅是转换任务的计算成本,就远远超过了仓库大小的超级计算机的计算能力,而对人类来说,所有这些都是由一个直径约 12.7 厘米的潮湿有机块体完成的。人脑对概念的认知深度让学术界的杰出人士也常怀谦卑之情。

要解开视觉之谜,并不仅仅是理解"人类如何看见事物"这么简单。视觉问题并不是简单的关于颜色或形状的问题,也不仅仅是在更大级别上进行数字运算的问题。视觉研究是对人类认知中一个核心现象的探索。视觉在很大程度上是人类身份和独特性的基础,无论是在生物学上、人际关系方面,还是在文化层面。研究视觉是通往我们体验最基础层面的旅程。很多时候,"所见即所知",因此,了解我们如何看见,就是了解我们自己。

✦

在研究生生涯伊始,我买了一本巨大的教科书。这本书在我入学前一年刚刚出版,装帧新颖,内容也极为领先。书很重,封面厚实,边角尖锐,第一次打开时,书页之间分离发出的声音清晰可闻。这本书将我的学术旅程的所有脉络都汇聚在一起,编织成一件艺术品,每次看到它的封面都会让我倍感振奋。

书名为 *Vision Science*(《视觉科学》),封面上的这两个词仿佛是专门为我选定的,描绘的是自加州大学伯克利分校的实验以来,我一直在努力追寻的道路。稍下 2.5 厘米处是斜体的副标题,更是激起了我的好奇心: *Photons to Phenomenology*(从光子到现象学）。在标题的正上方，凡·高《星月夜》的全彩画作占据了三分之二的封面。这本书内容翔实，阐述全面，注定要成为未来几十年的标准。我渴望学习书中涵盖的一切内容。

在黑暗实验室的时刻改变了我的一生，当时那些噼里啪啦的声音让我第一次瞥见了其他生物大脑的内部运作机制。如今已经过去了两年。两年的追求才刚刚开始。我对工程学这门充满挑战性的艺术很感兴趣，但我不想成为单纯的工程师。尽管我被神经科学的奥秘所吸引，但我也不想成为纯粹的神经科学家。我想不受约束，对两者兼而用之。

感谢命运之神的偶然眷顾，我遇到了再好不过的时机。当时的我还不知道，视觉研究是人工智能本身的产物。曾几何时，在人工智能大旗的感召下，各个领域的研究人员团结一致，共同努力推动这个领域不断发展，然而，随着旗帜的撕裂，不同的研究领域也四分五裂，各自为营，进入了持续十年的低迷期。神经网络和专家系统等设想一度令人兴奋，但最终的研发并未成功，初创企业关门大吉，学术界的兴趣也不断消退，又造成了一轮疏离。人工智能的发展再次遭遇寒冬，而我正身处其中。但冬天正在迅速离去，冰雪即将消融。

06

北极星

The North Star

✦

2004 年，我们创建的 Caltech 101 完工，成为有史以来为机器学习配置的最大规模的图像集合，里面有超过 9000 个图像，分布在 100 个类别中，另外我还独自完成了一个新类别的图像整理。如果彼得罗想要 100 个类别，我就给他 101 个。

帕萨迪纳黎明的微光从地平线上缓缓升起，色调温暖而多变。在这个城市生活久了，我逐渐发现，这是独属于加州的颜色。朝霞召唤人们走到户外，让人不禁想要暂时抛开白天要尽的种种义务，投身其中，尽情享受。但天空再蓝再美，也没有科学发现的希望诱人。今天是开启新实验的第一天，实验室就在地下等着我，我已经为此准备了好几个月。

我们的实验在科赫实验室的心理物理学实验区进行。这个地下室幽闭阴暗，隐藏在加州理工学院阳光下的草坪和自行车道之下。这里没有自然光，大多时候也没有人工光线，空间接近完全封闭。我们在实验区里搭建了三个完全相同的小隔间，每个隔间只能容纳一个实验对象。隔间装有遮光窗帘，可以完全隔绝实验对象的视觉感知。

实验对象进入小隔间以后，会一只手握持鼠标，另一只手放在键盘上，凝视黑暗。在片刻沉寂之后，会有一个显示器亮起来，显示一系列彼此毫无关联、颇有达达主义之风的图像：随意排列的英文字母、无序摆放的场景照片、突然闪过的随机元素。每个图像出现的时间都精确到毫秒，实验对象通过点击鼠标和按键做出反应，我们则对其反应进行精确测量。然后，在几秒钟之内，隔间重新陷入黑暗。片刻的寂静过后，此前播放的图像组合再次出现，实验就此不断循环往复。

实验虽然乍一看杂乱无章，但没有一个细节是随意安排的。所有的周折都是为了一个目的，那就是解读大脑活动，或者至少推断出大脑活动内容的部分片段。实验对象手指抽动、呼吸变浅、瞳孔放大，这短短几秒钟的信息被转化成一系列数据，这些数据可能需要几天、几周甚至几个月才能完全理清。感官的奥秘深藏不露，要把它们诱骗到实验装备上，揭开它们的面纱，哪怕只是短暂的一瞬，也是奇事一桩。

✦

在长达 5 亿年的时间里，进化不断对光敏蛋白质施压。在其不懈的推动下，光敏蛋白质跨越漫长的岁月，发展成为一个精密到让人几乎无法参透的结构。进化的辛勤劳动打造了整个视觉皮质，从眼睛的玻璃表面一直延伸到大脑的最深处。所以在加州理工学院，我们要拜进化成果为师，尝试揭开视觉之谜。在我的导师看来，要实现机器智能，关键的第一步是更好地了解人类。

除了有机会沉浸在自己心仪的视觉研究领域，我并不知道自己想从研究生阶段获得什么，但我希望在此期间找到可以全力追求的目标。我会像自己的榜样那样全情投入，就像埃里克·维斯乔斯把对果蝇异常现象的痴迷转化成了诺贝尔奖，或者尼尔·德格拉西·泰森把宇宙变成了数字诗歌。我想要一颗属于自己的北极星。但在找到北极星之前，我只想围绕一个问题展开思考，那就是不可言喻的视觉体验究竟是如何实现的，用《视觉科学》那本教科书生动的副标题来说就是，光子是如何成为现象学的。这本教科书让我迈出了理解视觉体验的第一步。书的前言由普林斯顿大学心理学家安妮·特雷斯曼（Anne Treisman）撰写。她是实验界的奇才，也是20世纪认知科学的巨人。早在数字技术出现的几十年前，她就把特别简单的工具和原始创造力相结合，来探究人类的感知（如果当时就有数字技术，那么她的研究会大大加速）。

特雷斯曼提出的"注意的特征整合理论"几乎成为理解视觉意识本质的通用理论基础。在实验中，她会以极快速度向实验对象展示一些抽象物品，比如在一堆绿色和红色方块中夹杂一个红色圆圈，由此确定他们在不同深度层次上理解图像所需的时间。她发现，人们几乎可以立即意识到红色的存在（也就是知道图像的某个地方包含红色），但找到红色圆圈这样的元素则需要花费更长时间，因为在红色圆圈中，一个物体同时包含了"颜色"和"形状"两种不同的特征。换言之，把对"红色"的感知和对"圆形"的感知整合在一起，不仅需要更长时间，而且似乎属于一个完全独立的视觉处理阶段，这个阶段的信息处理更为密集。

特雷斯曼的研究范围很广，解释翔实，但她的核心理论是统一的，即人类视觉从识别微小细节开始，然后建立它们之间的关系，直到揭示出一幅完整的画面。这个论点非常符合直觉，也为理解视觉的工作原理提供了衡量标准：人类可以迅速识别特征较少的简单物体（如灰色人行道上的橙色小球），而识别更复杂的场景（如蜿蜒的林间小道或朋友的面部细节）则需要更多时间。

在计算机视觉研究中，我反复看到以下模式：研究人员编写算法并不断改进，以识别照片和其他图像中的基础性细节（如清晰的边缘、光线和颜色的变化、纹理或图案的碎片等），然后构建更高层次的算法，来识别这些细节之间的联系，并将它们与更有意义的事物（如人和物体）联系起来。虽然我对视觉原理的了解有限，但我觉得这种方法很有道理。然而，情况很快就变得非常复杂。

✦✧

"飞飞，我给你准备了一些阅读材料。"彼得罗一边说一边把一篇文章放在我面前的桌子上。

"这个吗？"

我拿起翻看，发现这篇文章的长度还不及大多数发表论文的四分之一。彼得罗露出了会心的微笑。

"相信我。这是你想读的内容。"他不是在开玩笑。

这是神经科学家西蒙·索普（Simon Thorpe）于1996年提交给《自然》杂志的一篇通讯文章，题为《人类视觉系统的处理速度》。虽然标题平淡无奇，篇幅也只有三页，但在当时却产生了极大的影响，因为它对整个领域公认的正统观念提出了疑问。这个例子彰显了科学界最伟大的传统：虽然既定的观念符合直觉，广为人知，却能被更加错综复杂的现实打破。

在实验中，索普向实验对象展示计算机显示器上的图像，使用脑电图（EEG）来测量他们大脑表面的电信号。当一张照片在屏幕上仅闪烁27毫秒时（即蜜蜂扇动几下翅膀所需的时间），实验对象就能极其准确地识别出照片内容。通过进一步研究，索普精确地指出，大脑中的识别时刻是在图像出现后仅仅150毫秒（大概相当于眨眼的一瞬间）。这是迄今为止对人类视觉处理速度最精确的调查，其结果显示，识别所需时长远远小于特雷斯曼理论的预测。

在特雷斯曼的实验中，实验对象在极短的时间内识别基本的颜色和形状。而索普的实验对象则能够在同样短的时间内处理整个图像，辨别其中的细节、视角、微妙的光照和意义。每个阅读这篇文章的人都会心生疑问：这是怎么做到的？我明白了为什么彼得罗这么想让我读这篇文章，也明白了为什么在这篇文章发表三年多后，他和克里斯托夫还经常就此展开讨论和争辩。我立刻和他们一样沉迷其中。

于我而言，这篇文章颇为超现实，因为它才发表没多久，就在我来到加州理工学院的前几年。即使在今天，人们也很容易忘记对人类视觉的现代研究历程其实是多么短暂，最早的出版物也只能追溯到几十年前。物理学的传奇历史绵延了数个世纪，从伽利略到牛顿再到玻尔，无不充满传奇色彩。相比之下，不管是过去还是现在，视觉在很大程度上仍是一片未知领域。计算机视觉研究则更为年轻，这感觉就像我手里拿着一张还在绘制过程中的地图，而我的研究生早期生活也因此充满了激情和动力。每周从帕萨迪纳给萨贝拉先生打电话时，我总是滔滔不绝地和他聊个不停。

"我从来没见过这样的情况。"我说，"这个领域太复杂、太激动人心了，而且几乎是全新的！就在我们聊天的时候，计算机视觉领域很多最牛的学者还在积极地做着研究呢！"

我与彼得罗和克里斯托夫相处的时间越长，就越欣赏他们的冒险精神，这也是他们作为学者最明显的特征。虽然他们的背景分别是物理学和工程学，但两人都对心理学、认知科学和神经科学等领域充满了热爱。他们和系里的其他人一样经常阅读计算机科学期刊，但他们还会专注阅读《心理学评论》《美国国家科学院院刊》和享有盛誉的《自然》等刊物。

因为受到热爱的驱使，所以他们都抱持着鲜明的观点，渴望开拓知识的前沿。这意味着要直面索普和特雷斯曼研究成果之间的差异。有强力证据表明，视觉在某些方面（也就是识别现实世界风景的能力）几乎是毫不费力的。但这种毫不费力背后的原因是什么呢?这种原因可以被量化吗?这对我们理解整个大脑有什么帮助吗?这些都是值得探索的问题,而对我的导师们来说,还有一点好处:相关研究工作会非常繁重,足以让他们门下这位执着的新研究生忙上一阵子了。

✦

如何阅读一个人的大脑?

在实验室里,经常需要准确捕捉实验对象的感知、期望甚至决策。要设计相应的实验方法,就需要综合运用工程学、心理学、人体工程学,甚至是类似于变戏法的手段。具有讽刺意味的是,虽然我们的实验看起来与在许多其他实验室看到的没有什么不同——都是实验对象身上挂满了电极,助手们处理大量数据,等等——但实验的设计却堪称一种艺术。

与一般实验不同,我们的目标非常笼统。我们会向实验对象展示照片,每张照片的展示时间只有几分之一秒。我们要看他们能否在不把注意力集中在照片上的情况下,准确识别上面的内容。索普已经确定了完成识别任务的速度,但他没有探究有意识的注意力所起的作用。在观看图像的时候,我们需要有意识地集中注意力吗?还是说我们的识别能力会在无意识的情况下持续运转,无论我们是否刻意关注,都能感知周围的世界?我们怀疑是后者,但我们需要加以证明。

克里斯托夫实验室的访问博士后阿希姆·布劳恩(Achim

Braun）为我们提供了实验的灵感。布劳恩当时正在研究一个类似的假设，他假设我们的大脑会在没有意识的情况下处理大量的视觉细节。他提出了一种"双重测试法"。在这种方法中，他让实验对象的注意力集中在一个需要刻意集中注意力的中心任务上，与此同时，展示一个只需要被动观察的外围任务。中心任务需要高度集中注意力，这样能确保外围任务不会被有意识地处理。

这种方法的巧妙之处在于它可以揭示实验对象感官的焦点。因为中心任务需要实验对象集中注意力产生一个客观反应，因此通过几轮反复实验，就可以非常准确地确定实验对象的注意力是否完全集中在该任务上。外围任务虽然相对简单，但也有一个客观正确的反应，由此一来，便可以可靠地测量出实验对象的次要意识。因为这两项任务呈现的时间都只有大约200毫秒（只比眨眼的时间稍长），所以可以排除实验对象有意识地依次执行这两项任务的可能性。

我们的实验对实验对象的注意力进行了精准的控制，一旦我们确定实验对象的注意力已经完全集中，就会向他们快速展示一张随机选择的户外风景照片，然后提出一个简单的问题：这张照片里有动物吗？他们的答案将充分说明注意力与视知觉之间的关系。

从实验对象的角度来看，这个实验的节奏快得让人喘不过气，因为在实验过程中，各种图像和图案会闪电般地转瞬即逝，需要他们几乎立刻做出反应。但是，实验的实施过程就没那么快了。一天又一天过去,我们感觉自己像在照看孩子,而不是在做实验。我们以赚取周末零花钱为诱饵,吸引大学生来参加实验,然后就在隔间外等着他们双眼昏花地走出来。因为愿意参加实验的大学生不够多,所以我们只能趁他们有空的时候做实验。有好几次,我一天的主要任务就是早上 6 点在实验室门口迎接陌生人。但就算这样,我也乐在其中。这样的工作虽然烦琐乏味,但依然是科学的一部分。

✦

我们的实验固然重要,但彼得罗和克里斯托夫也明确表示,优秀的科学家要广泛阅读文献,紧跟领域的最新发展。我读得越多,就越意识到,索普并不是第一个挑战特雷斯曼的人。我阅读了几十年来的研究成果文章,发现越来越多的线索表明,除了特雷斯曼的观点,还存在很多不同的理论。

与特雷斯曼的观点差异最大的研究成果也许来自视觉研究员欧文·比德曼(Irving Biederman)。他跟同事设计了一项实验,让实验对象快速浏览一些照片(而不是抽象的形状和颜色),然后让他们辨认看到了什么。随着实验的进展,刺激物的复杂程度大大增加,实验对象看图片的时间也越来越短,但实验对象的回答却始终准确无误。比起特雷斯曼的研究对象在一堆五颜六色的字母 B 中辨认出一个单独的字母 A 所花的时间,比德曼的实验对象能在更短的时间内从照片中吸收足够的细节信息,分辨出这是一张购物中心停车场的照片,还是一张家庭厨房的照片。

另一个不同的观点来自心理学家莫莉·波特(Molly Potter)。在使用一台早期计算机显示器向实验对象展示文字段落时,她让大字体的文字一个一个地在屏幕中央闪现。即使以每秒12个字的速度展示(是普通大学生正常阅读速度的两倍),实验对象的辨识表现依然优秀。尽管特雷斯曼的演示证明了视知觉是从微小细节开始逐步建立起来的,但阅读似乎明显是个例外。

这项研究所用的工具非常原始,因此研究更显得了不起。几十年来,由于无法直接了解研究对象的认知,特雷斯曼、比德曼和波特这群善于思考的人巧妙地在严格控制的环境中,利用行为观察来寻找令人惊叹的线索。但这种方法也有局限性——归根结底,我们能从外部推断出的关于大脑的信息也只有这么多了。要从内部理解这些现象,还需要新一代技术。

这样的技术最终出现了——脑电图和功能性磁共振成像(fMRI)等神经科学工具为研究人员提供了前所未有的临床精确度。索普的论文是最受关注的研究成果之一,但相关成果远不止于此。麻省理工学院认知神经科学家南希·坎维舍(Nancy Kanwisher)及其学生完成的研究也同样重要。索普和比德曼等研究人员发现,人类具备快速准确的感知能力,而坎维舍团队通过功能性磁共振成像分析,确定了与之相关的大脑区域。脑电图测量的是整个大脑的电脉冲,它以极快的速度在大脑表面扩散,而功能性磁共振成像则通过检测特定区域的神经元活动,来测量血氧水平的变化。

研究早期的突破包括发现了"梭状回面孔区"(Fusiform Face Area, FFA),这是颞叶的一个皮质区域,大小不超过一立方厘米,似乎是为识别人脸而量身定做的。接下来是附近的"海马旁回位置区"(Parahippocampal Place Area, PPA),在识别熟悉的地点(比如自家厨房或常走的道路)方面发挥着类似的作用。另一个发现是"纹外躯体区"(Extrastriate Body Area, EBA),可以对周围人的手臂和腿等部位的摆动情况做出反应,帮助我们感知他们的身体方向。

这些被称为视觉神经关联的结构有一些特别之处:它们似乎都是为特定目的专门打造的。每个结构都能且只能识别特定类别的事物,如面孔、熟悉的地点、身体姿势等。这就解释了为什么我们在完成特定的识别任务时,能够达到惊人的感知速度。我们不需要从头开始,逐个细节地进行解码;我们神经系统的一个专用功能会立即启动,几乎在瞬间就能完成识别任务。从我们的感受来看,这种识别是毫不费力的。

在生物学上,个体在某些过程中所付出的努力程度可以说明很多问题。进化极致追求节约体力和脑力,导致生物体只对极端的环境压力做出反应,要么适应,要么灭绝。如果要使一种能力精进到如此程度,使如此复杂的事情变得自动化,那么这种能力必须具有根本性的、独一无二的重要性。

因此,视觉不仅仅是我们所看到的细节问题。虽然像特雷斯曼这样的研究人员提出,图像可以被分解、分层查看,特别是在严格控制的实验室条件下,但我们在混乱世界中生存所依赖的视觉需要处理的对象是事物、人物和地方。事实上,从最早的处理阶段开始,我们在感知周围环境时,并不是将其看作颜色和轮廓的组合,而是以类别的方式来理解。

这些发现本身固然令人兴奋,但它们之间的联系就像是尚未被发现的大陆海岸线,让人感觉别具深意。每一个新的想法都指向一些重大的(或许是历史性的)东西,正等待着被发现。这让我更加迫不及待地想要看到我们的实验结果。我们是不是就快揭晓谜底了?还是会迎来更复杂的问题?

✦

大多数日子里,彼得罗都会在上午到校园的红门咖啡馆,享用一杯卡布奇诺,而我也开始跟着他一起去了。我个人的经济状况并不支持我养成喝咖啡的奢侈习惯,但我喜欢观察他喝咖啡的过程。他会把自己的要求告诉咖啡师,拿到定制的咖啡后,再小心翼翼地加一点点焦糖,轻轻搅拌。对多年来不停东奔西跑的我来说,他的咖啡时间恰好提醒了我,生活中的简单时刻值得细细品味。

然而今天,我来到这里不是为了品味生活,而是另具战略目的:实验结果已经出炉,我想马上跟他分享。虽然彼得罗对自己的咖啡仪式全神贯注,但在咖啡时间跟他交流比吃午饭时更容易——吃饭的时候,他喜欢把我们的餐盘摆成五颜六色的画面,说像流行艺术家大卫·霍克尼(David Hockney)的作品。他所谓的"霍克尼拼贴画"主要是他在自娱自乐,一开始很有趣,但等他摆好我早已饥肠辘辘,不禁回想起他对艺术史的热爱曾经看起来多么高深。

他刚喝了一口卡布奇诺,我就翻开抄录了最新结果的笔记本,开始大声朗读起来。经过漫长的努力,我很自豪终于有了一些切实的成果可以跟他分享。就在我把数据逐个念出时,彼得罗变得和我一样兴奋。

"飞飞,这些数据……我是说,它们——"

"我知道!简直不可思议!"

在一次又一次的测试中,数据清晰地揭示出令人震惊的事实:我们的实验对象在完全专注于其他事情的情况下,也依然能够识别出真实世界场景中的照片。我们知道反应时间会很短,但实验对象的反应速度之快、一致性之强和准确性之高,都完全出乎我们的意料。大脑能够以惊人的辨别力和迅捷的速度识别出无数视觉概念,这是大脑的独特特点,不仅极其强大,而且似乎完全是自动的。

我很荣幸能为这项看起来正在对该领域产生影响的研究做出贡献,但最大的收获在于哲学层面。我们的研究成果跻身过去几十年的成果行列,表明人类视知觉的核心是一个简单的概念:我们的视觉基础在于识别定义明确的类别,也就是对事物的识别。彼得罗神情微妙,但他的喜悦之情明白无误地写在脸上，说明他也认同我的观点。我越发相信，我们即将揭开一切的奥秘。

✦

当我在加州理工学院的第二学年即将结束时，我已经阅读了大量文献，参加了许多研讨会和专题会。随着我们的实验结果的发表，我也看到了足够的第一手资料，因而认识到了一个重要的事实：视知觉依赖于分类。我们的大脑会自然而然地将我们所看到的细节归类为更广泛的概念，如物体、人物、地点和事件等。例如，在现实生活中，我们看到的不仅仅是简单的绿色和蓝色的图案，而是会看到在天空映衬下的一棵树。视觉在更高、更有意义的层面上发挥作用，用知识武装我们的头脑——我们可以想象树叶随微风摇曳的样子或夹在指间的感觉，我们也可以立刻估计出一根树枝的质地和重量，这两者都与高悬在数英里高空的不可触摸的大气层和彩色光线截然不同。

分类的能力赋予了我们难以估量的力量。视觉没有把我们埋没在光线、颜色和形状的无数细节中，而是把我们的世界变成了可以用语言描述的离散概念。有用的观念像地图一样排列在我们周围，把复杂的现实简化成我们可以一望便知、在瞬间做出反应的世界。我们的远古祖先就是这样在纯粹的混沌环境中生存下来的，世世代代的艺术家们就是这样从日常生活中提炼出美感和精华的，即使在今天，我们也是这样在这个日益复杂的世界中找到自己的方向的。

我读到的很多内容似乎都在强化这一观点。虽然特雷斯曼揭示了我们识别复杂物体的一种方式，但比德曼、波特和索普的研究成果提供了一种截然不同的可能性，大大增加了视觉研究的复杂性。他们认为，在某些情况下，大脑会完全绕过这种密集的自下而上的视觉信息处理方式。我们自己实验室的研究探索了在没有刻意集中注意力的情况下，视觉识别能够达到的程度。坎维舍的观点尤其具有启发性，他认为这种不可思议的能力是通过特定用途的神经元关联来实现的，这些神经元关联可以映射到现实世界中的特定事物。这些证据有力地证明了大脑在生理上倾向于快速、稳健地检测已知的视觉概念。

我们的视觉系统就像是某个神秘巨人以极大的耐心精雕细琢出的发条装置，而我们的研究工作像是其逆向工程。虽然发条装置的小齿轮在我们面前嘀嗒作响，但其神秘面纱仍然未被揭开，距离完全理解视觉原理还有很长一段路要走，但我们已经窥得一些非凡的东西。生物进化是宇宙中唯一能够从零开始创造真正智能的力量，我觉得我们正在复原其线路图，或者至少是其中的一些片段。

这也改变了我对自己所从事的计算机视觉领域的看法。虽然计算机视觉领域的灵感创意层出不穷，但它们都分散在各种各样的研究项目中，整个领域缺乏指向同一目标的共同协作，类似于那股千年来耐心地塑造了我们自己思维发展的专注力量。我不禁思考，如果这种情况改变了，如果研究人员能够联合起来，共同理解并重新创造了人类认知的核心理念，世界将会变成什么样子？

我很难想象各方协同可能会带来什么发现。人工智能的未来具有无限的想象空间，但我开始认识到，这并非首要问题。我越来越确信，解开人工智能之谜的理想第一步，就是迎接一个特殊的挑战：通过理解各种物体来理解视觉世界。毕竟，人类就是这样看到世界的。我现在相信，这同样适用于我们的机器。

我想到了我的榜样们，从物理学的传奇人物到我的教授。多年来，我一直崇敬激励他们成为科学家的思想力量，也敬仰他们在各自领域产生的激励效应。现在，我接受研究生教育不过短短几年时间，但我相信我在自己的视野看到了一丝微光，虽然遥远而朦胧，但足以照亮我前进的道路。无论采取何种方法，我们将要让机器熟悉视觉世界。我本身就比较执着，但这次的痴迷程度是前所未有的。

我找到了属于自己的北极星。

✦

屏幕上出现了一张喷气式飞机的图像，这次算法的任务是在照片上找到飞机。这是连蹒跚学步的儿童都能应对的挑战，但在 2003 年，机器只有在吸收了大量示例材料后才能应对。

即便如此，它们成功的概率也很低。那天下午，我和彼得罗测试了一个想法，希望能够大幅提高机器判断的准确率。我紧紧盯着屏幕，迫不及待地想知道算法会带来什么结果。

屏幕上开始出现粉色的圆点，这些圆点是视觉辅助工具，旨在突出照片中能够吸引算法注意的细节。第一个圆点出现在了停机坪旁的一片草地上，我微微皱了皱眉。算法找错了地方。但趋势很快逆转，接下来的两个圆点出现在了喷气式飞机的机翼上，接着又有一个圆点出现在飞机尾部。再接着，三个圆点出现在驾驶舱附近。最后一个圆点出现了——起落架。这也可以算，我想。严格来说，起落架也是飞机的一部分！

我兴奋地呼了一口气。到目前为止，一切都很顺利。

接下来是真正困难的部分。每个突出显示的特征只占据了几个像素，因此算法会将特征进行分组，每个组群都代表了所要识别的对象的较大部件。换句话说，算法通过这种方式大致标示了自己所识别的内容。飞机的每个部分周围绘制着彩色圆圈——蓝色和青色代表机身的不同部位，红色代表垂直稳定器，绿色代表两者的交汇处。果不其然，算法几乎精确地将它们放在了各自所属的位置。

飞机被成功识别出来了。

这是一个激动人心的时刻，但并非因为算法的成功识别，而是因为它的运作方式。以往的算法会首先学习数百张飞机的照片，涵盖尽可能多的颜色、风格、角度和光照条件，但在这次研究中，我们只给算法展示了一张飞机的图片。与此同时，我们还向它展示了数百张完全不相关的图片,包括有斑点的丛林猫、摩托车、人脸(我们用彼得罗新买的高级数码相机拍摄了实验室伙伴的笑脸),还有一些从谷歌图片上随机下载的图片。我们的假设是,先让算法充分接触视觉世界里丰富繁杂的各类事物,它就更好地具备了学习特定事物的能力。因此,虽然算法被训练识别过各种各样的事物,但它刚刚识别出的那架飞机是它见到过的第二架飞机——自它被设计出来后见到的第二架。

我们的创造只是概念验证,仍然存在一些错误。但我们的目标是证明算法和人类一样,能够通过看到更多的现实世界而广泛受益。现在,北极星已成为我视野里的一个坐标点,我们已经朝着这个方向迈出了真正的一步。

我们将这种技术称为"单样本学习"(one-shot learning)。这种技术与当时主流的图像识别方法背道而驰,但我们是从一个众所周知的能力中获得了启发。作为人类,我们天生就有一种神奇的本领,那就是可以仅凭对陌生事物的一瞥,再次遇到时就能认出来,不管是一样新的乐器、一种我们从未见过的动物,还是一位新当选的政治家。我们可以对这种能力做出多种解释,但其中最简单、最有力的解释是,即使面对全新的事物,无论多么新奇,我们也会借助一生的经验来加以理解。我们所看到的几乎一切都深深地融入了过往的经验——轮廓、光影、纹理和图案等熟悉的细节,以至我们很难想象能真正孤立地看到任何东西。

我们的技术将这一概念引入了机器,而且看起来效果不错。如果说实验结果是一个惊喜,那么我们的论文所受到的欢迎程度则是超乎想象的。这是一次突破性的成功,我们的论文不仅被在法国尼斯举办的国际计算机视觉会议(International Conference on Computer Vision,ICCV)所接受,而且为我们赢得了为数不多的口头报告的机会。虽然这篇论文是与彼得罗和另一位名叫罗布·弗格斯(Rob Fergus)的研究员共同撰写的,但我是主要作者。这意味着此次旅程的荣誉和责任都属于我。

在国际计算机视觉会议上发言是一个难得的机会,尤其是对一个研究生来说。然而,我可以说完全没有在如此重要的听众面前发言的经验,因此感到压力重重。更糟糕的是,彼得罗不能跟我一同前往。他和妻子的第一个孩子即将出生,预产期近在眼前。这是我第一次参加学术会议,也是我第一次登台演讲,而我要独自前往了。

✦

在飞往法国尼斯的航班上,我没有时间紧张,因为还有要务在身。在加州理工学院的工作让我一直忙得不可开交,而在约 9100 米的高空安静飞行的 13 个小时,是我唯一可以用来准备演讲稿的时间。在旅途的大部分时间里,我都低着头,以最快的速度撰写演讲提纲、制作幻灯片。

然而,一到会场,我就强烈地感受到没有彼得罗在身边,我心里是多么没底。按照惯例，学生第一次参加会议时，无论是否做报告，导师都要陪同出席，以示支持，同时也可以帮助学生建立人脉。我开始逐渐意识到，我置身于一个挤满数百名陌生人的活动大厅里，不得不独自应对一切。紧张感开始涌上心头。

"飞飞？"一个声音在我身后响起。我转过身，发现一张陌生的面孔正俯视着我。

"是的，你是？"我小心翼翼地回答。

"终于见到你了，真是太好了！我是吉滕德拉。"

"吉滕……哦！吉滕德拉·马利克吗？你……"

"是啊，你知道我是彼得罗以前的导师吧？"他笑着说，"他让我来陪你。你不会以为我们会让你一个人来这里吧？"

虽然我听过吉滕德拉的名字，当然也知道他响当当的名声，但这是我们第一次见面。我倾向于从家庭的角度来看待学术关系，所以我把导师的导师视作我的"师爷"。他的陪伴让我倍感平静和鼓舞，他完全无愧于这个称谓。演讲结束后，我被一群渴望了解更多细节的研究人员团团包围，而吉滕德拉成了我的救星。有他陪着，就算他什么都不做，我也觉得这不堪重负的一天可以熬过去。我们之间也就此开启了一段持久的友谊。

在我的演讲结束后，大家展开了热烈的讨论。我突然意识到一件微妙的事情——我被问到的每个问题都与算法本身有关：你是如何建立贝叶斯方程来估计后验概率的？你是如何估计图像的先验分布的？你提到使用最近提出的变分推理算法来优化模型参数，能详细说说吗？在未来的改进中，你打算如何扩展算法？算法在不同情况下可能会有什么表现？

我们选择的机器学习算法的数学核心是"贝叶斯网络"（Bayesian network），这是一种概率技术。接二连三的问题都是有关这种技术的，但没有一个人问及我们训练算法时所用的数据。数据被公然视为一种惰性商品，只在算法需要时才重要，虽然这种观点并不稀奇，但我开始意识到，有一些重要的东西一直都被低估了。

我们算法的决定性特征是能够从只看过一次的图像中学习新的事物类别，而这一特征对数据的依赖极大。究其根本，是因为我们的算法已经见识到林林总总的各种事物，获得了感知体验，才可以在面对新事物时展现出卓越的识别能力。

事实上，我越想越觉得奇怪。数据具有微妙而神奇的力量，为什么这个话题从未得到任何关注呢？我们的实验材料极少，只不过是从几个随意选择的类别中拿出几百张图片，却获得了意料之外的结果。这不禁让人思考：如果少量数据就可以实现如此强大的能力，那么更多的数据又将带来什么呢？这个问题越想越觉得具有启发性。

如果数据量大得多呢？

✦

"差不多了……等一下……"我又跟彼得罗在红门咖啡馆

一起吃午饭,他又要把我们的拼盘摆成他的霍克尼拼贴画系列新作,我又浪费了几分钟的用餐时间。"完工!"

"嗯,非常漂亮。"我说。我现在连假装欣赏的样子都不做了。

彼得罗微笑着看着他的作品,他显然察觉到了我的不耐烦,但他并不在意。我从他手里拿回托盘,开始吃饭。

"我一直在想我们的单样本学习论文。"他转移话题说,"我为我们取得的成就感到自豪,但我们都知道,数据才是真正的主角。"

我一边咀嚼一边点了点头。

"所以我们要是创建一个全新的数据集,你觉得怎么样?这次的规模要更大。我觉得我们可以从头开始全部自己来做。"

我继续点头。

"我的意思是,如果所有这些新数据本身就是达到下一个阶段的关键所在呢?"

这是一个大胆的想法,足够冒险,但也有一丝成功机会,所以会很有意思。

"那我们从最显而易见的问题开始:我们的新数据集应该包含多少个图像类别呢?"

我放下叉子,思考了片刻。加州理工学院有史以来最大的数据集中包含了 7 个随机选择的类别,所以明智的做法似乎是稍微增加一点儿,凑个整数。

"10 个怎么样?"我提议道。

彼得罗皱了皱眉头："是比之前多了点儿,但我觉得是不是有点儿过于循序渐进了?"

我欣赏他勇于冒险的精神,但也不得不考虑现实情况。我知道收集、标记和组织图像的实际工作将会落在我身上,所以我总是尽力平衡我们的研究需求和日常生活的实际问题。

"好。那就 15 个?"

彼得罗听到后狡黠地笑了笑。

"好吧。20 个!"

他仍然不为所动。不会吧?

彼得罗后来告诉我,我提的数字已经很接近了,因为他本来想着 30 种应该差不多了。但他注意到我俩之间的对话似乎变成了一场谈判,而且我的态度非常慎重,于是他决定采取一种进攻的策略。

"我们搞 100 个吧,飞飞。"

彼得罗后来告诉我,当时我脸上的表情就像是被他判了死刑。这里面涉及的工作量太大了,未来几个月,我可能会丧失部分理智,还可能牺牲我渴望的社交生活(诚然这部分损失并不大)。但他的提议没错,一想到我们的模型在这种资源下的表现,我就会情不自禁地兴奋起来。不过,为了不让他得意,我尽力让自己淡然地接受了这个提议。当然,要做到不露声色,我还得再修炼几年。

随着我们的极限对话场景从记忆中逐渐消失,我对这个计划的看法也发生了改变。是的,策划 100 个类别的图片,让每个类别都包含各种各样的例子,这比我这辈子做过的任何事情都要费力(包括周末在干洗店干活)。但这恰恰是我想要的。我的北极星在地平线上闪烁,比以往任何时候都更加明亮。

"喂,飞飞。"

"妈妈,爸爸还好吗?店里怎么样?"

"有个顾客要改衣服,他不停地说一个我不熟悉的词,我觉得好像说的是缝什么吧,但是……"

接着是一阵奇怪的停顿。"飞飞,我……"

她的呼吸越来越急促。我能听到她在电话那头的声音,但她似乎无法做出回应。

"妈妈?妈妈?你没事吧?"

坏消息总是在最不合适的时候出现。两年的研究生课程已经让我的体力和毅力达到了崩溃的边缘,在这个时候得知母亲患上充血性心力衰竭,我的感受无法用语言来表达。

事后看来,几个星期前她就明显感觉不舒服了。

家里的干洗店基本上相当于母亲独自一人在经营,压力巨大。我以为她只是需要休息一下,于是让她来我这边几天。但下了飞机后,母亲呼吸困难,面色苍白,我这才意识到她的病情比我想象的要严重得多。显然情况已经非常紧急,但父母都没有医疗保险，我也不知该如何应对。惊慌之下，我给所有我能想到的人都打了电话，最终有人介绍了一位在尔湾一家私人诊所工作的会说中文的医生。虽然开车过去要将近两个小时，但她是唯一一位愿意接待自费患者的医生，还好心给我们打了折。医生很快就做出诊断：母亲的心脏状况十分糟糕。

萨贝拉先生依然是我的安慰之源。"你妈妈怎么样了，飞飞？"

"医生说没有生命危险。还好我们及时发现了。"

"谢天谢地，你还好吗？"

我叹了口气，把一切都和盘托出——我们家最新也是最不得已的计划。我们的干洗店已经经营了七年，现在我们别无选择，只能把店卖掉。当年，在所有其他选择看起来都遥不可及的时候，干洗店成了我们家的救命稻草，然而，由于母亲的病情严重，就算父亲能帮忙，她也没有办法再经营下去。虽然生意尚可，但我们赚的钱远远不够雇人帮忙。是时候另谋出路了。

我还有一个更极端的决定：让父母搬到美国另一端的帕萨迪纳和我一起生活，我们再次共同面对在美国的生存问题。我的宿舍比我们在帕西帕尼的住处还要小，但这是我们目前唯一的选择。

萨贝拉先生在电话那边沉默了许久。"你还会继续你的学业，对吧？"他似乎察觉到了一些连我自己还没有去面对的东西。

"我不知道。"

又是一阵沉默,直到我笑着说:"你觉得我至少可以在报税单上把父母申报成为我的受扶养人吗?"

一个新的现实正在浮现,它如此复杂,动摇了我以物理学专业学生的身份走进普林斯顿大学报告厅以来所做的每一个决定。毕生的好奇心把我带进了一个竞争激烈、薪酬低廉、无法保障长久职业生涯的领域,而我的父母现在需要我无法提供的支持。我每天都在追求自己的梦想,这让我觉得自私至极,甚至过于鲁莽。我的实验室伙伴大多来自中产阶级,有些甚至家境非常富裕。我越是反思与他们家庭之间的差异,就越难以否认这样一个事实:成为科学家是一种奢望,我负担不起。

但故事并没有到此结束。

几周后,一位同学提到,世界知名管理咨询公司麦肯锡的合伙人过来招聘了。他们正在寻找一个实习级别的分析师,这个职位将提供丰富的在职学习机会,这意味着常春藤盟校里只要跟数学和计算机科学有一点联系的研究人员,都可以成为理想的候选人。在真正绝望的时刻,这似乎是一个值得考虑的机会。

当然,我以前也经历过这种情况。我的学术目标和现实生活之间一直存在冲突,我很想把这次事件也当成最近的一次小冲突。但这一次,我内心科学家的声音与以往不同。在母亲的健康状况受到新一轮的打击后,它变得不那么坚定,就连我内心那个特殊而戒备的部分也开始屈服了，我知道自己不能永远无视现实。我把犹豫抛到一边（这一举动现在竟然出奇地容易），买了一套远超我预算的衣服，小心翼翼地把标签藏在领子下面，这样穿完后马上就能退货。我申请了一次面试。

跟我预料的一样，一切都感觉很不自然，但我无法忽视的是，命运似乎从一开始就很眷顾我。这可能是我第一次有机会在学术世界之外以一个完全成熟的个体身份展示自己，我充满了平日里没有的信念。当然，我是个不折不扣的书呆子，但这只是我的一面而已：多年的奋斗锻炼了我，让我拥有其他候选人从未有过的拼搏精神，以及一种实用主义本能（我现在才意识到，这种务实使我与众不同）。然后，一个近乎滑稽的巧合出现了。

麦肯锡公司的代表首先说道："我们喜欢围绕假想的商业场景来组织面试。当然，没有人指望你真正了解这个行业，所以就把它当成一种创造性的练习。我们只是想了解你的直觉，你知道，就是分析推理之类的东西。"

很简单，我想。

"我想让你想象你是一位经理，比方说，服装业的经理。"

哇。

面试开始时不过是例行的评估，却意外地逐渐演变成一场内容丰富的对话，从我对物理学的热爱和对智能奥秘的痴迷，到洗衣店供应商的世界，再到我作为干洗店主管的业余职业生涯，等等。尽管感觉很不可思议，但谈话似乎进行得非常顺利。

招聘人员显然也是这样认为的。麦肯锡公司立即给了我肯定的回复,并决定将我的实习机会转为长期的正式职位。

我的心中五味杂陈,难以言表。一方面,我将要抛下这么多人和事——加州理工学院、彼得罗、克里斯多夫、吉腾德拉、我的同学们和我所知道的一切,最糟糕的是,要放弃追求一个具有历史意义的梦想的天赐良机,放弃我的北极星,一想到这些,我的胃里就感到一阵阵难受。另一方面,我亲眼看到父母多年来濒临绝境,越来越觉得他们是为了我才做出这么大的牺牲。这份工作似乎让我终于可以卸下长久背负的重担,而我却从未充分认识到这个重担的分量。为了我能来美国,母亲已经付出了一切。我知道现在是她最需要我的时候,我终于可以报答她了。我径直回到家里,准备分享我认为的好消息。

"飞飞,你穿这个去实验室了吗?"

我低头看了看——我都忘了自己还穿着面试的衣服。"哦,是的。"我敷衍一笑,"别担心,这套衣服特别划算。"我说着,向她展示了依然完好无损的标签。

"发生了什么事?"她更加困惑了。最近的生活太混乱了,我还没来得及跟父母说我的计划。

"妈妈,我们得聊聊。"

我跟她说了面试、工作机会和其他所有的一切,告诉她待遇、起薪,以及在我还没来得及答复之前,他们就已经提出了优厚的待遇。我解释说,无论从哪个角度来看,这都是通往每个移民母亲都希望自己孩子拥有的职业生涯的捷径。她礼貌地听着,但我还没说完,就在她脸上看到了那种熟悉的表情。

"我们真的要再次讨论这个问题吗?"

"妈妈,我知道,但听我说——"

"我了解自己的女儿。她不是管理顾问,或者其他什么职务。她是个科学家。"

"想想你的身体吧,妈妈!想想我们的开销。搞学术能给我们带来什么呢?"

"飞飞,我们走到这一步,不是让你现在放弃的。"

"这不是放弃!这是我梦寐以求的工作,一份事业,可以让我们摆脱目前的困境。看看我们现在活成什么样了!三个大人住在一个宿舍里!"

我不确定自己是否相信这些话,但它们似乎是对的。母亲停顿了一会儿,也许是在思考这些话,然后回答说:"飞飞,你一直在说自己走的路很'自私',就好像你追求科学是在牺牲我们一样。"

"我怎么能没有这种感觉呢?我现在本来可以养活咱们全家,而且——"

"你没明白我的意思。这从来就不是你一个人的路。从一开始,这就是我们全家的路。不管你是注定要成为科学家、研究员,还是其他我没有办法想象的职业,也不管你能不能从中赚到钱,从我们的飞机离开上海的那一刻开始,我们全家就一直在为这个目标努力。"

我不知道该说什么。

"我再说最后一次：我们走到这一步，不是让你现在放弃的。"

她是对的。她总是对的。这一次，不知什么原因，我终于听进去了她的话。我再也不会质疑自己的道路了。

✧

"嘿，那狗叫什么？"吃午饭的时候，我隔着空荡荡的实验室问一位同学。

"哪个？"

"就是身上有棕色和白色的毛，可能还有点儿黑色，耳朵耷拉着，特别可爱的那个。天哪，我一点儿也想不起来这种狗的英文名叫什么了。"

我们在思考只有研究生才敢面对的宇宙级问题。

"我知道是字母 B 开头的……等等，别告诉我……"

我伸手去拿书桌上的那本英语词典。我成为美国人已经将近 10 年，尽管互联网逐渐取代了我们生活中的许多物品，但这本字典仍然要偶尔充当我的救命稻草。我翻了几页，一直往下扫视，直至看到……

"对，是 Beagle！小猎犬！"

"好吧，小猎犬怎么了？"

我停下来，又看了看那一页。我都忘了自己为什么会提起这件事，但没关系。我突然意识到另外一件事。

我和彼得罗的目标是建立一个包含 100 个图像类别的数据集，但我们一直在苦苦思索如何决定应该包括哪些类别。我们担心如果由我们自己来选择，结果可能会带有偏见——甚至在潜意识里，我们会倾向于选择我们知道算法更有可能成功识别的图像类别。

我眯起眼睛，更仔细地看了看词典。词典对某些词的解释有一种优雅的意味。大部分词是名词，强调的是有形的、看得见的东西——换句话说，就是物体，或者像小猎犬那样的动物。这些看上去正是我们想要的类别。而且每个字母开头的名词数量基本是均匀的，我觉得分布得很公正。于是我想：让词典来替我们做选择，如何？

一切堪称完美。这么多年我一直带着这本板砖一样的大词典，现在它竟然成了我作为计算机视觉研究人员实现理想抱负最有用的工具。看来，有时候移民身份还是有好处的。

抛开早期的灵感乍现不谈，建立完整的数据集耗时漫长、进展缓慢，而且无聊乏味。我们花了几个月的时间手动查询图像搜索引擎，挑选出最好的结果，然后裁剪和调整照片的尺寸，确保一致性。一个由三到四名本科生组成的小型标签团队也参与到其中，已经搬来与我同住的母亲也想办法帮忙。

虽然图像整理是个苦差事，但这个过程让我深受启发。在对视觉世界的多样性进行深入思考之后，我开始以一种前所未有的方式看待这个世界：视觉世界本身是单一的现实，其中包含了手风琴、搅拌机、手机、龙虾、比萨、停车标志、雨伞和其他各种各样的东西。这是一种诗意的存在。我意识到这个世界是多么丰富多彩、变幻莫测，而我们留意到的细节却少之又少。

浩大的工程终于完成。我们的图像集于 2004 年完工，成为有史以来为机器学习配置的最大规模的图像集合，里面有超过 9000 个图像，分布在 100 个类别中。这是前所未有的，我迫不及待地想看看这个图像集能解锁什么奥秘。我们觉得自己被赋予了前所未有的力量，就好像突然拥有了一件超自然的神器，将赋予我们的创作难以想象的能力。另外，我还忍不住实现了一个细节：我独自完成了一个新类别的图像整理，虽然耗时耗力，但我想用这种开玩笑的方式"嘲笑"导师。如果彼得罗想要 100 个类别，我就给他 101 个。

新数据集的官方名称叫"Caltech 101"（加州理工学院 101 类图像数据集），这套训练图像集内容极其丰富多样。我们现在的模型利用了 Caltech 101，性能显著提升，于是我们立即发表了一篇关于单样本学习论文的后续文章。无可否认，模型准确度的提升只是在原来基础上的增量，因此它并没有像第一篇论文那样获得突破性成功，至少在一开始没有。但这个模型树立了更加持久的典范，成为其他开发团队效仿的榜样。模型绘制的性能曲线成为行业基准；在六个月内，来自世界各地的研究人员都将我们的论文引作标准，其中很多人的模型还超越了我们的模型。发表自己的研究成果固然令人兴奋，但知道自己在为他人的构想做阶梯，哪怕只是在他们成功推动该领域发展的过程中扮演了微不足道的角色，也让人无比激动。

✦

很明显，加州理工学院的生活不会轻松，但我对这里的感激之情比以往任何时候都更加深厚。我们卖掉了干洗店，这是我们来到这个国家以来，母亲第一次有机会休息（我也很开心——以后再也不用为了什么浆洗过度的衬衫裙接到长途电话了）。最重要的是，我对学业充满了热情，几乎付出了全部努力，以至每天都会感到筋疲力尽。

幸好，在加州理工学院，不难找到像我这样痴迷的人。我在彼得罗的办公室外就遇到了这样一个人。当时，我听到两个明显是意大利口音的声音，我很快便得知，除了我熟悉的彼得罗，另一个声音来自我尚未谋面的研究生同学。他身材高大，说英语时意大利口音特别重（相比之下，彼得罗可以说没什么口音了），他满头乱蓬蓬的卷发，在房间的另一头显得格外显眼。那天他正好赶时间，在彼得罗介绍我们彼此认识之后，我们的第一次见面就匆匆结束了，很快我就忘了这件事，不过我记住了他的名字：西尔维奥。

西尔维奥会来参加我们的实验室会议，很快就吸引了我的注意。跟我一样，他经常以讨论艺术作品作为演讲的开场白。他很喜欢埃舍尔的《手与反射球体》和维米尔的《戴珍珠耳环的少女》等作品,而这些作品都与他在研究中探索的视觉世界的各个方面有关——扭曲表面反射的轮廓、金属表面的闪光,以及日常物品的三维本质。当然,这些赏心悦目的画作很快就让位于堆积如山的方程式。我们在一起的时间越长,我越意识到我们之间有一个共同点,那就是无论在什么情况下,我们都无法抑制自己的好奇心。

"快看!看那辆摩托车!"他兴奋地大喊,完全破坏了原本只是一次轻松校园散步的气氛。

"怎么了?"

"你看到镀铬排气管了吗?看到反光了吗?这里面包含了很多信息。你看到了没?排气管的弯曲方式?"

"对,我明白你的意思。"

"但问题来了——到底什么叫'反射'呢?反射只是表面周围世界的扭曲图像而已!这个扭曲的方向跟排气管的弯曲方式几乎完全相反,但我们却能够从反射的图像中获得足够多的信息,毫不费力地在大脑中想象出排气管的形状。这就是我们想要设计的算法。"

我心想,天哪,这家伙真是个呆子——不过,我俩呆到一起了。

✦

我是两个实验室的学生,一个是彼得罗的电子工程实验室,一个是克里斯托夫的计算神经科学实验室。我每周跟他们分别见一次面,参加期刊俱乐部,一起评论神经科学和计算机科学方面的最新文献。另外,因为两个实验室都免费提供食物,所以我的饮食状况比预期的要好。然后,西尔维奥出现了,我们陷入热恋,虽然两个人都特别忙,但有限的闲暇时间总会在一起度过。

随着我在加州理工学院的岁月流逝,另一种东西在我内心深处扎根发芽。我反思了我们所做的一切:我们的心理物理学实验,我们对单样本学习算法的研究,我们对 Caltech 101 数据集力量的展示,我们阅读的几十年的文献。我同时跟随两位导师,他们带领我在不同的道路上探索,让我拥有了非常特殊的研究生教育。我开始理解我们工作的优雅之处。我们所做的一切都绝非偶然;我比以往任何时候都更加确信,分类是连接一切研究的核心思想。我也相信,事实将很快证明,分类在理解视觉(甚至整个人类智能)方面起着至关重要的作用。

那么,为何进展依然如此缓慢呢?

总结成一句话来说:因为我们的算法出现了数据科学中所说的过拟合现象(overfitting)。也就是说,无论算法设计得多么巧妙(我们探索了所有能找到的算法),即使是那些在测试中表现最好的算法,在遇到新的刺激时,也会很快出现问题。那些看似经过有效训练的算法,却无法将它们所学到的知识,或者说它们本应学到的知识,应用于现实世界。从本质上讲,这与人类的感知能力恰恰相反。人类的感知能力是由泛化能力决定的，泛化能力增强了我们的灵活性和适应性，甚至让我们富有创造力，让我们能够随时利用新想法的力量锐意进取，而不是停留在过去的经验中止步不前。任何缺乏泛化能力的生物都会很快被自然界的不可预测性击垮，因此这种能力是生物进化思维的关键特征。然而，对机器来说，泛化在很大程度上仍然是遥不可及的。

在我们试图解开过拟合之谜的过程中，算法本身是一个自然的起点。具体来说，需要研究算法如何从训练数据中学习。我们探索的大多数算法都非常复杂，无法手动配置，用专业术语来说，是"计算难以实现"。其中包含的无数参数的排列组合范围庞大无比，就像一个延伸到视野之外的旋钮和开关控制面板。相反，自动化技术通过长时间的迭代试错，可以接近理想的参数平衡。多年来，相关技术的改进一直是计算机视觉研究的重要支柱。

但 Caltech 101 鼓励我们更深入地思考数据，这反过来又激发了我们的好奇：等式这一边的数据是如何导致过拟合问题的呢？毕竟，如果没有数据，"机器学习"中的"学习"对象就不存在了。尽管数据的重要性不言而喻，但这个话题缺乏物理学、数学或统计学所具备的精确性。像彼得罗和吉滕德拉这样的研究人员是为数不多的几个对数据进行了深入探索的人，我认为他们形成了理解这一问题的最佳直觉。我们发表的论文似乎表明，随着数据集的增大，我们的算法的能力也相应提升——至少相对而言是这样。即便如此，数据的筛选感觉更像是黑魔法，而不是一门科学。

我开始思考我们可能犯了哪些错误。也许应该调整训练图像的方向？或者增加数据的多样性？是分辨率的问题还是相机质量的问题？或者，有没有可能 101 个类别都不够？——我都不愿意往这个方向想，更不用说将它说出口了。我对这些问题思考得越深入，它们就越明显，甚至是紧迫。但据我所知，在视觉研究领域还没有人提出这些问题。

我们的优势是数据量，可就连数据量的问题也显得扑朔迷离。我不得不承认，其实 101 这个数字并没什么特别之处，它不是经过证实的结果，甚至不是从理论中推导出的原则性估计。这只是我和导师在摆得像霍克尼画作一样的午餐盘上玩"胆小鬼游戏"的结果。这并不是突破性进展的前奏，难道这真的有那么令人惊讶吗？我再次回到文献中，这次是怀着复仇的心情。如果不是 101 个类别，那应该是多少个？200 个？500 个？还是 1000 个？我想，拜托，千万别是 1000 个。我下定决心，无论如何都要在茫茫文献中找到一丝线索。

我费了一番功夫，终于找到了一些资料。这些资料甚至来自一个熟悉的来源——现代视觉研究成果的主要贡献者之一欧文·比德曼。他的这篇论文发表于 1983 年，我上次读这篇文章已经是好几年之前的事了，应该是在凌晨两点跟其他一堆文献一起浏览的。现在，我们已经对单样本学习进行了大量探索，并真正实现了视觉分类的梦想，从中学到的一切让我开始以一种崭新的视角重新审视这篇论文的观点。

比德曼在论文中探讨的话题与我的研究领域并不直接相关，但其中的内容却非常有趣。他讨论了如何利用基本几何形状的知识来识别复杂的物体。在论述和推导结论的过程中，比德曼试图回答一个看似简单的问题：世界上大约有多少独特的"事物"类别？也就是说，如果把所有的事物都相加——包括"摇椅""企鹅""跑车""拉布拉多""山"和其他所有东西——总数会是多少？

这个问题听上去更像一个谜语，而不是科学挑战。但是，比德曼采用了一种基于对英语语言的分析的独特方法，令我非常钦佩。单词在帮助我们对所见事物进行分类方面发挥着基础性的作用，因此他推断，对所有离散且可量化的事物的单词（即英文中的可数名词）进行计数，将是一个很好的起点。然后，他又计算出每个可数名词有多少个真正不同的变体，就像"杯子"这样单一类别的物体可能包括带华丽把手的白色茶具、色彩鲜艳的咖啡杯和普通的透明玻璃杯。由于某些类别比其他类别更具多样性，他通过假设一个合理的平均值将问题简化为一个简单的乘法问题，从而计算出总数。

其中的逻辑简单明了，但他的想法之所以如此具有颠覆性，是因为其规模之大。这个想法立即揭示了我们的研究是多么有限，我们的想象力是多么有限，而这两者之外的世界又是多么广阔。这篇论文是一份模糊的影印版，但感觉就像比德曼在直接对我说："你想要突破吗？这就是代价，这就是需要付出的。"

比德曼的数字可以为我们研究人员所追求的雄心壮志提供蓝图，而这个数字是巨大的。无比的大。不是 1000 个，不是 2000 个，甚至不是 5000 个。当然，更不是我们花了几个月搜集的那 101 个类别。

是 3 万个。

我完全不知道要对这个数字作何感想。创建 Caltech 101 已经让我感觉像是一项无比艰巨的任务，而现在又多了两个数量级。但我已经无法回避这个问题了。他的思想极具价值，具有真正的洞察力，其能量几乎在通过印在纸上的数字迸发出来。更重要的是，我知道无论这个数字注定要带我去哪里，我都将独自前行。我的研究领域仅仅专注于算法，但我对数据思考得越多（尤其是大规模的数据），我就越意识到，这是一个完全未开拓的领域。世界已经选择了它的方向。但我的北极星正引领我向另一个方向前行。

07

一个假设

A Hypothesis

✦

ImageNet 不仅是一个数据集,它是一个假设、一个赌注,即实现真正机器智能的第一步,是沉浸在完整的视觉世界中。这个赌注无论被证明是对是错,我都做好了准备。但我没想到,它被忽视了。

.

我开车沿着 206 号公路疾驰,阳光透过绿荫的缝隙洒落下来,闪烁着一个个刺眼的光点。这条蜿蜒曲折的双车道公路很好开,两旁是高大的乔木,透过树冠的缝隙,会不时露出地平线上的小镇。但我却无暇留意这些美景。我的思绪完全沉浸在另外一个世界。我能集中注意力不至开错车道,但也仅此而已。

此时,我从加州理工学院博士毕业刚刚一年,但生活已经发生了翻天覆地的变化。母亲又病了,这次的病情比以往任何时候都严重,然后又突然稳定下来。我也找到了第一份真正的工作,成为伊利诺伊大学厄巴纳 - 香槟分校的助理教授,并获得了相应的医疗保险。我和西尔维奥结婚了。他也找到了一份工作,不过是在密歇根州。值得感恩的事有很多,但我确实是刚刚开启学术生涯、个人生活动荡不安的典型代表——我结婚了,但却是分居两地,而且仍然和父母住在一起。

对视觉分类本质的研究仍然是我世界的中心。我受邀回到普林斯顿大学，向计算机科学系介绍自己最新的研究成果。对我来说，做讲座已经驾轻就熟，但我感觉到这次邀请另有深意——这是招聘程序的第一步，可能会给我带来在普林斯顿大学的教职。我还不习惯这么大的利害关系，也很庆幸自己养成了每次回到新泽西就先拜访萨贝拉夫妇的习惯。从他们家到母校的蜿蜒道路给了我足够的时间来思考。

不过，我想得最多的并不是讲座，甚至不是我的职业生涯。比德曼估计，要为理解视觉世界提供一个完整的基础，大约需要 3 万个独立的概念。自从我偶然知道这个数字后，我的生活就完全改变了。这个不起眼的五位数成了我脑海中的黑洞，几乎每时每刻都占据着我的思维。

一方面，我的直觉与比德曼的一致，我能感觉到他的数字就是对的。"3 万"看上去就像一个证据，是我能以某种方式使用的数据。不过，很明显，他从来没有把"3 万"当作源于经验的确切数量。这是一个典型的估算，与其说是个假设，不如说是举例说明。然而，出于某种原因，这个数字多年来始终萦绕在我的脑海中。

这个数字启发了我的思维，让我对以前从未想象过的规模有了新的认识，但除此之外，它并没有给我带来什么解决之道。3 万这个数字当然很有吸引力，但到底是 3 万个什么呢？我相信，肯定不是将 101 变成 3 万、创建包含 3 万个随机选择类别的数据库这么简单。这样的数据库肯定不仅仅是词典里的一套图解概念。它甚至可能不仅仅是对世界特征的描述，而是对世界进行整体建模的起点，可以逐个描绘出完整的地球生活图景，并暗含事物之间的关系，这样才可以反映整个世界的真正意义。不过这仍然只是我的猜测。

车辆疾驶，时间流逝，我又开始陷入白日梦。太阳石油公司加油站黄蓝相间的标志映入我的眼帘，引发了一连串回忆：以前驾车时沿途的印象不断闪现，色彩和情绪交织在一起，有的细节清晰，有的细节模糊，所有的记忆都被朦胧的色调包围，内容丰富，令人回味，却永远无法聚焦。然后，我不由自主地露出了微笑，因为我的脑海中浮现出一些具体的事物：萨贝拉先生提到他每天从巴德湖的家到帕西帕尼高中都要走这条路，还有他总是一丝不苟地跟踪油价——公立学校教师的工资微薄，他要尽量减少油价对钱包的影响。

正是这些看似再平常不过的时空场景激发了我的执着。这才是视觉的真正意义所在。视觉不仅仅是一种"感觉"，至少不是那种可以用温度计或盖革计数器测量的"感觉"，而是一种体验的催化剂。加油站的招牌在我每小时80千米的车速下一闪而过，它的颜色让我的大脑释放出了大量信息和情感。视觉是定义人类思维情感最为重要的能力之一，是通往整个记忆、联想、概念和推理世界的入口，所有这些都交织在我们与周围环境的视觉联系中。

我的思绪回到了在普林斯顿大学的演讲。至少，这是一个我有机会解决的问题。

✦

"我不知道一个语言学家为什么去听一个计算机视觉讲座，飞飞，但我很高兴他去了。"

坐在我对面的是克里斯蒂安·费尔鲍姆（Christiane Fellbaum）。她是一位计算语言学家，也是我在演讲结束后的几天里遇到的众多普林斯顿大学的教师之一。她本人并没有出席讲座，但她的一位同事刚好在听众席上。这位同事觉得克里斯蒂安会对我的研究感兴趣，于是在我的演讲结束后立即介绍我们两个认识。

克里斯蒂安在语言学领域的工作与我的工作几乎没什么关联，但我们的工作有一个关键的共同点：我们都深受认知科学的影响，也都对理解（甚至绘制）大脑如何对世界进行概念化有着极大的兴趣。在研究人类视觉的过程中，对感知的内容进行分类的方式深深吸引着我，而这也是她工作中的核心部分，我们的研究内容非常相似。我们都相信类别是视觉（我们看到的事物）和语言（我们描述事物的方式）之间的交叉点。与她交谈了 20 分钟后，我突然意识到，我甚至不知道是否应该讨论一下工作机会的事。但不管怎样，这件事已经不是关注重点了，因为她接下来问的问题将永远改变我的职业生涯和人生。

"你听说过一个叫 WordNet 的项目吗？"

我随后了解到，WordNet 是心理学和认知科学领域的传奇人物乔治·阿米蒂奇·米勒（George Armitage Miller）的杰作。乔治出生于 1920 年，是当代最具影响力的心理学家之一。他与其他心理学家一同致力于超越人类行为的表象，建立起驱动人类行为的心理过程模型。因此，他自然而然地就对语言结构及其在思维中的作用产生了兴趣。他想通过 WordNet 以极其庞大的规模绘制出语言结构图。

这个项目的灵感源于两个同样雄心勃勃的问题：如果我们能够将人类通过语言表达的每一个概念都组织到一个庞大的单词数据库中，会发生什么？如果这些单词不是像词典中那样按照字母顺序排列，而是根据它们之间的意义联系进行连接，会造成什么影响呢？例如，我们不因为拼写接近而把"apple"（苹果）这个词与"appliance"（器具）进行关联，而是将它与"food"（食物）、"fruit"（水果）、"tree"（树）等一系列相关的词汇进行集群配对。这样形成的词汇数据库就像一张地图，将人类所珍视的一切（也就是我们用词汇描述的一切）排列在一个相连的空间里。简而言之，这就是 WordNet。

1985 年启动以来，WordNet 已经发展到极其庞大的规模，收录了超过 14 万个英文单词，并迅速扩展到新的语言。对时任全球 WordNet 协会（Global WordNet Association）主席的克里斯蒂安来说，这几乎成了一份全职工作。WordNet 数据库范围极广，耗时甚久，而且为了精确指导其发展，多年来克里斯蒂安投入了繁重的协调工作，让我深感敬畏。一想到自己只是花了几个月时间,找了几个本科生来给 Caltech 101 搜集图像,我就感到相当惭愧——Caltech 101 的分类深度还不到 WordNet 的千分之一。此时此刻,我也受到了 WordNet 的鼓舞,这种感觉久违了。

WordNet 是一个启示。自从大约四年前偶然发现比德曼的数字,只要我醒着,就几乎无时无刻不在思考这个问题。而 WordNet 给了我答案,或者至少是启发。WordNet 是人类意义的地图,在覆盖范围和内容真实性方面都很出色,虽然我还不知道计算机视觉如何才能达到比德曼所设想的规模,但至少我现在有了证据,证明这种努力是可行的。我的眼前第一次出现了一条道路,我看到了前行的下一步。

为了帮助我加深理解,克里斯蒂安又提到了一个相关的项目,旨在用视觉示例(如照片或图表)来阐释 WordNet 包含的每一个概念。虽然这个计划后来被搁置了,但我对它很感兴趣。就连它的名字 ImageNet 也似乎在向我传递某种信息。命运又把我往前推了一把,这一次力度更大了。

那天离开校园之前,既往的点点滴滴开始串联起来。首先是 WordNet,一个目标无比宏大的词汇数据库,几乎捕捉了世界上所有的概念,并以人类意义的自然层次组织起来。然后是 ImageNet,它致力于为每个概念配上一张图片。比德曼的数字在我的脑海里创造了一个深不可测的神秘空间,而这两个项目似乎是对空间的回应。

我问了自己一个既荒谬又显而易见的问题：如果以 WordNet 的规模打造类似 Caltech 101 的数据集，会发生什么呢？抛开项目带来的海量工作不谈（事实上，我的脑子里只闪现出一个词：不可能），这个想法太有吸引力了，我无法抗拒。数据集必然会达到天文数字的规模，但这不仅仅是规模的问题。规模只是副产品，我们将有更深层次的收获，那就是前所未有的多样性，如同其所反映的世界一样混乱而不可预测。

多年来，我一直沉浸在计算机视觉领域，与彼得罗和克里斯托夫一起研究了数十年的历史。计算机视觉的谜团日日困扰着我，让我食不甘味、夜不能寐。而打造巨型图片数据集的想法让我感觉眼前一亮，它与众不同，甚至具有颠覆性，可以成为我解开谜团的下一步。哪怕有一丝让我更接近新发现的可能性（无论会发现什么），我都必须加以考虑。

我的思绪翻腾不休，想象着如果以庞大的数据集来训练算法，那么算法就可以将丰富的视觉线索内化：塑料的坚硬边缘、漆木的光泽、动物皮毛的纹理、眼球表面的反射等等——也许算法可以内化一切事物。我设想着我们将设计出更加灵活的算法，它能够区分前景和背景，辨别不同物体的边界，将实体的表面和体积与光影效果区分开来。

也许存在这样的可能性：让算法能够识别出任何东西的秘诀，就在于打造一个无所不包的数据训练集。

✦

在我成为伊利诺伊大学厄巴纳-香槟分校的助理教授一年后，普林斯顿大学向我发出工作邀约。这是我职业生涯中最大的突破，我接受了。我终于又回到了新泽西，萨贝拉夫妇非常高兴，全家人都特意赶来帮我收拾住所。在我到达的那天，萨贝拉先生、琼和他们的二儿子马克（如今已大学毕业）都在普林斯顿大学教工住宅区的入口处迎接我。我的住处就在卡内基湖畔，景色美不胜收，三居室的布局与我们全家来到美国后住过的宿舍大小的房子相比，简直如宫殿般豪华。我们的居住面积实现巨大的飞跃，我们很快就意识到，这么大的房子对搬家三人组来说真是大材小用了。西尔维奥还在安阿伯，而我的父母习惯了狭小的住所，所以我们带的家具还不够填满房子的。不过，能跟萨贝拉一家团聚，我感到特别快乐，因为他们已经像我的家人一样重要了。

"对了，我一直想问你一件事。你什么时候才能开始叫我鲍勃？毕竟这些年来你一直管我的妻子叫琼。是时候改口了，你不觉得吗？"当我朝车子走去，准备搬最后一个箱子时，萨贝拉先生从后面追上来问道。

我愣了一秒才明白他的意思。这么久以来，他一直是我的良师益友，就像我的第二个父亲，直呼其名感觉很奇怪，叫他"鲍勃"就好像他只是我认识的某个普通朋友。"飞飞，我已经不是你老师了。"他笑着说，"我们还是别这么正式了，除非你想让我叫你李博士。"

回到普林斯顿大学几周后,我去找了克里斯蒂安,因为我特别想让她知道我们上次的见面对我产生了多么重大的影响。WordNet 和 ImageNet,还有这两个项目给我带来的看似荒谬却挥之不去的灵感,这就是所谓的命中注定吧。现在,我自己也加入了普林斯顿大学的教师队伍,我备受鼓舞,渴望再向前一步,将想法变为现实,变成大胆甚至疯狂的项目。

无论等待我的是突破还是失败,我都感到激昂振奋。科学的追求可能是循序渐进的,但其突破却是由突如其来的巨变推动的,而这样巨变的引发者,不是某一个孤军奋战、雄心勃勃的天才,而是很多人的贡献被幸运之手汇聚在一起。回想起激发这个想法的种种线索,我不禁感觉即将到来的时刻便是如此。

在离开克里斯蒂安办公室的路上,我的心中只有一个想法。

"你知道吗,我一直在想 ImageNet,你之前说这个项目最后没能完成。"

"对,挺遗憾的,因为我们招募的本科生觉得项目太无聊了,博士生也不愿意碰,因为这算不上什么意义重大的研究。"

我笑了笑,脑海中闪过为我和彼得罗策划的数据集下载图像的记忆。但这不是我提到这件事的原因。

"那么……我可以用 ImageNet 这个名字吗?它听起来挺完

美的。"我略带尴尬地笑着问。

✦

西尔维奥跪在DVD播放机前,把碟片推了进去,我听到机器发出嗡嗡声。

"今天看哪部电影?"我坐在沙发上问。

"《野草莓》,别担心,你肯定喜欢,这个电影很经典。"

我们两个人的职业生涯刚刚起步,压力都很大,来到安阿伯的校园看西尔维奥,对我们两个人来说都是一种短暂的解脱。他会亲自下厨做饭,也会拉着我一起欣赏他喜欢的电影,跟我分享相关的背景故事。最重要的是,我们可以聊一聊工作以外的事,把大脑暂时从几乎占据我们全部生活的工作中抽离出来。看完电影后,我说:"我得跟你说件事,是一个有关研究项目的想法。我过去几周一直在盘算这件事。"

"所以你根本没在看电影。"他会意地笑着说。

我哈哈大笑,他也没说错。

"我从来没有对什么事这么坚定过。"

"那不好吗?有什么问题呢?"

"是好事,只是……"我重重地叹了口气,"怎么说呢,这将是一场赌博。"

事实证明,西尔维奥是我无与伦比的知己。我们都是年轻的助理教授，所处的院系竞争激烈，在事业起步的那几年里，我们都面临着"要么发表论文，要么完蛋走人"的局面。压力之下，我们必须马不停蹄、保质保量地完成工作，因为我们知道，稍有懈怠就可能与终身教授的职位说再见，一同失去的还有获得稳定生计的最佳机会。他比我生命中的其他任何人都更清楚其中的利害。

我从头开始跟他讲清楚了事情的原委——虽然过去几年我一直念叨的就是这些事，他的耳朵都快起茧子了，比德曼的数字、WordNet、ImageNet，还有我的梦想——理论上很完美，要实现很疯狂。

"飞飞，你现在拥有的一切都是你多年的努力换来的。你拿到了学位，找到了工作，听起来你还有些灵感，而且你丈夫生活在960多千米之外，所以你肯定也有时间。"

我咯咯笑了起来，他能如此轻描淡写，真好。

"是啊，但你不觉得这一切都……太出格了吗？"我问。

他想了一会儿才回答："你不是一直在追寻出格的想法吗？"

✦

有上万个类别的数据集有什么用？大部分模型连一两个类别都识别不准！

你知道用这么多图像训练一个模型要花多长时间吗？飞飞，这个时间可是用"年"来计算的。

别人要怎么下载呢？你这个图像总量比大多数硬盘的存储量还要大。

具体怎么做，你有计划了吗？几百万张图谁来做标注？要花多长时间？怎么验证所有内容的准确性呢？

不好意思，我真的感觉这个项目没法做。

每当我与同事们讨论 ImageNet 的想法，我就越发感到孤独。虽然有西尔维奥的鼓励，但这么庞大的工程刚刚起步，就遭到了几乎所有人的一致反对，真是不祥之兆。我需要一群志同道合的伙伴，但现在似乎一个队友都找不到。最糟糕的是，不管我是否同意，我都无法否认他们批评的合理性。

毫无疑问，在 2006 年，算法是计算机视觉的中心，而数据这个话题并不十分吸引人。如果把机器智能与生物智能做类比，那么算法就相当于机器的突触，或者说是大脑中错综复杂的神经回路。有什么比让这些回路变得更好、更快、更强大还要重要的呢？我回想起我们那篇关于单样本学习的论文所受到的关注——只需要推出一个闪亮的新算法，装饰以华丽的数学公式，就可以立刻引发关注。而数据生活在算法的阴影之下，仅仅被视为训练工具，就像成长中的孩子玩的玩具一样。

但恰恰因为如此，我才认为数据值得更多关注。毕竟生物智能与算法存在区别——前者是进化而来的，而进化的本质是环境对生物产生影响。世世代代的祖先在地球上生存繁衍，适应环境，即使在今天，我们的认知也带有祖先所处世界的印记。

正是出于这个原因，索普和比德曼的发现，甚至我们在加州理工学院实验室的发现才如此引人注目：我们发现，人类几乎瞬间就能识别出自然图像，因为正是这种感官刺激——或者说正是数据——塑造了我们。ImageNet 将为我们的算法提供同样的体验：同样的广度，同样的深度，同样的错综复杂，同样的壮观。

我听到的劝阻之声已经多得够我用一辈子了（可能下辈子也够了），最后我终于遇到了第一位支持者。李凯教授是微处理器架构领域的领军人物。微处理器架构是一门将数百万纳米级晶体管排列到世界上最复杂的设备中的艺术，因此他比大多数人都更了解指数思维的力量。他相信我的方向是正确的。尽管我们都在计算机科学领域，但领域之间没有太多交集，所以他无法直接为我做出贡献，但他知道我们需要强大的计算能力才能启动。他毫不犹豫地为我们的研究捐赠了一套工作站。这正是我所需要的支持。

我和李凯是普林斯顿大学计算机科学系教师中仅有的两位中国移民。他出生于 20 世纪 50 年代，是中国恢复高考后第一批上大学的人，80 年代来到美国攻读研究生。在那个时代，像他这样的移民寥寥可数，他也很难找到有共鸣的同龄人。这段经历塑造了他活泼随和的个性，从他身上，我既能看到我母亲的聪明睿智，又能看到我父亲的谦逊幽默。李凯看起来就是个普通的教授，黑头发，大偏分，衣着朴素。但他笑容温暖，为人慷慨。我们很快成了朋友。

随着我对李凯的了解日益加深，我越来越明白他为什么比其他人更看好我的想法。他是高效连接微处理器和巨大内存存储的先驱，与他人共同创办了一家公司，把自己的研究成果商业化，最终以 20 多亿美元的价格售出。他不仅是大规模数据威力的早期信徒，也是利用大规模数据的专家。不巧的是，他即将休长假，这缩短了我作为他的年轻同事的时间。不过，他的离开也不完全是坏事。他有一个极聪明的一年级研究生叫邓嘉，他要给邓嘉找个新导师。据李凯介绍，邓嘉是一个完美的合作者，他年轻有为，工程天赋出众，对新的挑战充满渴望。

李凯和邓嘉在很多方面都截然相反。李凯开朗外向，邓嘉则内敛稳重。李凯激情四射，邓嘉则显得冷漠沉静。因此我担心自己难以判断他对我们的工作是否有兴趣。我们进行了几次交流，我能看出他非常出色，就算没有李凯的推荐，这一点也是显而易见的，但我从来没见过像他那样大智若愚、不露锋芒的人。

除了聪颖过人，我也注意到，邓嘉是计算机视觉领域的新人。他的背景与众不同，因此他不仅具备一般计算机视觉专业学生难以拥有的工程技能，同时还完全没有背负期望的包袱。这个项目不同于传统的研究项目，甚至可以说充满风险，与当时的领域潮流格格不入。对于这一切，邓嘉并不知情。

于是，我们两人组成团队，开启了这个似乎需要成千上万甚至更多贡献者的项目。大多数同事对我的假设都不屑一顾。单从理论上讲，这一切确实说不通，但这是我人生中第一次感受到一种毋庸置疑的自信。无论需要多长时间，我确信我们正在做一件大事，一件也许具有历史意义的大事。

✦

我的新办公室位于普林斯顿大学的计算机科学大楼，虽然已经搬过来快四个月了，但地上依然堆满了半开的纸箱，墙壁上也空空如也。我靠在扶手椅背上，大声呼出一口气，转了转椅子。邓嘉坐在我对面的沙发上——这是我到目前为止为办公室添置的唯一家具。

"好吧，看看我们能不能弄清楚项目规模究竟有多大。"

我们以 WordNet 为起点，开始进行删减。虽然 WordNet 的卖点是规模巨大、细节丰富，但我们知道，其中的大部分内容对我们来说并不必要。ImageNet 的目的是捕捉事物的世界，而不涉及动作或描述，因此我们明确了第一批要删除的内容：所有的动词和形容词。但就算只剩下名词，处理起来也很复杂。像"真相"或"意识"这样的抽象概念是没有办法用影像记录的，只有指代实体对象的名词才会被纳入数据库。一般来说，我们需要的是有形、可数的物体。其他词汇都被删除了。

总的来说，WordNet 中的 14 万个条目大部分都被我们删除了，只剩下可以用图像表示且可以计数的一小部分，约有 2.2 万个，虽然这个数量仍比我听说过的任何机器学习训练图像集都要大很多倍，但与初始的词汇量相比，已经大幅减少，而且

07 一个假设　　　　　　　　　　　　　　　　　　　207

跟比德曼估算的 3 万个种类非常接近。

邓嘉问道:"那多样性要怎么处理?每个类别需要多少张不同的图片呢?"

啊,我心想:现在终于有点儿眉目了。

我说:"那我们从生物学的角度思考吧。孩子是怎么长大的?我们的物种是怎么进化的?现实世界非常复杂,对不对?没有什么是非黑即白的,一切都在不断变化,但是我们依然学会了如何理解世界。我们生活在所有这些细节当中,自然而然地就成了专家。"我拿起桌上的马克杯,"但你问到了数字。那你告诉我,这个杯子在照片里有多少种不同的外观呢?"

邓嘉想了一会儿,回答道:"首先是尺寸不同。杯子在照片里可能会显得很大,也可能会显得很小,这取决于它跟相机之间的距离。"

"你说的没错,但我想要一个具体的数字。有多少个不同的尺寸呢?"

他又想了一下,然后耸了耸肩:"那可能是无限多的,对吧?没有办法给出具体的数字。"

"又说对了。"我狡黠一笑。邓嘉完全知道我说这些话是什么意思,但他愿意听我细细道来,得出结论。"所以尺寸是无限的。还有什么?"

"光线?杯子可能在明亮的光线底下,也可能在阴影中。还有颜色的区别。什么颜色的杯子都有,有些杯子上面还有图案或者文字。"

"很好，很好，那每一个条件会有多少种变化呢？"

"一样的，这两种情况都是无限的。"

"我们这才刚刚开始。那角度呢？杯子的把手朝向哪边？是从上方看还是从正面看？还有遮挡物。杯子前面有什么东西吗？是一摞书，还是猫的尾巴？或者是另一个杯子？还有背景。杯子后面是一面墙，还是一扇窗？杯子是在柜子里吗？"

"无限，无限，无限，无限。"邓嘉总结得相当准确。

我越想越觉得我们的研究具有发展潜力——我们正在尝试以数据的形式来复制儿童认知的形成阶段。我想象着孩子玩东西的方式，他们伸出手去抓、戳、摸索、拨弄。他们把东西拿起来，翻来覆去，从不同的角度观察，适应光线和视角的变化。他们玩躲猫猫游戏，了解到即使物体被暂时隐藏起来，它们也依然存在。这些都是我们的算法非常缺乏的本能。

"你说得对，但我们还是没有确切的数字。"邓嘉边想边说，"到目前为止，我们一直在用无穷大乘以无穷大。到底该怎么办呢？"

我回答道："我要说的就是这个，再多的图像也不够。不管我们想到一个多大的数字，我们都应该想到它还可以更大，然后还要更大。反正怎么着都是在猜，那就不如往大里猜吧。"

于是我们确定了一个目标，为每个物品类别搜集 1000 张不同的照片：1000 张不同的小提琴照片、1000 张不同的德国牧羊犬照片、1000 张不同的抱枕照片，直到涵盖全部 2.2 万个类别，也就是一共需要大约 2000 万张图片。但即便是这个数字,也只是最终成品数据库的情况。我们可能需要从数亿张照片,甚至10亿张照片中筛选,才能达到目标。

邓嘉面露疑色。"我从理论上能理解,但这个工作量也太大了,属于天文数字,可不是谷歌搜索几次就能完成的。"

他说的当然没错,但是我们需要拥抱现实,而不是逃避现实。我们的目标是捕捉完整的现实世界。如果这个总数不能吓到我们,那才奇怪呢。

"邓嘉,我们希望算法能够看到的一切事物都存在于这个世界的某个地方。在我们说话的这一刻,就有人在拍摄这所有的细节。现在人人都有翻盖手机,每个人的圣诞节礼物都是数码相机。想象一下,如果把所有这些照片都放在一起,我们会看到什么,我们会看到整个世界的缩影啊!那就是从世界一头到另一头的日常生活的全部。"

"就算我们想办法组织好了图片,"他补充说,"这些图像本身也没有任何作用,对吧?它们需要先标注,才能用于模型训练,而且每一个标签都必须是准确的。"邓嘉暂停了一下,好像才感受到自己说的话有多么重要,"听上去又是一个浩大的工程。"

"是啊,是啊。"我回答说,"让我们一次只创造一个奇迹吧。"

✦

我和邓嘉在实验室一角,看着一排本科生不断地点击鼠标、敲击键盘。本周早些时候，我们发出了邮件，招募愿意帮忙从网上下载和标注图片的本科生，工作时间灵活，每小时 10 美元。我们很快就收到了一些回复。这看起来很公平：我们朝着机器智能的新时代迈进了一步，而大学生也能赚到一些啤酒钱。一时间，我们感到心满意足，但没过多久，现实就给我上了一课。

"邓嘉，是我的错觉吗，还是进展确实有点儿太慢了？"

"对，我也很担心。我对他们的速度做了几分钟计时，计算了一下。"

不妙。

"按照目前的速度，预计 ImageNet 的完工时间是……"

我用力咽了一下口水。他注意到了。

"没错，差不多要 19 年吧。飞飞，我很看好这个项目，真的，只是我不能等那么久才拿到博士学位。"

有道理，邓嘉。

"那我们该怎么办呢？"他问，"再多找些本科生？"

"这当然是一种选择，但是得花不少钱。如果真要 19 年的话，我觉得我们实验室的预算也是不够用的。"

不管怎样，显然我们需要更多的大学生。当年做 Caltech 101 的时候，招募的大学生勉强够用，而那次的工作量不过是 ImageNet 的零头。看来，我们必须采取新的策略了。

我想到邓嘉在加入我的实验室之前，一直在跟李凯研究各种极其复杂的系统，在工作中遵循效率为先的原则，以实现更高的性能、更低的成本、最短的路径。作为世界上最重要的微处理器设计师之一的门徒,他肯定能想到办法提高这些大学生的生产力。

"等等,邓嘉。"我指了指那些大学生,"这是一个流程,对不对?我的意思是,在某种程度上,这不就是一个工程问题吗?"

他沉思了片刻,然后看了看我,眼神里流露出准备撸起袖子大干一场的坚定。

"好吧。"他微微一笑,"那咱们就看看怎样优化吧。"

接下来的几个月有了一种节奏感,虽然这节奏感无法用优雅来形容。ImageNet 是一只拒绝被驯服的野兽,每当我们靠得太近时,它就会猛烈反击。在不懈努力下,我们终于取得了一些胜利——至少是小小的胜利,同时也累积了更多的擦伤和瘀青。但每当我们以为终于把它逼到墙角的时候,它就会发出一声更低沉、更嘶哑的咆哮,把我们吓得四下奔逃。

我很幸运,遇到了邓嘉这样一个愈挫愈勇的伙伴,他在面临难题时会加倍开动脑筋。在我们的流程中,人工参与是成本最高的部分,包括时间成本和金钱成本。所以他从成本入手,以"将成本降到最低"为个人使命。例如,当我们的标注员开始为特定类别整理照片时(比如"彭布罗克威尔士柯基犬"),最初我们预计每个步骤都需要手动完成:在谷歌图片等搜索引擎中输入关键字进行查询;梳理结果,找到清晰的例子;对每个例子进行标注；将最终选择的照片放在适当的目录中。但这些步骤大部分并不需要人类的智慧。

邓嘉实现自动化的第一个环节就是下载。之前下载图片，需要标注员手动在图片搜索引擎输入 WordNet 中的每个类别，现在邓嘉编写了自动化程序。但由于搜索引擎是为人类用户而不是为机器服务的，所以不会直接返回一组图像，而是以滚动缩略图网格的形式呈现在页面上。这时，邓嘉设计的程序就会解析网页的源代码，找到链接，并下载原图。尽管这个解决方案有些混乱，但可以让我们以最快的速度日夜不停地下载候选图片。我们想要下载多久，就可以下载多久，如果需要的话，连续几个月都行。下载的图片会自动整理在我们自己的机器上。

我们的资料库开始像变魔术一般被图片填满。诚然，我们这种广撒网的方式也捞回了很多垃圾，比如低质量的照片、剪贴画等，但也积累了大量高清图片。我们迅速填满了大量硬盘，现实世界的影像逐渐在图片中成形，虽然还很粗糙，却让我们第一次看到了对整个视觉世界的真实描绘。至少有一段时间是这样的。

"糟糕。"我听到邓嘉在实验室的另一边说。

"怎么了？"

"看上去出了点儿小问题。呃……没错，我们被谷歌封禁了。"

"什么？封禁了吗？为什么？"

"显然是他们限制了单个用户在特定时间段内可以提交的

请求数量。据我所知，大约在1000个左右。"

"特定时间段是多久？"

"24小时。午夜开始重置。这算是个好消息。"

"好吧，那我们每天多久会达到请求数量的上限？"

"嗯，这就是坏消息了。"邓嘉拿出日志文件，心算了一下，"大约9分钟。"

大事不妙。

图片存储库的增长停滞了。但我们的问题不止于此。整个流程的上下游极不平衡，甚至有些可笑。我们搜集的原始图片呈爆炸式增长，在遭到谷歌屏蔽之前，每天都有数以千计的新图片添加进来，但其中只有一小部分得到了准确的标注和整理。虽然我们从一开始就知道标注流程将会是一个瓶颈，但随着时间一周周地过去，这一环节给我们造成的负担还是让我们感到气馁。

我跟邓嘉在校园的马太餐厅讨论了这个问题。自从ImageNet占据我的大脑，我甚至觉得做饭都是浪费时间，于是对校园餐厅的依赖与日俱增。此外，没日没夜地在实验室工作，我也很想换个环境。餐厅的天花板很高，吊灯简朴，彩色玻璃赏心悦目，让我们觉得仿佛在修道院里找到了避难所。

我们详细讨论了标注员在识别、分类和标注每张图片时所遵循的每个步骤，并尽可能使用快捷方式和定制工具来对它们进行简化。如果一个流程需要点击三次鼠标，邓嘉会想办法实现只需一次点击。减少打字次数，缩短鼠标移动距离，提高所有操作的速度。在我们交谈的时候，我不禁开始仔细观察桌上的物品，默默猜想它们是否属于我们那 2.2 万个类别。"餐巾"这一条目自然在列，但我们区分布餐巾和纸餐巾了吗？那是一把什么刀？除了"牛排刀"和"黄油刀"，还有多少种刀呢？"切肉刀"，我猜。"面包刀"？也许吧。仔细一想，确实有很多。这些我们都涵盖了吗？我在心里默默记下，打算回到实验室后再确认。

"对了，飞飞，你知道什么是动态 IP 吗？"邓嘉又拿出一个锦囊妙计。

"可以把动态 IP 看作是我们的机器连接谷歌服务器的中间环节。我们的实验室计算机保持不变，但动态 IP 会将我们与不断变化的中间商连接起来，这样谷歌就会认为那些搜索请求来自不同的用户。"

"这样我们就不会超过限额了？"

"远远不会。"

我们重整旗鼓，至少在一定程度上恢复了工作。标注依然是个问题，但看到备选的图库规模持续增加，我还是长舒了一口气。现在，就算是小小的胜利也值得庆祝。

几个月过去了，ImageNet 已深深植根于我的内心，成为我观察一切事物的镜头。无论是在实验室工作，还是在院子里散步，我都偷偷玩着视觉识别游戏。如果有人在遛一种我不认识的狗，我会想，是不是应该专门为这种狗建立一个子类别？骑独轮车的学生可能让我想到数据库里是不是没有"独轮车"这个词，更不用说不同种类的独轮车了——说到这个，有不同种类的独轮车吗？父亲喜欢的车库市场经历成了我的世界。一切都被放大到难以理解的程度，但其精神是一脉相承的——永不满足的好奇心，对新奇事物的渴望。我好奇我们家族是不是有这种基因。

奋斗继续，每走一步都是为了应对新的难题。我们发现特定类别的搜索结果过于相似，无法满足我们多样性的目标。于是，我们使用WordNet的国际翻译来提交不同语言的查询，希望来自世界各地的图像能够带来更大的差异。当找不到足够的图片时，我们就会在搜索词中添加相关术语，比如，不是搜索"柯基"，而是搜索"柯基小狗"或"柯基犬公园"。后来，搜索引擎巧妙地重新设计了搜索结果页面的布局，改变了每个图片链接的位置，导致邓嘉的一个自动下载程序无法继续使用，于是我们重新编写了与之匹配的程序，并开始定期检查是否发生了类似变化。

对一年前还在设计微处理器架构的邓嘉来说，这些都是非常平淡无奇的工程挑战。尽管如此，我们两个都知道努力是有意义的。它们可能只是权宜之计，过于简单，甚至粗糙，但每解决一个问题，我们都离自己的愿景更近一步，这个愿景就是让机器看到一个完整的世界；我希望在不久之后，机器甚至可以理解这个世界。

✦

"斜管面吗？"我问。

"说对了！"西尔维奥把一碗热气腾腾的意大利面放在我的面前，高兴地回答道。

"等等，我们上周吃的那种叫什么？也是管状的，但更大，而且边缘不是斜切的。"

"那是粗通心面。"

"没错！粗通心面。那个我也喜欢。"

"你这么问，是因为你真的对我们国家的食物感兴趣，还是因为你在想 ImageNet 里的意大利面的类型够不够多？"

我赶紧吃了一口面，对他的问题避而不答。而他则坐下来，双臂交叉，显然对自己的侦探技巧颇感自豪。

"不能两者兼有吗？"我最终回答道。

✦

做 ImageNet 已有一年时间，我感觉我们已经步入正轨。有了标注团队的工作，还有邓嘉在不断努力优化标注流程，我确信我们已经有所突破。我很好奇进展如何，而邓嘉知道我的想法（他经常能知道我在想什么）。

"你在想我们多久能完成 ImageNet？我已经重新预估时间了。"

我正准备问他这个问题。于是我兴奋地跑到他的办公桌前。

"好的,如果我们把所有因素都考虑在内:我们所有的优化和快捷方式,再加上已经标注的图片,我们已经设法将 19 年的预计时间缩短到……"

我突然失去了勇气,因为我预感结果会很糟糕。

"……大约 18 年。"

邓嘉虽然才华横溢,但巧妙地传达坏消息、减轻它对人的打击并不是他的技能之一。这么久以来,我第一次不知道接下来该怎么办了。

绝望激发了一种巴洛克式的创造力——当处境之惨淡变得越来越难以忽视时,我们想出了各种各样的点子,确实显得有些慌不择路。我们甚至想用机器来辅助我们的人工标注员。当然,这里涉及一些循环论证:如果算法能够足够准确地识别物体、帮助我们进行标注,那么我们压根儿就不需要 ImageNet 了。然而,我们也想知道如果让机器扮演辅助角色,是否会带来一些便利。例如,我们可以让机器利用我和彼得罗开发的单样本学习技术,粗略但快速地标注大量图像,这样人工团队就可以更多地扮演编辑或校对的角色。这样做虽然有一定的道理(道理不多,且有待商榷),但我们始终未能找到合适的平衡点。

更重要的是,反对标签过程自动化的真正原因并不是在技术层面,而是在哲学层面。我们意识到,即使是微妙的算法捷径,也与 ImageNet 的使命背道而驰。我们的目标是在每幅图像中都嵌入纯粹的人类感知,希望在整个图像集上训练出来的计算机视觉模型也能迸发出类似人类的智慧火花。使用机器可能会削弱这一点。

如果人力是瓶颈,而我们又无法再继续减少人工参与,那么我们剩下的唯一选择似乎就是蛮干:扩大我们的标注员团队,把预计完成时间从近 20 年缩至更短的期限。也许只需要增加 10 倍的人手——考虑到已经完成的工作,这样可能在一年半内就能达到目标。然而,我们的资金根本就不够。在投入了如此多的感情之后,最后竟然因为钱的问题而做不成,想想就令人愤懑。

"嗯。"我说,身体向后一靠,抬头盯着实验室的天花板。我突然有了一个想法。一个奇怪的想法。

"怎么了?"邓嘉从他的工作台上抬起头。

"我也说不准。我倒是能想到怎么可以筹到一些额外的资金,虽然不多,但聊胜于无。这绝对是万不得已的办法。"

"我听着呢。"邓嘉说着,凑近了一点儿。

我深深地陷进椅子里,缓缓地呼出一口气。我简直不敢相信自己即将说出口的话。

"你对干洗了解多少?"

✦

　　我把遮光板翻下来，眯起眼睛看着夕阳。当车辆以每小时110千米的速度行驶时，视野会有些模糊，但看到的东西依然非常丰富。反光柱和里程标从我们的右侧飞速闪过，周围是沥青路面上的裂缝、岩石碎片，偶尔还有塑料瓶或皱巴巴的快餐袋。各种各样的标志呼啸而过，提醒我们注意限速、高速公路出口快到了，或者感谢一神论教堂的当地分会对下一千米道路的维护。车牌和保险杠贴纸。一只狗坐在副驾驶座上。

　　我们正在前往明尼阿波利斯的路上，2007年的计算机视觉与模式识别大会（Conference on Computer Vision and Pattern Recognition，CVPR）就在那里举行。随着我们的现金储备不断减少，ImageNet已经岌岌可危，但有传言称实验室之外的世界依然存在，人间已是美丽盛夏。这次会议给我提供了一个完美的逃避借口。我租了一辆厢式车，载着实验室的几个学生前往参会。我期待着在这近2000千米单调而幸福的旅途中，可以暂时把工作放到一边，思考一些其他事情，任何事情都好。在接下来的几天里，我们唯一需要关心的事情就是吃饭、上厕所，还有听哪个电台。

　　可惜，没有什么能够阻止我对视觉世界的痴迷。我们开车穿过森林，我就忍不住好奇我们路过的是什么树，是枫树、白蜡树，还是白桦树？我们看到了麦迪逊这样的大学城，霓虹灯招牌闪烁，人行道繁忙，一个戴墨镜的学生躺在长凳上，三人乐队正在卖艺，一个弹木吉他，一个弹立式贝斯，还有一个在吹口琴。我们穿过熙熙攘攘的城市，几何造型的摩天大楼高耸入云，外墙反射着太阳的光芒。我们沿着五大湖行驶，不知道眼前这个是伊利湖还是密歇根湖，太阳照在水面上，浮光跃金，浪花拍打着岸边，孩子们追逐着潮水来回嬉闹，一对夫妇在沙滩上玩飞盘。

我再次想起了父亲。最近我常常想到他。他会在旧货摊之间徘徊，仔细检查二手面包机或录像机，他的痴迷没有止境，他的喜悦充满感染力。我不禁好奇自己的脸上是否也有同样的表情。

我想，生活中需要了解的东西太多了。很多东西都是通过眼睛看到的，但我的直觉和内心也都感受到了。ImageNet 可能注定要失败，但无论结果如何，这个项目的目标都是值得追求的。迟早会有人破解难题。当他们成功的时候，当整个世界连同它所有的色彩、混乱和世俗的魔法都涌进我们机器的思想中时，一切都将改变。

"飞飞，你现在有自己的实验室了，最近在忙什么呢？"

这是我最害怕听到的问题，但这个问题来自吉滕德拉——彼得罗的导师，也是我的"师爷"，他是我此行最想遇到的人。我们已经好几年没有面对面交流了，我知道他会出席计算机视觉与模式识别大会这样的活动。ImageNet 项目停滞不前，我的学术生涯前途渺茫，我需要见见熟人。他也不是第一次在这种场合鼓舞我的斗志了。

"说实话,吉滕德拉,这个话题有点儿让人郁闷。"

"哎呀。"

我把一切都如实告诉了他:我和克里斯蒂安的谈话,第一次见到 WordNet 时的情景,我和邓嘉所做的决定——每个决定都比上一个更艰难,以及这一年来我们为实现一个不可能实现的目标所经历的苦苦挣扎。

"还真曲折呀。"他回答道,语气一反常态地平淡。如果他对我目前介绍的进展情况有什么意见的话,他会选择闭口不谈。

"是的。最糟糕的是,这一切归根结底是个后勤问题,而不是科学问题。我始终确信,ImageNet 正是计算机视觉所需要的,要是我们能把这玩意儿搞出来就好了。"

"飞飞……"他开始小心翼翼地组织语言,"当然,没有人会不认同数据起着一定的作用,但是……"他停顿了片刻,然后继续说道,"坦率地说,我觉得你们在这个想法上投入得过多了。"

我浅浅地吸了一口气。

"科学的诀窍是跟随着你的领域一起成长。不要太超前。"

这真是出乎我的意料。吉滕德拉竟然站在反对者的一边,让我深受打击。这种打击不仅仅是在个人层面:等到我将来需要请人写终身教职推荐信的时候,我原本计划请他做我的推荐人之一(虽然在这样巨大失败的阴影笼罩下,能获得终身教职的可能性已经变得非常渺茫)。出于多方面的原因,他的观点很重要。

我几乎可以看到我的北极星在逐渐暗淡下来,我的道路又陷入了黑暗之中。一个可怕的想法开始在我心头升起:我承担的风险比我意识到的更大,而现在回头已经为时太晚。

✦

在计算机视觉与模式识别大会之后的几个月里,我都不知道应该如何处理 ImageNet。要担心的事情有很多,但我总会想起邓嘉。他进入计算机视觉领域时才气过人却又稚气未脱,他信任我,让我担任他的导师。现在,我能感觉到他的挫败感越来越强,我知道他在担心自己的博士之路,我完全能理解他。我还记得自己在研究生时期的种种挣扎,一想到现在要把自己的学生引入歧途了,我的胃里就阵阵难受。

当然,科学研究上的挫败也同样令人痛苦。在经历了如此漫长的旅程之后,我无法接受我的直觉居然导致了错误的道路。我们突然失去了方向,仿佛头顶上是一片空荡荡的天空,在黑色波浪中漂泊。

然而,一切都还没有结束。

"打扰一下,飞飞。"

我正在赶去教职工会议的路上,马上就要迟到了,一个叫孙民的研究生突然出现在我面前。他能看出我在赶时间,但他

07 一个假设　　　　　　　　　　　　　　　　　　　　223

看上去非常想要跟我聊聊,说话的时候甚至显得有些不安。

"请问你现在有空吗?"

他没等我回答。我对他比较了解,知道他说话时一般都是轻声细语的。看他今天的表现,显然是有大事压在心头。

"昨天我跟邓嘉在一起,"他继续说,"他跟我说了你们在项目标注问题上遇到的麻烦。我有一个你俩还没试过的办法,真的可以帮你们提高速度。"

我立刻忘记了自己还在赶时间,耳朵竖了起来。邓嘉还有社交生活?

孙民问道:"你听说过众包吗?"

他解释说,在线平台可以将任务分配和结果收集过程自动化,有效组织远程的临时工作团队,规模小到个人,大到数百万人的团队。"如果你感兴趣的话,亚马逊就在提供这种服务,叫作'土耳其机器人'。"

这个名字很妙,源于18世纪的一种会下国际象棋的自动机器"土耳其机器人"。当时,这个机器人在世界各地巡回展出,被视为一个工程奇迹。它棋艺高超,就连国际象棋高手也甘拜下风。但实际上这个装置纯属骗局:在机器人底座里就藏着一个人类国际象棋大师,正是这个人在操控机器,让观众既兴奋又困惑。

几个世纪后,新兴的众包实践基于同样的理念:真正的智能自动化仍然最适合由人类来完成。亚马逊土耳其机器人(Amazon Mechanical Turk,AMT)围绕这个概念建立了一个市场,

"请求者"可以发布"人类智能任务",由贡献者完成,这些贡献者被称为"土耳其人"(Turker),他们可能来自世界上的任何地方。从理论上讲,这个模式很合理,似乎可以提供我们想要的一切:既有人工标注图片带来的智慧成分,又有与自动化相当的速度与规模。有趣的是,亚马逊称之为"人工人工智能",这个名字相当贴切。

我急匆匆地穿过走廊找到了邓嘉,但他并没有像我这般兴奋。在经历了种种挫折之后,他有充分的理由对再次碰运气保持警惕。但在经历了这一切之后,他可以看到,这真的可能是我们一直在等待的救命稻草。他看起来既犹豫又宽慰。最终他同意了:亚马逊土耳其机器人值得我们再试一次。

我的北极星开始重新闪耀,我不禁再次感叹时机的重要性。ImageNet之所以能够存在,要归功于互联网、数码相机和搜索引擎等众多技术的融合。现在,一个一年前还几乎不存在的平台提供的众包服务,成为让我们的项目臻于圆满的关键因素。这件事就是最好的例证,它让我深刻了解到,任何一个科学家的默认立场都应该是绝对谦卑,他们应该明白,没有哪个个体的智慧能有意外之力的一半强大。

亚马逊土耳其机器人改变了一切。它把我们起初的大学生标注员队伍变成了一个由数十人、数百人、数千人组成的国际团队。随着我们获得的支持不断扩大,邓嘉给出的预计完成时间急剧缩短,先是15年,然后是10年、5年、2年,最后不到1年。这为我们提供了全新的视角来看待预算,彻底颠覆了

ImageNet 的成本效益。曾几何时，我们的预算只能招到几个标注员，连一个房间都站不满，而现在足以聘请一支遍布全球并通过互联网连接的众包团队。

在这个过程中，我开始越来越多地利用我在实验心理学方面的经验，帮助邓嘉创建一套系统，既可以最大限度地利用标注员的时间和注意力，又能尽可能地减少他们被误导、困惑或被操纵系统的机会。有时，土耳其机器人感觉就像我和克里斯托夫在加州理工学院做的人类心理物理学实验，目标是从陌生人的感知中提取微妙但重要的信息，只不过现在将范围扩大到了全球。在某些方面，工作难度降低了：我不需要去阅读别人的想法，而只需要把正确的标注应用到我们批量下载的图片上。然而，与此同时，工作也复杂多了：标注图片看似简单，但在实际操作上，却需要从数以万计的预定义列表中精确选出正确的类别。

然而，并非所有挑战都是技术性的。还有一些人文问题，比如人们对众包可能具有剥削性的担忧。虽然这种可能性直到多年后才引发广泛讨论，但即使在当时，也很难避免这种思考。这种反思促使我们在资金允许的情况下，为每张图像支付尽可能多的费用。ImageNet 是一项纯粹的科学研究项目，无须考虑利润问题，这让我们做决定变得容易很多。

对相关问题的研究也令人振奋，至少在当时是这样。2007年亚马逊土耳其机器人的一项人口统计发现，大多数贡献者将这项服务视为一种爱好或副业收入，而不是谋生的主要手段。

当然，随着零工经济在后来几年的兴起，情况变得复杂很多。如今，已经很难将大数据的力量与其人力成本分离开来。

就这样，每天都有成千上万张新图像被标注出来。在 ImageNet 发展的高峰期，我们是土耳其机器人平台上最大的雇主之一，这一点从我们每月的服务账单上也能看出。成本的确很高，但效果也很显著。

然而，我们的预算困境还没有结束。虽然土耳其机器人价格合理，但 ImageNet 规模实在太大，所以我们很快发现自己再一次接近预算极限。从严格意义上讲，我们知道我们有能力完成这项工作，但我们不能排除可能发生的附带损失。ImageNet 可能是我们最大、最昂贵的单个项目，但它远不是唯一的项目；我们同时还在继续研究算法，研究生和博士后都在探索识别照片中物体，甚至是在视频中识别人类动作的新技术。每位研究人员都享有生活津贴，我们在提供津贴的同时，还为每个实验室都准备了额外的现金，以备不时之需。ImageNet 比以往任何时候都更接近完成的目标，但在这个过程中，它也把其他项目都推向了边缘。

✦

在两年多的时间里，我们的财务状况一直岌岌可危，那是一段痛苦的日子，哪怕是路途中的一个小颠簸，都有可能让我们人仰马翻、一蹶不振，但 ImageNet 日臻完善，终于成为我和邓嘉一直憧憬的研究工具。我们实验室自然是第一个将其投入使用的。即使是在未完成的状态下，它的影响力也让我们备受鼓舞。完工在即，我们不再需要依靠想象力；大家第一次清楚地意识到，我们正在创造一个值得与全世界分享的东西。

在那段时间里，我工作之外的生活异常稳定。母亲的健康状况如预期中一样继续恶化，但自她从干洗店退休后，就再也没有遇到过我们一直担心的那种令人心惊肉跳的危机。她甚至还培养了业余爱好，对摄影产生了浓厚的兴趣。父亲的生活方式也变得更加休闲，多年来第一次可以自由地享受烹饪的简单乐趣。我和西尔维奥之间的距离仍然让我们感到困扰，但我们在安阿伯和普林斯顿之间已经往返太多次，几乎形成条件反射了。事实上，由于西尔维奥每次来看我都是同一个路线，后来连飞行员都认得他了。

我还开始不定期地前往旧金山湾区，拜访斯坦福大学的机器学习和计算机视觉先驱，其中包括吴恩达（Andrew Ng）、达夫妮·科勒（Daphne Koller）和塞巴斯蒂安·特龙（Sebastian Thrun）。我们见面时会先进行友好的思想交流，他们会对ImageNet给予肯定（这类对话为数不多）。不过，就像几年前在普林斯顿大学时那样，对话很快就会变得更加正式。最后，我接到了计算机科学系主任比尔·达利（Bill Dally）的电话，他代表了官方的意见，询问我是否有兴趣把实验室搬到加州。

我在普林斯顿大学做教师尚不到三年，无法想象在此时另谋职业。但我从来没有亲身体验过斯坦福这样的大学，也没有经历过硅谷这样的地方。我在新泽西州的一个移民社区长大，之后几年一直隐居在学术界，除了中餐馆和干洗店，我对商业世界知之甚少。相比之下，斯坦福大学处于科技行业的核心地带，我们研究探索的想法在这里得到了全球范围的实践。虽然我个人对进入这个世界并不渴望，但斯坦福大学给这个世界带来的影响力给我留下了深刻的印象，惠普、思科、太阳微系统、谷歌等众多公司都与这所学校有着千丝万缕的联系。我在这里遇到的每个人似乎都被触及真实人类生活的可能性激励着。

尽管如此，对于搬到湾区这件事，我的内心还是非常矛盾。普林斯顿大学对我的职业生涯的帮助比其他任何学校都要大。在我高中毕业时，普林斯顿大学通过一揽子经济援助计划，在一个下午就改变了我的人生，每次回想起来都让我感动不已；然后它又给了我第二次机会，让经验尚浅的我担任助理教授，还为我提供了自己的第一个实验室和第一个博士生，让我有机会与我热爱和敬重的同事们一起成长。

我还要考虑一些人，而且比以前考虑得更多。父母的需求把我推向了一个方向，因为在帕萨迪纳的生活表明，西海岸的气候对母亲来说更为温和。但对萨贝拉一家的思念又把我推向了另一个方向。他们不再是我的"美国"家人，而是我真正的家人。一想到我们又要远隔几千千米（这次也许是永远分开了），我就非常心痛。西尔维奥介于两者之间，不管怎样，他都会留在密歇根，只是我搬到加州会让我们异地婚姻的距离更远。

然而，如果仅是以一名科学家的身份来做决定，那就简单

07 一个假设　　　　　　　　　　　　　　　　　　　　229

多了。我处于迅猛发展的年轻领域,这个领域有希望在我的有生之年改变世界。我在斯坦福大学遇到的人同我一样,由衷地相信这一点。普林斯顿大学让我有家的感觉,但我不能否认,斯坦福大学似乎更适合我的研究。事实上,我想得越多,就越担心像"家"一样舒适的地方在这种时候可能会过于安逸。搬到一个新地方之所以吸引我,正是因为那里不舒适。它会让我感到不确定,甚至可能有些冒险,而我就需要这种感觉。

于是,在2009年,我决定再次前往西部,邓嘉和我的大多数学生也跟随我转学。斯坦福大学成了我们新的学术家园,它的面积之大足以让普林斯顿大学和加州理工学院相形见绌。由砂岩、拱门和自行车道构成的独特建筑风格非常引人注目,校园几乎终年都沐浴在阳光下。在这一切的背后隐藏着一个历史悠久、根基深厚的世界,虽然当时很少有人提及,但与我的工作息息相关,甚至连我自己都尚未完全领会。这个世界比机器学习更重要,比计算机视觉更宏大。这是一个几乎被人遗忘的世界,曾经囊括了机器学习、计算机视觉以及众多其他领域,它就是"人工智能"。

作为斯坦福大学的新教授,我遇到了很多人,其中就有当时的大学教务长约翰·埃切门迪(John Etchemendy)。当时我已经认识了很多管理者,但我一眼就看出约翰与众不同。他是一位哲学家和逻辑学家,在加入管理部门之前,已经担任教授数十年,讲授符号学、逻辑真理和语言哲学等课题。他极其聪明，似乎不经意间就能散发出智慧的光芒，同时也很友善，是个出色的倾听者。当他随口提到约翰·麦卡锡时，我的心跳漏了一拍——约翰·麦卡锡是人工智能的奠基人之一，也是达特茅斯暑期项目的主要组织者，"人工智能"一词就是从这个项目而来。

他说："你知道，约翰是我的一个朋友。"

我不确定哪个更离奇：是我的新教务长与这样一位传奇人物私交甚笃，还是他如此淡然地提及此事。无论是哪一个，我都觉得自己来对了地方。

2009年6月，ImageNet的初始版本终于完成了，这在很大程度上得益于斯坦福大学提供的新研究资金。尽管我们一路上遇到了许多挑战，但我们最终成功达成了目标：收集了1500万张图片，涵盖了2.2万个不同类别。这些图片筛选自近10亿张候选图片，并由来自167个国家的4.8万多名全球贡献者进行了标注。ImageNet不仅在规模和多样性上达到了我们多年来梦寐以求的水平，还保持了一致的精确度：每张图片都经过了手工标注，并在层次结构中进行了组织，经过了三重验证。

从数量上看，我们已经实现了既定目标，建立起了当时人工智能史上最大的人工编辑数据集。但在这些数字之外，最让我感动的成就是我们所构建的真实世界本体。这个本体是人类从零开始策划的，既包含视觉图像，又能传达逻辑概念，其唯一的目的就是教导机器。

✦

2009年的计算机视觉与模式识别大会在迈阿密举行,我们不仅是参会者,也是演讲者。迈阿密热浪袭人、色彩绚丽,从我们踏出行李提取区的那一刻起,就发现这座城市果真名副其实——霓虹色泳装、锃亮的跑车、高楼大厦在绿树蓝天的背景下交相辉映,周围的声音充满了节奏感。外部环境的活力反映了我们内心的急不可耐;在经历了近三年的跌宕之后,我和邓嘉都迫不及待地想向世界展示 ImageNet。

我们已经准备就绪。这个项目的孕育过程异常漫长,给了我们充足的时间来磨炼我们讨论项目的能力,我们急切地想把这项技能付诸实践。长久以来,即使简单提及我们的工作,也会引发极端化的听众反应,因此,无论听众的反应是好奇、困惑,还是抵触,我们都早已习以为常。我们做了相应的准备,反复练习如何慷慨激昂地为自己的目标辩护,并准备好了最佳回答来应对最常见的批评意见。虽然我们意识到自己可能已经在风口浪尖上,但我们还是想挥霍项目预算的最后一点儿钱,进一步自我宣传。

"这是什么?"当我把一个白色纸箱递给邓嘉时,他问道。

"打开看看!"我说。

他撬开固定盖板,往里面看了看。"呃……是笔吗?"

"是印有ImageNet标志的笔！我在网上定做的。"

"我的意思是，看着挺酷的，但这些笔是做什么用的？"

"我们可以在会议上发放！所有的科技公司都是这么做的。商品推介都是采用这种方式。我们需要人们记住我们。"

邓嘉的表情不知为何比平时更加茫然。但我毫不气馁。

作为一个过度劳累的书呆子团队，我们拿出所有自信来到会场，然而气氛从一开始就显得怪异。我们遇到了第一个也是最严重的挫折：ImageNet被降级为"海报展示"。所谓的"海报展示"是一个学术术语，意味着我们将不能按照预定的时间在演讲厅内向听众展示我们的工作，只能在会场的指定区域里摆放一幅印有项目摘要的大幅海报，希望能引起路人的兴趣。当然，在计算机视觉与模式识别大会这样的顶级盛会上，就连海报展示的机会也非常难得，我们能够参与其中就已经很幸运了，但我们还是渴望有机会能够充分展示我们的愿景，而不仅仅是简单介绍。经过这么多年的努力，却只有一个这么潦草的环节，不禁让人感觉高开低走，大失所望。

我们回答了一些常见问题，也进行了几次愉快的交谈，但最终的成果却微乎其微。我们很快就明白了，无论ImageNet的前景如何（是被当作丰富无比的资源受到欢迎，还是被当作愚蠢的项目弃之不用），在这个大会上都无法得到推动。但好的一面是，这些定制的笔似乎还挺受欢迎。

与此同时，当我重新适应了没有ImageNet挑战的生活时，我多年来一直拒绝承认的疑虑比以往任何时候都更加真实。那

07 一个假设

些反对者是对的吗？这一切真的是在浪费时间吗？ImageNet不仅仅是一个数据集，甚至也不仅仅是一个视觉类别的层次结构。它是一个假设、一个赌注，它受到我们自身生物学起源的启发，即实现真正机器智能的第一步，是沉浸在完整的视觉世界中。与我们自身进化过程中的混乱和复杂性相称的体验，可能会对我们的算法产生类似的影响。这个赌注既可能被证明是对的，也可能被证明是错的，对于这两种可能性，我都做好了准备。无论是哪种结果，都会是一个学习的机会。然而，我万万没想到，它被忽视了。

我错过了什么？

08

实验验证

Experimentation

✦

在 ImageNet 的帮助下，AlexNet 焕发生机，它贪婪地吸收着 ImageNet 的内容，在 ImageNet 规模和多样性的土壤中生根发芽，茁壮成长。

秋色已尽染日本京都。午后的阳光明媚，从子弹头列车的车窗向外望去，绿色、橙色和红色飞掠而过，如同一幅幅生动的画作。列车以每小时 320 千米的速度飞驰着，窗外的乡村树木葱郁，景色绚丽。然而，美景当前，我却无心欣赏。这段旅程漫长而艰辛，焦虑如影随形。在之前的计算机视觉与模式识别大会上，ImageNet 三流水准的初次亮相令人失望，此后的几个月更是连遭挫败。我们的批评者依然对这个数据集不屑一顾，其他研究实验室也对其兴趣寥寥，ImageNet 走向无人问津似乎已经不可避免。为了力挽颓势，我临时决定去尽可能多的大学做现场讲解，尽管听众席上坐的往往是持怀疑态度的研究生和博士后。我能做的不多，但仅仅是让这个不可避免的结局推迟出现，也感觉像是一场小小的胜利。

现在，提高我们知名度的又一个大好机会就在眼前，今年的国际计算机视觉会议即将在京都召开。与我同行的是亚历克斯·伯格（Alex Berg），他是纽约州立大学石溪分校的助理教授，也是跟我志同道合的计算机视觉研究者，他的研究生导师是吉滕德拉。亚历克斯极具天赋，他本着与我和彼得罗协作时相似的精神，致力于探索"物体识别"的挑战。他在博士论文中使用了Caltech 101，对数据集的价值非常认同，也成为ImageNet为数不多的支持者之一。能与同道中人共勉固然让人振奋，但也凸显了前路之孤寂和艰辛。

眼下的一切与我们刚搬到斯坦福大学的实验室时的兴奋之情形成了鲜明对比。彼时的我们坚定地认为，我们所掌握的不仅仅是一个数据集，更是一个测试平台，可以把我们的想法与整个视觉世界联系起来，拓宽我们算法的感知能力，同时用比以往更严格的方式对算法进行测试。如果说可以把图像数据集视为计算机视觉研究的语言（也就是算法及其开发人员可以探索的概念集合），那么ImageNet就是词汇量的突然爆发性增长。

我们实验室所做的每一件事都充满了活力。有一次，我们利用ImageNet快速训练了数百个图像分类算法的实例，让它们识别一组日常事物，然后将所有实例应用在一张照片上。实验目的并不是简单地检测单个物体的存在，而是通过寻找物体组合来诠释整个场景。例如，如果检测算法发现了一个人、一艘船、一只桨和一片水域，它就会将照片作为一个整体归类为"划船"。这是一种更深层次的理解，可以说接近于原始的视觉推理。

就像我们那个时代的许多实验一样，我们使用的算法准确性很不稳定，还有很大的改善空间。毕竟，就连简单的图像识别也仍处于起步阶段。但困难只会进一步激发我们的冒险精神。我们的研究大胆且具有前瞻性，虽然并不完备，但能引发思考，其中很多在概念上也很简单。但直到 ImageNet 出现，一切才变得切实可行起来。

与此同时，邓嘉也开始在学术领域崭露头角。在 ImageNet 发布后一年左右，他发表了题为《对超过 10000 个图像进行分类能告诉我们什么》的论文，总结了 ImageNet 出现后图像识别领域发生的根本性变化。尽管论文技术性很强，但其中所蕴含的哲学思想使它有别于一般的学术论文。这篇论文宛如一个预言，甚至触及了存在的本质。邓嘉认为，ImageNet 不仅代表了规模的扩大，还代表了分类逻辑的转变，类似于物理学领域的"相变"，在这种转变中，甚至现象的最基本属性也会发生变化。ImageNet 极大地拓宽了算法面临的可能性，但因为规模太大，也给算法造成了挑战（相比而言，小型数据集就不会有这个问题）。

说得更专业一些，ImageNet 所提供的"语义空间"在不断扩大的同时，也变得更加密集，导致正确答案与错误答案之间的差距越来越小。在实际应用中，这通常意味着那些在区分少量差异较大的类别时运行出色的技术，在处理 ImageNet 的上万个类别时会表现不佳，因为很多类别之间的差别都非常细微。有些技术甚至会完全失效。这种现象刚开始时令人羞愧，但最终会催人振奋,因为它表明未来的算法不仅是当前算法的改进,而且会以一种我们预料不到的方式,从根本上发生变化。

"你知道我最喜欢 Caltech 101 哪一点吗?"亚历克斯的话把我拉回了现实,"除了里面的训练数据,它还让我有机会用完全相同的图像,把我的研究结果和你的进行比较,做同类对比。"

"相当于一个基准。"我回答道。

"没错,这样就很容易衡量进展。还有什么比这更能激励研究人员呢?就像是发起了一个挑战,就像打赌一样。"

就像打赌一样,我喜欢这个说法。

"那么……如果我们用 ImageNet 做同样的事呢?"我问道,边思考边说,"或者,干脆我们就用 ImageNet 搞一个完整的竞赛怎么样?"

"你是说像 PASCAL 那样的吗?"

PASCAL 视觉对象类别数据集(通常称为 PASCAL VOC)是一个欧洲研究团队汇编的数据集,包含大约 1 万张图片,分为 20 个类别。PASCAL VOC 与 Caltech 101 类似,但有一个重要区别:PASCAL VOC 是年度计算机视觉大赛的基础数据集。该大赛始于 2005 年,每年都有来自世界各地的参赛者提交经过 PASCAL VOC 训练的算法,然后用这些算法去识别一组以前没有见过的新图片,最后根据分类的准确度对算法进行排名,错误率最低的即为获胜算法。比赛既具有协作性,又具有竞争性,吸引了各方对计算机视觉领域最新进展的关注。而参赛者所使用的数据集仅有 ImageNet 的千分之一大小。

"那就有意思了。"亚历克斯回答道,"我都可以想象研究人员在互相交流新想法的时候问:'它在 ImageNet 上的表现怎么样?'"

这样一来,ImageNet 也成了计算机视觉领域的北极星了,我想。

如果邓嘉论文的核心思想是正确的,如果 ImageNet 真的会引起一场大洗牌,带来新的规则、新的直觉,甚至全新的范式,那么还有什么比通过比赛来探索这个数据集更好的方式呢?激烈的竞争压力可以激发合作的集体力量。比赛要遵循一定的规则,但又要有探索性。即使经过多年的努力创建了 ImageNet,仅仅是想像着把它做成比赛,也为它注入了新的生机。

这也意味着将 ImageNet 推向世界的工作尚未结束。

✦

一回到美国,我就开始了比赛的筹备工作。乍看之下,比赛规程似乎简单明了:使用 ImageNet 来训练算法,用一组算法从未见过的图像对其进行测试,评估算法对图像标注的准确率,以此计算排名,总错误率最低的算法胜出。然而,从实际操作上看,将数据集转化为竞赛本身就是一项科学挑战。

在象棋、扑克或篮球等比赛中,胜负的概念简单明了。然而,在科学竞赛中宣布获胜者类似于做出了一项承诺:承诺不仅参赛算法在某些方面表现优异,而且算法设计对整个领域做出了贡献;承诺获胜算法能给我们带来全新的启示、深刻的见解,甚至变革性的成就;承诺比赛结果就是迈向北极星的下一步。这是一个重要而庄严的声明,发表的时候必须充满信心。

在这种情况下,竞赛的严谨性和透明度都至关重要。为了实现这两大目标,我们起草了大量文件,详细解释算法的分析方法,解读对算法性能进行量化的精确公式。除此之外,灵活性也很重要。毕竟,当给照片分配标签时,就算是人类,也可能会对哪个物体最相关产生分歧。例如,想象在一张水果摆盘的图片里,草莓和苹果都非常显眼,因此都可以被视为照片的核心特征。如果给这张图片标注"草莓"而不是"苹果",算"错误"吗?

为了避免误判表现优异的算法,我们允许算法给每个条目添加五个标签,标签以相关性排序。比如,在上面的例子中,"草莓"和"苹果"这两个标签都算正确答案。我们把这种评估标准叫作"五大标签错误率"。这种标准可以鼓励参赛者明智地分散识别风险,确保他们的能力得到最充分、最公正的展现。

就像 ImageNet 本身的创建过程一样,比赛带来了一连串意料之外的挑战。我们花了数周时间研究与参赛者共享数据集的统筹问题,最终选择分发一个精简的子集:比赛所用数据库约占 ImageNet 图像总量的十分之一、总类别数的二十分之一,共包含约 140 万张图片，涵盖 1000 种日常物品、植物和动物。为了确保为算法提供新颖的测试，我们再现了 ImageNet 的大部分开发过程——我们重新下载并标注了数十万张新图片，又进行了一轮众包标注。总之，我们花了几个月的时间来筹备比赛。

在筹备过程中，邓嘉的支持团队不断壮大，其中就有像奥尔佳·鲁萨科夫斯基（Olga Russakovsky）这样的新人。奥尔佳是一位聪明且充满活力的研究生，一直在寻找有意思的项目来贡献自己的力量。她双眼有神，卷发及肩，说起话来很有感染力，在人群中非常显眼。从我们第一次见面开始，我就很喜欢她，尤其让我印象深刻的是她身上那种不着痕迹的反差：她性格活泼，很容易被误认为是土生土长的加州人，但事实上，她出生在乌克兰，经常谈起她还住在哈尔科夫的祖母。她不仅智商高，也是我们系里少有的社交能手。我知道她有足够的才智在幕后为项目做出贡献，但我也暗自揣测，也许有一天，她可以利用自己天生的才智成为代表项目的公众人物。

"激动吗？"奥尔佳问道。

我确实很激动。网站第二天就要正式上线了，竞赛消息也会同时公布。团队正在实验室里熬夜做收尾工作。

"告诉我，"邓嘉说，"你在这里的终极目标是什么？"

ImageNet 项目进入最黑暗的日子以来，我几乎再也没有思考过其他问题。考虑到我们所做的一切工作，我发现仅仅将

ImageNet 视为一个数据集就过于狭隘了。即使到了现在——尤其是现在，在比赛近在眼前的时刻——ImageNet 仍然只是一个假设、一个赌注，赌的是计算机视觉领域最需要的东西，是获得长久以来哺育着人类感知能力的多样性和变化性。

我乐观地认为突破就在眼前，但又担心通往突破的道路崎岖难行，毕竟 ImageNet 体量庞大，对任何一种算法来说都是难以驾驭的。我们讨论了目前流行的各种算法，如支持向量机（Support Vector Machine，SVM）、随机森林（random forest）、自适应提升（boosting），甚至是我和彼得罗在单样本学习论文中使用的贝叶斯网络，都会不堪重负，这迫使我们去创造一些真正的新算法。

"我不认为 ImageNet 会把现有的算法变得更好。"我说，"我认为它会让它们过时。"

比赛的正式名称为"ImageNet 大型视觉识别挑战赛"（ImageNet Large Scale Visual Recognition Challenge，ILSVRC），对所有人开放，获胜者会即刻获得认可。首届比赛将于 2010 年举行，5 月开放报名，9 月统计结果，同年晚些时候，会在克里特岛举行的欧洲计算机视觉大会（European Conference on Computer Vision，ECCV）研讨会上公布获胜者。在研究界看来，赛事的准备工作似乎进行得天衣无缝，但其实这多亏了幕后一些外界力量的帮助。

考虑到我们缺乏办赛经验，再加上 ImageNet 的知名度还很低，我们联系了PASCAL VOC的创始组织者马克·埃弗林厄姆（Mark Everingham）。马克是牛津大学的研究员，也是计算机视觉领域冉冉升起的新星。当时PASCAL VOC已经进入第六个年头，而ImageNet才刚刚起步。马克非常热心，同意把ImageNet作为PASCAL VOC竞赛的一个新赛道。这一举动非常慷慨，让我们有机会在已经建立起来的框架中学习相关技巧。

当时与计算机视觉相关的竞赛相对较少，因此创办新竞赛足以激起不小的水花，吸引一些早期的关注。我们一开始就收到了150份报名表，最终共有11个团队提交了35个参赛作品。虽然参赛算法不是很多，但我们终于迈出了第一步。

在某种程度上，在首届ImageNet挑战赛前夕，我们的心情甚至比一年前ImageNet发布的时候还要激动。发布产品是我们向世界展示自己创造的东西；而现在，世界将向我们展示他们用ImageNet创造的东西。我们整个项目都是以生物视觉原理为基础，而挑战赛就是对相关生物影响的有力延续。ImageNet的基本理念是算法需要直面其所处环境的全部复杂性和不可预测性，也就是真实世界的本质。竞赛将使算法面对的环境充满真正的竞争压力。

就像我们的三叶虫祖先漂流在古老海洋中一样，现代世界的计算机视觉算法即将坠入自己的进化熔炉，接受严峻的考验。提交的作品代表了使用ImageNet完成的第一代研究成果。手握这些作品，我不禁想，这是否就是答案了？我们即将瞥见某个新的前沿了吗?

然而,现实却与我们的期望背道而驰。

获胜算法来自一个由 NEC 实验室、罗格斯大学和伊利诺伊大学的研究人员组成的联合团队。他们采用的是支持向量机算法,这也是我此前认为无法驾驭 ImageNet 的一种算法。支持向量机这个名字听上去相当晦涩,取自该算法利用的高维几何的一个特征,象征着其抽象本质。支持向量机在过去几年非常流行,到 2010 年,它似乎已经成为物体识别的实际标准。这个参赛算法的表现确实可圈可点,我们对每位参赛者的努力表示赞赏。不过,与计算机视觉领域其他方面的前沿工作相比,这些算法只能算略有改进,很难说开启了新的时代。

在 ImageNet 的发展历程中,有很多令人泄气的时刻,这次就是其中之一。如果说 2010 年的比赛虎头蛇尾的话,那么 2011 年的比赛则给人一种末日之感。2011 年的获胜算法来自法国施乐研究中心,也是一种支持向量机算法,识别表现虽然比前一年有所提高,但也只是将准确率提高了 2 个百分点左右。

我开始意识到自己可能误判了。正如我猜测的那样,大多数算法都难以应对 ImageNet,但支持向量机比我想象的要强大,它为参赛者提供了安全的避风港,阻碍了我梦寐以求的激进创新。连续两年,司空见惯的算法都只是在能力上略有提升,几乎没有任何真正的进步。最糟糕的是,参赛人数也出现急剧下降:第二年的报名人数从 150 人减少到 96 人,参赛算法也从 35 个减少到 15 个。愿意为此付出努力的人似乎越来越少，也许这并不奇怪。

说这种经历"让人羞愧"已经远远不足以描述我们的心情了。为了推动 ImageNet 的发展，我们倾注了多年的心血，搜集的图片数量远远超过以往的任何数据集，还精心策划了一场国际竞赛来探索它的能力，但结果却只是简单地重复了现状。如果说 ImageNet 是一场赌注，是时候开始思考我们是不是已经输了。

✦

"西尔维奥！快看！我刚才就想给你看！"

我听到父亲在走廊那头得意地喊道，让西尔维奥过去看他在车库市场中的最新收获。我们居住的加州郊区面积大，全年气候宜人，尤其适合进行车库市场。搬到这里后，父亲依然对他最大的爱好充满热情。他还是对那些带有一丝意大利血统的物品情有独钟，尤其引以为豪的是最近买的一条腰带，上面盖着他最喜欢的印章："意大利制造"。我不禁想，这么多年过去了，他是否意识到，他的女儿其实比他更胜一筹：不仅找到了意大利制造的稀世珍品——一个好男人，还跟他成了夫妻。父亲正拿着一条腰带给这个男人看。

"啊。"我听到西尔维奥回应道。我暗自发笑，他的汉语词汇量屈指可数，这个音节就是其中之一。

现在，我和父母住在校外教工区的一栋联排别墅里。这里非常舒适，我们心怀感激，但我觉得自己的生活依然七零八落。我和西尔维奥还是两地分居，一有时间就去探望彼此，所以很少跟身边人打交道。跨国飞行仍是家常便饭，大部分时间都用来打包行李、往返机场、协调通勤。我们感觉自己就像是空中居民，并没有生活在陆地上。

尽管如此，在喧嚣的背后，仍能找到一种异常的平静。母亲的病情相对稳定。尽管异地婚姻带来了很多麻烦，但西尔维奥经常过来看我，跟我父母的关系也日渐紧密。每次过来，他都会亲自下厨，想用美食俘虏我父母的胃；而他们也报之以李，每次西尔维奥来到后的第一顿晚餐，他们都会亲手准备丰盛的家常菜。这总会让我想起小时候在成都的日子，每逢周末都会到外祖父母家，品尝他们精心准备的炖肉、炒菜、凉拌菜、米饭和汤。

作为晚饭现场的唯一翻译，我的任务就是帮助他们交流，主要的聊天内容就是中国美食。在西尔维奥眼里，中国美食文化博大精深，让他深感好奇。他的钦佩之情发自内心，并不是为了讨岳父母欢心。父母做的中餐非常地道，并没有照顾西方人的口味，反而让西尔维奥更加喜欢。吃晚饭的四个人都是移民，但在这张餐桌上，国界似乎消失了。

一切都很美好，只可惜，这种美好太过短暂。

仅仅几个月后，我就动弹不得了，无形的疲惫感深入骨髓。

我步伐沉重，抬不起胳膊，睁不开眼睛，好像有千钧重负压在身上。我和西尔维奥非但没有解决异地婚姻的任何问题，反而做出了一个极其理性的决定，让问题变得更加复杂：我们决定要孩子了。我的孕期反应非常大。

特别是到了孕晚期，我感觉度日如年。除了常见的孕期反应，我还出现了一些找不到原因的症状，医生告诫我，在分娩之前，不可以再出行。但是，世界并没有放慢脚步，时代的洪流继续冲刷着我——学生、研究、教职员工和正在进行的 ImageNet 项目。我每天都盯着电脑办公，手机震动个不停。

有一次，手机突然在半夜震动起来。我拿起手机，发现是琼·萨贝拉打来的。我觉得有些不对劲。

"琼，怎么了？"

电话那边停顿了片刻。"飞飞，鲍勃摔倒了。"

"什么？什么意思？他受伤了吗？"

"不是，不是。我的意思是，问题挺严重的，他好像失去平衡能力了，感觉很不正常。"

我还是没明白。琼听起来像是在描述别人的祖父，而不是鲍勃。鲍勃还年轻，不可能发生这种事。

"你带他去医院了吗？"

"我现在就是在医院给你打的电话。医生做了快速脑部扫描，我们还在等详细结果，但是……"她慢慢地叹了口气，"飞飞，情况看起来很不好。"

我使劲咽了咽口水，坐直了身子。我说想跟鲍勃通话。我听到琼把电话递了过去,用我几乎听不清的声音说:"是飞飞的电话。"

"喂?"

这不是鲍勃的语气。

"是鲍勃吗?呃……琼说你摔倒了。你还好吗?现在感觉怎么样?"

我本来想跟他说说话,确认他没事,但他的声音听起来很遥远,似乎说话很费力气。

"鲍勃,"我意识到问题的严重性,声音越来越轻,"你想让我飞过去吗?我可以马上过去。"

鲍勃在电话那头沉默了片刻,这时我才意识到,我的话让他始料未及。他知道我的预产期还有几个月就到了,也知道医生禁止我出行。在这种情况下,我还提议去看他,已经能够说明事情的严重性了——直到把话说出口,我自己才意识到这一点。

沉默。然后是一阵急促的呼吸声。微弱、嘶哑、颤抖。不可能是我想的那样。他……在哭吗?鲍勃从来没有在我面前哭过。我听到了激动的摸索声,琼又拿回了电话。

"怎么了?飞飞,你对他说了什么?!"

在接下来的 24 小时里,我坐立不安,焦急地等待着琼的消息。

终于有信儿了——胶质母细胞瘤。晚期。无法手术。

鲍勃要死了。

我不敢相信。我开始给我认识的每个人打电话,迫切地寻找可以提供帮助的人。在我家多次出现健康危机时,他一直是我们的救命恩人,我也一定要尽全力帮他。一个偶然的机会,我通过一个奖学金项目联系上了附近一所大学医院的神经生物学部门。第二天,他被转到最先进的护理病房。

鲍勃对我太重要了,我尽了自己最大的努力,却无法控制病情的发展。他的身体状况急剧恶化,在发现肿瘤短短几天后就完全失去了意识。医生们竭尽所能,但他再也没有醒过来。不到三周,那个从高中起就一直是我的第三位家长、如同我家人一样的人,就这样与世长辞了。

我们全家人都沉浸在极大的悲痛之中。父亲一听到这个消息就泪流满面。母亲依旧沉默寡言,但我知道她和父亲的心情是一样的。他们也和这位"大胡子数学老师"有着特殊的情谊,多年来,他们一起帮助我这个容易陷入痴迷的移民女孩度过了艰难的青春期。就连西尔维奥也受到了影响,他只见过鲍勃几次,但已经逐渐明白他在我生命中独一无二的重要性。此外,鲍勃的家人跟西尔维奥一样来自意大利那不勒斯。西尔维奥知道依照医嘱,我不能去参加葬礼,但他担心我会因此遗憾终身,于是他放下手头的一切,从西海岸到东海岸,飞越整个美国,代表我参加了葬礼。

我仍然记得鲍勃在帕西帕尼高中的办公室"数学实验室",

墙上的书脊如彩虹一般。我还记得，我们的谈话为我提供了每日的避风港。我还记得，如果我考试成绩不好，他会严肃地批评我。在加州理工学院读书的时候，他告诉我研究生宿舍房间应该怎么选，对各种大小事情，他都像慈父一样给我建议。我还记得，我们每周都会打电话，这些通话在我的生活中勾勒出一条连续的轨迹。我还记得，他慷慨解囊，借钱帮我家开干洗店，把我们从绝境边缘拉了回来。我还记得，不到一年前，我最后一次去新泽西是参加鲍勃的退休聚会；他站起来发表演讲，毫不隐晦地说，他为"他的两个儿子……和他的女儿"感到骄傲，听到这样的话，我一时不能自已。

斯人已去，但足迹不灭，思想不朽。鲍勃的梦想是出版自己的科幻作品，虽然这个梦想没能实现，但他始终笔耕不辍，也总会在每个月底把自己的日记通过电子邮件发送给我。我们成了数字笔友，像往昔年代的人一样通过长篇通信保持联系。这些邮件成为我所认识的那个人的最后遗存：每一个黑白网页都记录着他的所思所感，有的深刻，有的平淡。时至今日，这些文字仍让我时而莞尔，时而捧腹，偶尔还会翻白眼，但总能引发我的思考。我的职业生涯致力于理解人类心灵的本质，而我此生最大的荣耀之一就是有机会更好地了解鲍勃的本性。

✦

生活的脚步并没有放慢的迹象。我缅怀着鲍勃，忍受着让我动弹不得的大肚子,也无时无刻不在惦记着 ImageNet。这三重思绪构成了生活的主旋律,因此每当西尔维奥过来看我,我都特别感恩。

有一次晚餐时,氛围异常安静。他问道:"你在想什么?是鲍勃吗?"

"鲍勃一直都在我心里。"我惆怅地笑了一下,"不过不仅仅是他。"

"ImageNet?"

"是啊,我也不知道,整个比赛的想法……感觉很顺理成章,结果才做了两年,参赛的人数就开始下降了。天啊,难道我一直是错的吗?难道答案就这么简单?我的意思是,'假设'就是这样的,对吧?有时候,'假设'就是错误的意思。"

"当然,有时候确实是这样。"

我抬起头来看着他。

"但这次不是这样。你知道吗,从你第一次提到这个想法,我从来没有劝你放弃过,这是有原因的。不仅仅因为你是我的妻子,还因为我也相信 ImageNet!也许这个数据集太超前了,也许吉滕德拉是对的,你的跨越幅度太大了。但这并不意味着 ImageNet 是错的。"

我笑了。他并没有解决我的问题,但他的话鼓励了我。

"还有,"他接着说,"我认为潮流正在转向。我们实验室研究的视觉问题跟你们的完全不一样,但你知道大家开始谈论什么了吗?更大的数据集、更多种类、更加广阔的世界图景。

这就是假设的另一个特点——有时候，假设需要一些时间才能赢得所有人的认同。"

即使是西尔维奥最温暖的安慰也充满了理性，他很擅长帮我振奋精神。不过，没过多久，我就不再需要他的鼓励了。科学总是以一种耐人寻味的方式打破预期，即便那些与之最接近的人也始料未及。

✦

2012 年 8 月，让我夜不能寐的事情终于不再是 ImageNet 了——我们的孩子出生了，我的生活主题变成了哺乳、换尿布和永远不够的断断续续的睡眠。

这一年，ImageNet 挑战赛的结果将在意大利佛罗伦萨宣布，因为孩子的原因，我本不打算亲自去参加，但有一天，邓嘉深夜打来电话。这个时间点很不寻常，我的第一反应是出了什么事。

"喂？"

听得出他很激动，但感觉不像是痛苦，而更像是兴奋，准确地说，是迷茫而兴奋。因为邓嘉一向淡定，所以他的语气让我格外留意。

"是这样的……我们一直在评估今年的参赛作品，其中的一个算法是……我的意思是……"

他迟疑了一下。

"怎么了？是什么？"我问道。

"好吧。获胜的团队使用了非正统的算法，是一种神经网络算法，你敢相信吗？"

我的耳朵竖得更直了。如果说刚才我的注意力还没有完全集中在他的身上，那么现在我肯定百分之百地在听他说话了。

"感觉像是……老古董。"

我不由得笑了起来。一个21世纪的学生用"老古董"这个词来形容几十年前的工作，足以证明我们的领域是多么年轻（可能也证明我正在变老——我选择无视这种可能性）。但他说得没错。神经网络是由生物学启发、层次分明的相互连接的决策单元阵列。由于计算机视觉领域的迅速发展，到了21世纪初，我们中的大多数人已经把神经网络看成是尘封已久的艺术品，包裹在玻璃罩中，四周用天鹅绒绳索保护，闲人勿近。

"真的吗？是神经网络算法？"

"是的，但还不止这些。飞飞，你不会相信算法的表现有多好。"

✦

飞机窗外一片漆黑。虽然飞机还在跑道上，但还是什么都看不见。坐在中间座位的我，能看到的只有前排的座椅。我告诉自己："一会儿就能到佛罗伦萨了。"但我心里清楚，这只是个幻想。因为临时决定参加欧洲计算机视觉大会，我不得不放下一切，家庭生活陷入了混乱，但邓嘉的消息让我别无选择。不得不承认，当婴儿急需照顾时，和父母同住还真是益处多多。

订票的时候，我回想起我和西尔维奥度蜜月时，从旧金山国际机场到佛罗伦萨机场并没有直飞航班，于是我费了一些功夫找到了能让我最快时间回家、回到孩子身边的航线。虽然很不情愿，但我最后还是选择了一趟20小时的航班，飞机空间狭小，肯定也睡不好，唯一的中途停留休息就是转机，可能在巴黎、苏黎世或其他一些我在迷迷糊糊状态下无法辨认的标志性城市。但现在已经无法回头了。飞机开始在跑道上缓缓滑行，引擎开始轰鸣。扩音系统里传出广播：抬起小桌板，系好安全带。我想睡一会儿，但思绪却翻滚个不停。

我一直在思考这次的获胜算法。它的识别准确率高达85%，比上一年的冠军高出10个百分点，创造了计算机视觉领域的世界纪录。可以用一个数据来说明这个准确率的意义：我所看到的研究表明，人类的平均识别准确率约为97%，而这还是对简单得多的二元选择而言（比如判断一张照片上是否有动物）。相比之下，算法需要筛选上千个选项才能找到正确答案。因此，虽然这个算法还没有达到人类的水平，但已经比其他任何算法都更加接近，而且差距已经小到惊人。

飞机广播"嘟"了一声，然后传来机长的声音：我们已进入巡航高度。

这个参赛算法最令人惊讶的地方，也许在于它提高准确率的具体方法。尽管发展了数十年的支持向量机等现代算法已经引起广泛兴趣，并曾在前两年的比赛中获胜，但这次获胜算法的研发团队却选择了让神经网络重出江湖，并在比赛中大显身手，把第二名远远甩在身后。冠军算法名为 AlexNet，是向这项技术和项目的主要作者、多伦多大学研究员亚历克斯·克里热夫斯基（Alex Krizhevsky）致敬。

飞机遇到气流，颠簸了一下。

准确率竟然在短短一年内大幅提高了 10 个百分点？而且是通过神经网络实现的？飞机从一个时区穿越到另一个时区，我的大脑运转不停。这就像是听说一辆本田思域以每小时 160 千米的速度差打破了陆地速度的纪录。根本不可思议。进步不应该是这样的。

还是说，进步就是这样的？我想到了邓嘉在论文中阐述的内容，包括在使用 ImageNet 进行算法训练时的一些发现。在小型数据集上运行良好的技术，在大型数据集上训练时却突然表现不佳，反之亦然。有没有可能，神经网络一直以来都更适合理解 ImageNet 这种更大、更密集的可能性空间？有没有可能，神经网络一直都能同时应对类别总数的大幅增加和类别间差异的急剧缩小，而它最先进的竞争对手却做不到？我急切地想找到更多线索，于是打开笔记本电脑，调出了 AlexNet 团队在参赛算法中附带的幻灯片，仔细研究他们所做的设计选择。

AlexNet 是卷积神经网络（Convolutional Neural Network，CNN）的一个实例。卷积神经网络的叫法源于图形卷积过程。

在这个过程中，一系列滤波器在图像上扫过，寻找与网络所识别事物相对应的特征。这是一种独特的有机设计，灵感来自休伯尔和威塞尔对哺乳动物视觉系统的观察，即视觉处理在多个层次上进行。就像在自然界中一样，卷积神经网络的每一层都会逐渐整合更多的细节信息，从而形成越来越高层次的感知，最终将真实世界的物体完整地呈现在我们的视野中。

这样就形成了一种类似视网膜的算法，凝视着周围的环境。就像真正的眼睛一样，算法的最外层把成千上万个感受野应用于图片的像素，每个感受野都经过特定调整，能够识别出独特的微小图案，并在遇到这种图案时被激活，比如以一定角度倾斜的对角线边缘、两种色调之间的模糊混合、条纹图案或明暗交替等等。在这种感知水平上，滤波器可以对任何事物做出反应，比如小狗皮毛的图案、厨房柜台的边缘，或者阳光下玫瑰花瓣轮廓上的闪光。事实上，AlexNet 能够捕捉到所有这些特征，甚至更多，这不仅是因为它接受了 ImageNet 的训练，更重要的是，这种算法忠实于生物视觉的进化本质。研究团队没有预先决定网络应该寻找哪些特征，而是让数十万个神经元在没有人工干预的情况下，完全依靠训练数据逐渐学习到自己的敏感度。AlexNet 就像生物智能一样，也是自身所处环境的自然产物。

接下来，来自成千上万个感受野的信号会深入神经网络，汇聚融合成更加丰富、清晰的提示信息。每个新的感知层都在比上一层更加复杂的感知水平上运行，当感知到熟悉的事物时

（也就是感知到算法此前已经被训练识别的东西），就会做出反应，就像生物神经元的生化反应被激活一样。微小的图案越来越大。这些图案进一步像拼图一样连接起来，形成越来越容易辨认的片段——老虎的条纹、木头的纹理、映在地上的影子。

最终，经过各层过滤后，仅剩下少数几个信号被融合成识别对象的详细图像，进入网络的最后阶段：识别阶段。摩托车、豹子、算盘、母鸡、电视机，或是其他上千种选择中的任何一个。所有这些都来自同一种算法，其精确度越来越接近人类水平。

当然，这些并不是什么新的创意。自从贝尔实验室成功将卷积神经网络应用于手写邮编，杨立昆多年来一直对卷积神经网络保持着惊人的忠诚。在 AlexNet 诞生时，他已经花了 20 年时间坚持不懈地完善算法、发表研究成果，但一直没有必要的资源来充分实现这些成果。现在，几乎在一夜之间，这种常被视为误入歧途的执着似乎变得极具先见之明。杨立昆把自己的卷积神经网络算法巧妙地命名为 LeNet（呼应他的英文名 Yann LeCun），其指导理念在 AlexNet 中熠熠生辉，宛如重生般焕发生机。

这种联系让 AlexNet 背后的三人团队备受瞩目。他们都是多伦多大学的研究人员，负责人是与项目同名的亚历克斯·克里热夫斯基，以及他的合作伙伴伊利亚·苏茨克维（Ilya Sutskever）。这两个聪明的年轻人资历尚浅，仍在建立自己的声誉。然而，第三个名字立刻引起了我的注意：杰弗里·辛顿。

就是这位辛顿,在20世纪80年代中期开发了反向传播技术,成为早期机器学习的先驱。反向传播的突破性方法首次实现了对大型神经网络的可靠训练。就是这位辛顿,曾经指导过彼时还是他实验室学生的杨立昆。和他的学生一样,辛顿拒绝放弃对神经网络的研究,即使这让他在同事中显得形单影只。看来,AlexNet绝不仅仅是一个参赛算法。这是一个历经四分之一个世纪的正名时刻。

随着我对算法架构研究的不断深入,它根源的意义变得更加清晰。虽然相隔20多年,但AlexNet和LeNet的主要区别似乎微乎其微,两者都运用了传统的神经网络范式。但有一个关键的区别是显而易见的:AlexNet这个新的演化版要庞大得多。

与LeNet相比,AlexNet可以处理大约10倍规模的图像,通过一个大小约为其两倍的卷积核(可以理解为神经网络的"焦点")来扫描图像。在此基础上,AlexNet通过一个更深的网络对识别的细节进行过滤,这个网络比LeNet多出几层,因此能够更全面地处理所获得的信息,并做出更复杂的推断。最后,LeNet的设计目标是将分析结果转化为10种可能结果中的一种,对应于它要识别的10个手写数字,而AlexNet可以识别出1000个物体类别,也就是比赛中选择使用的ImageNet子集中所包含的类别总数。

但所有这些都只是程度上的差异,而非本质上的差异;从理论层面看,两种算法几乎没有什么区别。然而,AlexNet的表现却创下了前所未有的辉煌。

这是如何实现的呢？

部分原因肯定是算法运行所需的硬件。在很长一段时间里，神经网络的训练难度很大，硬件的明显限制是致命的。即使是利用过去几十年中规模小得多的网络来训练算法，从操作层面看，也很难实现。事实上，用世界上最大的图像集合来训练类似 AlexNet 这样的网络似乎是难以想象的。但技术已经取得了长足的进步，尤其是出现了针对特定应用进行了优化的计算机硬件，价格低廉但性能出色，让大规模数据集训练成为可能。有意思的是，一切都要归功于电子游戏的流行。

这就引出了另一个命运转折点：从功能上看，神经网络所倾向的数字运算方式类似于视频游戏的图形渲染方式。自 20 世纪 90 年代以来，价值数十亿美元的电子游戏产业一直推动着定制硬件的进步和商业化，助推了英伟达等超级品牌的崛起。到 2012 年，相关硬件——一种被称为"图形处理器"（Graphics Processing Unit，GPU）的专用处理器——已经以优惠的价格成为消费产品。对辛顿的实验室来说，这意味着实现 AlexNet 所需的硬件不再需要政府拨款和施工许可，而是可以在百思买电器大卖场的货架上买到。

然而，"可行"不一定意味着"方便"。即使有如此强大的硬件，利用 ImageNet 来训练 AlexNet 也需要使用多个处理器，每天 24 小时运行整整一周的时间。所以，在 2012 年年初的某一周，当世界各地数以百万计的图形处理器忙于渲染抖动的机

08 实验验证

枪、成群结队的僵尸和弹片飞溅的爆炸时，有两台图形处理器却正在多伦多的某个地方将一种新型神经网络从理论变为现实。

尽管算法性能取得了显著进步，但在严格意义上讲，并没有什么新颖的东西。进步的作用只是让现有进程能够在更加实际的时间内完成。如果要说 2012 年的世界与 LeNet 时代有什么真正的不同，那一定是用于训练网络的数据之充裕。毕竟，在 1989 年，数字图像还处于起步阶段，大规模的图像库也非常罕见。在那个时候，组织一套用于神经网络训练的数据集——不仅仅是数字图像集合，更是一个针对特定应用、每个图像都由人工精确标注的海量集合——似乎完全是无稽之谈。

当然也有例外情况，那就是用来训练 LeNet 读取邮编的扫描图像。在当年，即使打造一套手写数字图像的训练集，也是勉勉强强才能完成的工作。邮编图片训练集和现代图片训练集的对比情况引人深思。与数百万像素的全彩照片不同，扫描的数字图片尺寸很小，颜色单一，占用的内存也相对较少。而且，只需数千个示例（而不是自然世界所需的数以亿计的示例），就足以涵盖其特异性所需的多样性。因为当时只能找到手写邮编的图片训练集，所以，在 20 多年的时间里，卷积神经网络算法的唯一成就是识别手写邮编也就不足为奇了。从这个角度来看，数据似乎有种为系统注入活力的能力。

事实上，在 ImageNet 的帮助下，AlexNet 焕发生机，它贪婪地吸收着 ImageNet 的内容，在 ImageNet 规模和多样性的土壤中生根发芽，茁壮成长。一直以来，神经网络并不需要更花哨的数学公式和更奇特的抽象概念。我们期待神经网络能够理解世界，而它们只是在等待我们提供更加清晰的图景，等待一些真正有学习价值的东西。大数据训练了 LeNet 去理解复杂的人类笔迹，现在它也在训练 AlexNet 去理解万物。

后来我才知道，在 2012 年之前的几年里，辛顿重拾激情，想要证明神经网络的可行性。2011 年，他认为自己比以往任何时候都更接近转折点，于是开始以一种既对抗又合作的方式与同事沟通，他的表达方式听起来更像是提出挑战，而不是提出问题。他跟同行探讨下一步行动计划，其中一个同行就是吉滕德拉。虽然他们两人早有交情，但吉滕德拉一直对辛顿的项目持怀疑态度。

"我要怎么做，才能让你相信神经网络是未来的趋势？"辛顿问道。

"你真的想打动我吗，杰弗里？那就让我看看它们能不能处理一些真正的任务。"

"比如？"

"比如物体识别，真实世界中的物体识别。"无论吉滕德拉对 ImageNet 有什么看法，他的确相信视觉分类的力量，这一点我在加州理工学院时就了解到了，"你参加过 PASCAL VOC 吗？"

"参加了啊。但没什么用，他们的数据集太小了，例子不够，所以我们给神经网络展示新图片的时候，泛化效果并不好。"

"那你就需要更大的数据集。你关注过飞飞的实验室吗？等你准备好迎接真正挑战的时候,可以看看她组织的比赛。"

不管吉滕德拉是真的对我的项目改变了看法,还是只是想打老朋友的脸(这两种情况似乎都有可能),辛顿都认真地听取了建议。

每一个翻腾的思绪似乎瞬间汇聚,让我从迷迷糊糊的旅行中清醒过来,我突然想到了一件事:神经网络与 ImageNet 对世界的呈现是天然的契合。回顾过去,杨立昆的网络与笔迹识别相得益彰。他的网络对笔迹进行分析,从最小的像素簇到笔触的纹理,再到完整的数字,在每个分析尺度上都发现了有意义的模式。这是从数据中自发产生的感知流畅性,自然而然地形成了意识的层次。休伯尔和威塞尔在猫的视觉皮质中看到了同样的现象。而在加州大学伯克利分校的实验室里,我们看到了更深层次的理念。神经网络一直都能进行物体识别,但直到现在,它们才具备了实现目标所需的计算能力。

ImageNet 的数据广泛而全面,覆盖了世界上绝大多数物体。现在看来,AlexNet 和 ImageNet 也属于相互成就。简而言之,这就是最大的不同——现在算法可以探索的数据范围大大增加了。一想到训练完成后 AlexNet 的层级中包含的内容,我就惊叹不已:形状、边缘、图案、纹理,涵盖我们多年来从互联网上捕捉到的所有人物、动物和物体。现实世界中幽灵般的碎片,以恰到好处的方式组织起来,供算法来查看。

飞机抵达佛罗伦萨,机轮触地,飞机轻轻地颠簸着。我仍然难以相信 AlexNet 就是我们梦寐以求的进步。这个飞跃似乎太大了。但我越想越觉得它具备每一个伟大突破的特征：疯狂的外表包裹着一个有意义的想法。

✦

第二天一早，消息就传开了。据传，会上将宣布一个具有历史意义的事件。这些含糊不清的传言激起了与会者的好奇心。当我到达时，研讨会现场已经人满为患，杨立昆本人不得不靠后墙站着，因为他稍微晚了几分钟，没能找到座位。

从研讨会开始的那一刻起，现场的气氛就异常紧张，人群分成了三派。第一派是 ImageNet 的少数支持者，包括我、亚历克斯·伯格和辛顿实验室的成员。第二派占绝大多数，由中立但感兴趣的观察者组成。第三派虽然人数不多，但态度强硬，也最直言不讳。他们是那些从早期就反对 ImageNet 理念的批评者，虽然我通常不理会他们的态度，但在会议现场很难忽视他们的存在。

更糟糕的是，我们并没有形成统一战线。辛顿无法亲自参会，因为他长期患有背部疾病，几乎不可能进行国际旅行，所以他派了亚历克斯·克里热夫斯基代他出席。亚历克斯非常有才华，也是算法的主要作者，所以可以代替辛顿。但就像许多杰出的人一样，他的个人表现与他工作成果的高度并不相符——我不确定他是否完全理解这一点。他的表现笨拙而轻率

（这在学术界并不罕见）。一个典型的例子是，我在研讨会开始前多次给他发短信确认会面时间，但他完全没有回应（但幸好，他按时到了现场）。由于听众的怀疑态度空前高涨，他只摆事实、不带情感的演讲更难赢得他们的认同。

提问环节一开始，现场的紧张气氛就越来越浓。我们听到了所有常见的抱怨：ImageNet 太大了，不实用；没有必要包含这么多类别；物体识别模型还太原始，不需要如此庞大的数据集；等等。事实上，AlexNet 几乎是逐点证明了相反的观点，但奇怪的是，观众却不信服。同时，也出现了一些新的批评声音，有些甚至非常离谱。一位与会者（来自顶尖大学的后起之秀）煞有介事地提出，描绘 T 恤的图片类别多样性不够，因而无法可靠地训练模型。对此我更多的是感到好笑。是认真的吗？T 恤图片是致命弱点？会议现场的其他人也都一头雾水。

但那些认真倾听的人得到了回报。在 27 张幻灯片中，大多数只有黑白文字和图表，却以我们从未见过的清晰方式展示了神经网络的本质，极具启示性。继罗森布拉特的感知机、福岛的新认知机和杨立昆的 LeNet 之后，AlexNet 实现了计算机视觉领域的新跨越。这一步早就应该迈出，却历经了数十年的酝酿，现在终于横空出世，利用大型数据集充分彰显了潜力。

尤其值得注意的是 AlexNet 的学习过程。

与所有神经网络一样，AlexNet 的初始状态是无形的、惰性的，就像虚空中的一块挂毯。然后，学习过程就开始了：面对从 ImageNet 库中随机选择的图片，神经网络的任务是从上千个标签中选择一个正确的标签，对图片进行标注。这个过程周而复始，不断重复。一开始，标注几乎是不可能完成的任务；AlexNet 的数千万个神经元是随机配置的，对世界甚至连一点儿模糊的理解都没有，只会产生错误的结果。把一张蘑菇图片标注为"瓶盖"。错误。把一张拖车图片标注为"电吉他"。错误。把一张棱皮龟图片标注为"浴巾"。错误。

但失败并非无用功。错误会触发纠正信号，在网络的数千万个组成部分中蔓延开来，同时对每个部分对于结果的贡献进行评估，并按比例推动它们下次采取不同的行动。这是最简单的学习方式：减少失败的行为，增加成功的行为。但学习的规模极大，算法会仔细审查每个错误的每个细节：每一片光影、每一个图案和纹理、每一个柔和的渐变和坚硬的边缘。

在早期阶段，效果并不明显，当 AlexNet 再次看到类似它之前错误分类的图片时，很可能会再次出错。不过，错误会更小一些。如此循环往复，直到正确为止，哪怕只是靠运气。这一次，信号的目的是强化，而不是削弱：强化任何看似指向正确方向的东西。训练继续进行。错误。错误。错误。正确。错误。错误。正确。正确。错误。

ImageNet 规模巨大，算法学习也注定是个漫长的过程，即使只是为比赛挑选的 1000 个类别的子集，完成学习也需要很长时间。ImageNet 涵盖了各种各样的对象，比如数字钟、篱笆、盘式制动器、秒表、意大利灰狗、微波炉、醋栗，每个类别都有上千个不同的品种。不过，AlexNet 本身也是个庞大的网络。它有 65 万个独立神经元，通过 6.3 亿个连接组成网络，其中有 6000 万个微小的、几乎无法察觉的权重影响着连接的强度，当信号从网络的一端流向另一端时，一些连接会增强，另一些则会减弱。

作为整体，这些连接提供了一张巨大的画布，足以描绘整个世界。在一轮又一轮的标注中，权重不断变化，有的变强，有的变弱，有的摇摆不定，形成了一种柔韧结构，对训练做出有机的优雅反应。承载这些庞大数据的是两个英伟达图形处理器，高度专业化的硅芯片并行工作，以最快速度进行着一轮又一轮运算。

训练从早到晚不停地进行，直到每幅图像的每个像素都被研究完毕。几个小时变成几天，几天又变成一周。图形处理器推动之。ImageNet 挑战之。AlexNet 适应之。随着数以千万计的权重一次又一次地调整，整个网络出现了更庞大、更奢侈的结构。就像铁匠用锤子敲打发光的钢铁。每次微小的增量积累，直到近乎肉眼不可见的扰动变成山脉和山谷，延伸到数千维的超空间。这个网络是世界无数细节的幽灵般的均值，是 1000 种不同事物、每种事物 1000 幅不同照片留下的痕迹。这里有 1000 只达尔马提亚犬，那里有 1000 个洗衣篮，另一处有 1000 个马林巴琴。

就像地质变化一样，种种印记凝聚成了地形，从 AlexNet 的一端延伸到另一端。削笔刀、清真寺、海星、曲棍球——所有事物都镶嵌在这个地形之中。算法不仅"看到"了这些东西，还成为它们。我们花了数年时间在互联网上搜寻照片，这些照片形成了完整多元的机器意识空间,原始而强大,成为世界一切事物的统一表征。

在经过140万轮标注后,最后几张图片与其说是一场磨炼,不如说是一场加冕礼。网络的焦点穿过像素,随着熟悉模式的识别而亮起,并传递到下一层,与其他模式相结合,形成越来越强大的感知。算法的反应不再是随机的,大多数也不再是错误的。土狼。正确。台灯。正确。敞篷车。正确。显然,这是硬件、软件和数据的神奇组合,比计算机视觉领域所打造的任何成果都更接近于捕捉到塑造了人类这种哺乳动物思维的进化精神。

ImageNet的多样性是在全世界众包志愿者的共同努力下实现的。它所形成的拓扑结构无比多样、强大,达到了圣杯的境地。AlexNet是计算机视觉领域有史以来最大的神经网络,它的训练数据比此前任何神经网络都要丰富,而且具备了泛化能力。

我们要花上几个月的时间,才能真正理解在那个会议室里看到的一切,但即使在那一刻,我们也清楚地知道我们正在见证非凡之物。这么多年来,我一直希望ImageNet能够推动新事物的诞生,现在我终于明白,一切的一切,都是为了认可和表彰一种永恒的成就,我们对此刻期待已久。受生物学启发的算法几十年来一直凝视着我们,它只是需要适当的挑战,才能充分展现出来。

这个下午也让我们有机会回顾计算机视觉领域在过去10年的发展历程。我的实验室将所有赌注都押在了长达数年的、规模空前的数据追寻上,而辛顿的实验室则将他们的声誉都押在了卷积神经网络这套几乎已经被专业领域抛弃的算法上。我们都在赌,都有可能赌错。但在那一天,当我们看到神经网络在 ImageNet 强大训练能力的支持下展现出的惊人能力时,我意识到,虽然两个项目都获得了认可,但这只是因为它们是同步发展的。所有参与者都不知道,我们的每一步都相互依赖。

我往返佛罗伦萨的飞行时间比在佛罗伦萨当地待的时间还长。但在返程的航班上,我的感受与来时完全不同。飞机上的拥挤程度丝毫未减,我的疲惫感更加浓重,但思绪已经不再飞速奔涌——至少不像来时那样。我亲眼见证了成果。没有错误,没有疏忽,也没有文书方面的失误。神经网络起死回生,比以往任何时候都更庞大、更复杂、更强大。ImageNet 已经教会了它们所需知道的一切,让它们在一次尝试中就达到了与人类能力相当的水平。

生物视觉的出现导致远古海洋波涛下的寒武纪大爆发,距今已经 5 亿年。而如今,我们很难不去联想:我们是不是正处于一个类似拐点的边缘?机器视觉的兴起是否会引发一轮数字进化新浪潮呢?

我在来时飞机上狂躁的思绪和焦灼的问题一扫而空,取而代之的是一种意外的感觉。不是平静,而是大悟,是沉思。这一次,从起飞到着陆,我一直静静地坐着,脑子里只回荡着一个念头:历史刚被创造出来,而世界上只有少数人知道。

09

万物以外是什么

What Lies Beyond
Everything

深度学习革命已经到来,而我们还没有做好准备。报纸上的一篇文章让我看到了世界变化之快。我们的对手不是其他大学的某个神秘研究团队,而是谷歌。

"哎呀，有点儿吓人。"

这个学生说得没错。灯光闪烁了几下后，照亮了整个大厅，奇特的几何图形瞬间映入眼帘：一排排废弃的阴极射线管显示器摆放在地板上，似乎已深锁在黑暗中多年，不知是准备存放起来，还是要送去回收。整个大厅看上去像一个巨大的古董壁橱，尘封已久，无人问津。很难想象这里曾是学术要地。在2013年年初的一个普通的下午，我们手提垃圾袋，推着小推车，来到了世界闻名的斯坦福大学人工智能实验室曾经的中心实验室。

几十年来，曾经大胆自称"人工智能"的领域已经分裂成许多细分的学科，其中许多学科的命名抛却了其认知根源，转而使用更机械化的术语，比如模式识别（pattern recognition）和自然语言处理（natural language processing）。在这个过程中，对中心实验室的需求逐渐消失。当然，人工智能中心实验室仍在支持重要的工作,包括在自动驾驶汽车和计算生物学取得的开创性成就,以及在针对现实世界现象的建模方面,关于概率和统计的新创意出现爆炸式增长。但斯坦福大学人工智能实验室与其支持的研究之间的联系更像是一种形式,而不是其全盛时期的共同使命。

然而,突然之间,人工智能的寒冬开始消退。神经网络等灵活的算法重新焕发生机,真正的大规模数据集横空出世,AlexNet 展示了算法和数据集在实践中的强大威力。这些曾经只有我最亲密的同行才会关心的发展趋势正在成为热门话题。我们的研究领域似乎正在走向统一,只是这面统一大旗的名称略有不同,是一个热度与日俱增的流行说法——机器学习。

起初,变化的迹象非常微妙,比如我和同事们开始收到更多媒体采访的请求。然而,最明显的变化是,越来越多的科研人员被科技产业吸引,一些人完全离开了学术界,前往硅谷发展,最初的涓涓细流正在加速形成滔滔洪流。其中有两个离职的人格外值得一提,因为正是他们在一夜之间改变了我的生活。

一个是塞巴斯蒂安·特龙。因为他的离职,我和西尔维奥终于有机会实现一直渴望的全家团聚。五年的两地分居虽然辛苦,但我们突然意识到,这五年的辛苦是值得的:在我追逐 ImageNet 的同时,西尔维奥已经成为 3D 感知算法开发领域的领军研究者,而这也是我们系非常感兴趣的课题。在塞巴斯蒂安·特龙离开斯坦福大学,去帮助谷歌启动其迅速成长起来的自动驾驶项目时，西尔维奥凭借自己的声望成为填补特龙职位的热门人选。

出于显而易见的原因，我并没有参与对西尔维奥的招聘谈话，但西尔维奥在我心中的种种优点也都被同事看在眼里；他以压倒性优势获批成为斯坦福大学教师队伍的新成员。一个决定结束了我们长达五年、每周一次的跨州飞行，我们终于不用分居两地又共同抚养蹒跚学步的孩子了。母亲的身体一直不好，这意味着父母很可能会一直跟我和西尔维奥生活。毫无疑问，他回来后，家里会比以往更加拥挤，但这个代价微不足道。

另一个则是长期兼顾教育和硅谷领导职务的吴恩达，他卸任了斯坦福大学人工智能实验室的主任一职。在许多资深同事的支持下，我接任了实验室的第七任主任，也是首位担任这一职务的女性。于是，我联系了电子产品回收专家，并安排了一系列会议（会议提供免费午餐，以此来吸引我的教授同事们参加），着手重建斯坦福大学人工智能实验室。我对实验室的定位不仅是融资渠道，还希望将其打造成人工智能研究领域的社会活动中心、人际交往中心，乃至文化中心。

从普林斯顿大学来到斯坦福大学之后，我也一直在管理着自己的实验室。我的实验室名为斯坦福视觉与学习实验室，规模较小，位于盖茨计算机科学大楼二楼的东南角，靠近大学校园的边缘，与周围帕洛阿尔托的山丘融为一体。无论日程表上是否有安排，我都喜欢来这里转转。每个办公室似乎都有一群新学生，我都至少能找到一两个有空的学生聊上几分钟，谈谈他们的研究和一些漫无边际的设想。

对我来说,有一件事意义重大:我的第一批博士生即将毕业,其中包括耐心非凡的邓嘉同学。在完成 ImageNet 之后,他身上的创新之火一直在熊熊燃烧,而现在距离获得博士学位还有几个月的时间,他的热情似乎越发高涨。他的风格也代表了整个实验室的状态:精神焕发、全神贯注、渴望探索。

然而,这也意味着邓嘉的研究变得越来越前沿,越来越辛苦。随着他自身学术研究的广度和深度不断扩展,显然是时候找一位继任者来承担竞赛的主要组织工作了。在我们实验室工作了一年的奥尔佳欣然接受了这一重任。从本质上看,我们的竞赛既是技术挑战,也是学术活动,而奥尔佳不仅悉心管理竞赛的诸多运营细节,还将自己打造成了一位能力超群的竞赛代言人。

与此同时,新一届学生加入了实验室,他们的迫切之情与老生的镇定自若形成了鲜明的对比。由于 ImageNet 的成功,实验室吸引了一批特殊的年轻思考者。他们是在人工智能复兴时期就开始研究相关学术的首批学生,赶上了难得的际遇。他们已经足够成熟,能够认识到历史正在被创造;同时也足够年轻,可以在职业生涯起步时就抓住机会。

他们每个人都密切关注行业的最新进展,无论是通过网络、电视,还是在大厅漫步或与教授闲聊时偶然听到的谈话。这一切都预示着,未来似乎提前几十年到来了,这个时代为他们提供了超越以往任何时代的机遇。有史以来第一次,计算机视觉专业学生的抱负不再是争夺分散在全美各地的少数几个令人垂涎的教职职位，而是进入科技行业工作，加入初创公司或科技巨头。

在我们这样的学术领域，如此让人激动、回报优厚的前景并不常见。但我们的行动表明，即使是新入行的人，动机也并不复杂：面对绵延不绝的未知世界的地平线，我们从未像现在这样渴望探索。我们被雄心无限的创造力驱使着，夜以继日，废寝忘食。全球各行各业必然已经有了各自的 ImageNet 计划，会以此为基础开发许多应用程序，但我们知道那是他们的道路，不是我们的。北极星仍在远方。我们的科学研究还没有结束。

✦

邓嘉正在分享如何用一种创新方法解决图像分类失败的问题，他的幻灯片让实验室里爆发出阵阵笑声。这个主题乍看之下并不搞笑，但为了干扰算法，他用 Photoshop 设计了一些怪物，它们有的古怪可爱，让人哑然失笑，还有的让人胆战心惊，有的长着斑马条纹和公羊角的袋鼠、从海浪中冒出的一只长着鲨鱼牙齿的小猫，还有一只皮肤上长满西瓜纹的河马。然而，真正让大家捧腹的是此时屏幕上出现的图片：一只鸭子的身体上长着一颗完整的鳄鱼脑袋，安静地站在公园里，两条小细腿看上去毫无负担，就像希腊神话中的怪物被改编成了儿童读物。

邓嘉不为笑声所动,继续自己的演讲。他解释说:"我管这种动物叫'鸭鳄兽'。"他的语气如此平淡,我甚至怀疑他是否真的相信这种物种的存在。"乔恩说这是'鳄鸭'。不过,最重要的是看我们的模型如何对其进行分类。"他再次点击鼠标,这只鸭子和爬行动物的混合体上方出现了算法的描述,只有一个词:"动物"。

这个标签又引来了大家的一阵哄笑,但邓嘉依然不动声色,这是他的典型风格,低调而出彩。此次演讲以他最新发表的论文为基础,论文题目叫作《赌注对冲:优化大规模视觉识别中的准确性和特异性权衡》,由他与即将毕业的博士生乔恩·克劳斯(Jon Krause)合作完成。他们在论文中指出,即使是最先进的图像分类器,也面临一个日益增长的挑战,即需要在面对模糊不清的物体时做出明智的判断。事实上,虽然"鸭鳄兽"无法被准确分类,但他们的模型并没有贸然做出肯定错误的猜测,而是顺势退而求稳,直接给出了更安全的"动物"分类,这就是模型的高超之处——毕竟,抛开奇怪的细节不谈,它看起来确实像是某种动物。

这项工作提醒我们,尽管我们的研究主要集中在视觉方面,但语言描述也是不可或缺的一部分。毕竟,没有 WordNet,就不可能有 ImageNet。WordNet 为每个类别提供了框架,使它们不仅拥有自己的标签,还能在相互连接的思维树中找到自己的位置。如果没有心理学家埃莉诺·罗施(Eleanor Rosch)的工作,很难想象 WordNet 会是什么样子。

罗施在范畴及其在思维中的作用方面做出了重大贡献，为我们对这一概念的现代理解提供了关键帮助。她在全球开展了一系列实验，主要研究人类是如何把世界概念化的，研究对象既有加州大学伯克利分校的研究生，也有巴布亚新几内亚的高原部落居民。虽然对范畴的研究可以追溯到亚里士多德，但罗施的实验方法将简洁清晰的逻辑与经验数据相结合，在20世纪70年代掀起了范畴研究的热潮。

在发表于1975年的开创性论文中，罗施提出了一组更精确的词语来描述"理解层级"。所谓的"理解层级"，是指从"一般"到"特殊"的光谱，无数概念都可以在这个光谱上找到自己的位置。以邓嘉的动物分类"鸭子"为例。"鸭子"存在于一个特定的细节层级上，与"鸭科"（包括鸭、鹅和天鹅的生物科）"动物"、"生物"以及最终的"事物"等浅层分类相比（罗施称之为"上义词"），要理解"鸭子"这一概念，需要更多信息；但与"野鸭""鸳鸯""环纹凫"等深层分类相比（罗施称之为"下义词"），理解"鸭子"所需的信息则相对较少。从整体上看，包括ImageNet在内的类似层级结构就像一棵树。向树根移动，意味着更低的特异性和差异性，而向树叶（每根树枝的最远端）移动，则意味着更高的特异性和差异性。

邓嘉和乔恩将这种层级原则引入了计算机视觉领域。如果分类器有充分的理由相信它观察到的可能是鸭子或鳄鱼，却没有足够的信息来判断究竟是哪一种时，明智之举就是将其上移一级，选择概念更宽泛的上义词，以牺牲较深一级的特定性为代价，换取较浅一级的安全性。

猫鲨、西瓜纹河马兽、斑纹羊角袋鼠的奇观告一段落，接下来，他们要展示的是这项技术在更为实际的场景中如何有效地发挥作用。一只柯基犬的特写镜头被传统分类器错误地标记为"金毛寻回犬"，而他们的算法则会对冲风险，采用"狗"这个更加安全的标签；一辆外装奇特、涂装混乱的出租车原本被错误地贴上了"坦克"的标签，现在则被标注为"车辆"；如此等等。

我不禁注意到，大数据的力量又一次得到了充分展示。如果没有 ImageNet 这一庞大的图像库，他们的研究就不可能如此精妙。ImageNet 不仅提供了探索层级概念宇宙所需的原始数据，更重要的是，正是由于其规模和图像的本体组织形式，不同的概念关系才得以被发现。无须告诉模型如何从较高层级的细节移动到较低层级的细节，也无须设计新的连接或路径列表。ImageNet 是如此全面，模型所需的一切都已存在其中。只需要一些新的策略，就可以充分利用之。

邓嘉和乔恩的"对冲"技术是我认为最有启发性的思维方式。对冲技术优雅而直观，一旦理解它之后，甚至会觉得它非常简单，但要完成开发，则需要真正的洞察力。他们的算法巧妙精确，是计算机视觉多种发展方式的杰出典范。

接下来的演讲提出了一个更广泛、更深奥的问题：如果我们反其道而行之，深入分支，那么等待我们的将会是什么？我们的算法将如何应对比其构建之时所能理解的世界更加微妙、更加复杂的世界？

接着，乔恩站起来回答。他来自俄亥俄州，温文尔雅，穿着T恤和工装短裤时感到最自在。他和邓嘉一样寡言少语，只是表现的方式更怪一点儿，比如，他很快就因迷恋小熊猫而出名，还打印了一张小熊猫的图片，一直贴在工作站显示器的上方。他也是一个不轻易屈服的人，就像我的实验室里其他顶尖研究人员一样，当他觉得有必要让别人听到自己的声音时，他会坚定地发表意见。

随着鼠标的点击，画面分成了两屏，一边是一辆汽车的照片，另一边是与之相对应的计算机辅助设计（CAD）线框图，也就是汽车设计师绘制的示意图。然后，后一张图片被叠加在前一张图片上，用数字红线勾勒出真实汽车的格栅、车窗和车身面板的轮廓，突显了分类器为精确识别车型而需要准确辨认出的特征。

"汽车吗？"有人问。

"等一下。"乔恩会意地咧嘴一笑。

他不是在开玩笑。这是我们首次窥见一个比我们任何人意识到的都要大得多的话题。

我一直认为，ImageNet的真正贡献在于它的双重性质。其庞大的规模之所以强大，是因为其中数据的组织遵循了本体层级结构，而其本体层级结构之所以强大，是因为数据规模足够庞大和全面，涵盖了如此多样化的类别。这两个优势中的任何一个单独拿出来都是不够的。但就像规模本身一样,"类别"这样的术语也是相对的。如同对冲技术所展示的那样,针对提出的问题,在多个不同的深度层级都能找到有效的类别答案。随着深入层级的加深,概念之间的距离变得更小,分隔的细节也减少了,例如:事物—生物—植物—树木—枫树—欧亚槭。

虽然 ImageNet 规模庞大、细节丰富,但它并非完美之作。虽然有些分类特别精细(树木就是一个很好的例子),但有时候,一些明显存在差异的概念依然会被归为同一类别,概念范围相对粗略,同类概念之间的差异也较为明显。这确保了我们的分类器在很多领域都可以比较轻松地完成任务。

对某些事物来说,同一类别之间的差距微乎其微,汽车就是其中之一。邓嘉和乔恩下午的速成班就让我们见识到了汽车的复杂性。例如,我们可能会明显辨认出一辆丰田汽车的图片(尽管我们中的大多数人可能没有准备好讨论汽车);经过一番研究,我们似乎也能确定这辆车是丰田雅力士。但到底是 2008 款还是 2009 款呢?这个问题一下子就把人难住了。是 2008 款丰田雅力士的炽烈蓝珍珠色,还是 2008 款的河口蓝珍珠色?当年两种颜色都有,而且都是……蓝色的。是炽烈蓝珍珠色的 2008 款丰田雅力士基础款,还是炽烈蓝珍珠色的 2008 款丰田雅力士掀背运动款?神奇的是,还可以再继续追问下去。这一切都是为了了解一个制造商生产的一个车型的一个款式。而这还只是汽车而已。

有听众指出,最近有几篇关于鸟类的计算机视觉论文,其中有 59 种鸟被 ImageNet 收录，这个规模看起来已经很大了，但跟康奈尔大学一个涵盖了数百种鸟的数据集相比，就相形见绌了。然而据估计，全世界有超过 1 万种鸟，即使是最先进的数据项目也比现实落后了好几个数量级。我想到了科技媒体上那种激动的口吻，一篇又一篇的文章宣告着机器学习时代已经到来，图像分类难题突然"迎刃而解"。我不禁笑了：这个世界上的梧桐树、百灵鹤和丰田汽车可不是这么想的。

下午的这堂实物教学课程的内容后来被称为"细粒度分类"（fine-grained classification）。细粒度分类课题研究的是细节：识别的对象越相似，所需要的细节就越细微。乍一看，我们的研究只是从区分明显的差异延伸到了解析不太明显的差异，但这一过程却向我们传达了更加震撼和富有启发性的信息：即使是我们最大规模的设计，也还是想得过于狭隘了。

然而，科学最伟大的优点之一，就是能够将让人谦卑的一刻重塑为充满可能性的一刻。我们花了数年时间收集了数十亿张图片，招募了全球志愿者帮忙标注分类，但只要翻阅一下汽车杂志《凯利蓝皮书》，就能意识到，我们仅仅触及了皮毛而已。比起树叶，我们更接近树根。我们付出了多年的努力，与地球上最聪明的人展开全球竞争，最终也只是向真正的视觉智能迈出了一小步。

然而，当我环顾教室，我并没有在学生们的脸上看到惊悚或绝望的表情。我看到的是他们眼后的齿轮开始转动。毫无疑问，我们每个人都在想同一个问题：旅程尚未结束，我们还有很多事物要探索。

比德曼的数字的确很大,但这个虚构的数字很有必要,因为它把"万物"的定义做了删节,方便我们的思维和算法进行理解;当然,即便是这样的数字,我们的思维和算法也只能勉强应对。现在,我们站在了新的起点。我们身处广袤之境的悬崖边缘,即将找到"万物"以外的真相。

✦

一个华丽的木制香料架引起了我的注意。我拿起来仔细看了看。父亲注意到我感兴趣的样子,走过来跟我一起观察。

"挺好看的,这个……"他说,然后又凑近看了看,"看着像手工做的,你不觉得吗?这里一定住着个木匠。"他放低了声音,好像不想让人听到他在说普通话。

可能是,我自言自语着,瞥了一眼另一张桌子:"那边有什么有意思的东西吗?"

"还挺多的,有些手套我很喜欢。还有一个特别漂亮的工具套装。我看到车库里还有更好的工具,但我觉得不是用来卖的。我觉得这个房主应该会做木工。"

生活往往是这样的:为人妻、为人母,同时追求自己的事业,所有的责任似乎在一夜之间爆发。虽然日程繁忙,我还是会偶尔抽出时间,陪父亲去参加他最喜欢的车库市场。我的生活步调似乎永远在加速,而跟父亲一起闲逛是难得的平静和怀旧时刻。他的爱好就像一个纽带，从我们在一个陌生国家最初的日子里就一直伴随着我们。我尤其喜欢他的用心和敏锐，看到陌生人车库桌上摆放的待售物品，就能推断出这个人的生活点滴。不管猜的是对还是错，他的尝试总是带着真诚，而且感觉合乎情理。

多年来，这也成了我的习惯。

又是一辆特斯拉。2012年年中，Model S发布还不到一年，就成了帕洛阿尔托随处可见的时尚标志。这辆车的车主可能是个技术男，或者是搞风投的。我经过的下一辆车没那么豪华，但也能反映一些车主的信息。那是一辆两厢车，车身漆成米黄色，但可能因为常年停在户外而已经褪色。看起来像是我的学生会开的车。

朋友约我去一家新开业的火锅店吃晚饭，我打开谷歌地图，找到了这家店，还用街景模式看了几张店面照片，这样从车上就能认出它。我无时无刻不在观察各种视觉细节。在大多数时间里，这种兴趣会消退为一种白噪声，但在今天开往火锅店的路上，我的注意力比平常更加活跃。如果说我有一半的精力是在导航去往吃晚饭的地方，那么另一半的精力则沉迷于沿途所见。

从个人到社区，汽车可以反映出人群方方面面的信息，但相关信息的评估规模却相当有限。历来的调查都试图收集这类信息，但聘请专业人员绘制整个城市的汽车保有量地图既昂贵又耗时，而且无法在中等规模以上的地区进行实际操作。那么，如果能够克服这些限制呢？如果在我们希望的任何规模上，都能进行汽车保有量分析呢？如果不仅仅是分析汽车，而是能分析一切事物呢？如果我们想分析什么，就能分析什么，结果会怎样？如果我们深入分析日常生活的相关数据，仅仅以这种简单的方式，能获得什么有关社会、文化甚至政治领域的新见解吗？这些问题似乎无法回答，除非我们创造出全新的感知方式。我突然灵感乍现：谷歌街景、汽车识别算法、细粒度分类——原来我们已经在创造新的感知方式了！

✦

AlexNet催生了新一代神经网络，每年都取得令人惊叹的飞跃。像任何占主导地位的生物一样，这种新型神经网络几乎垄断了它们所处的环境。它们是如此有效而优雅，适用范围又如此之广，几乎所有其他技术都在一夜之间被淘汰出局。仅在一两年前，支持向量机和贝叶斯网络等算法还是学术界的宠儿、研究人员的迷恋对象，而现在，这些算法几乎从会议讲座、发表的文章甚至实验室里的谈话中销声匿迹了，所有人都只想谈论神经网络的最新发展。

我们之所以知道这一点，是因为许多新的神经网络模型参加了ImageNet挑战赛。自2009年ImageNet数据集在计算机视觉与模式识别大会首次亮相以来，五年多时间里，ImageNet挑战赛已经发展成为计算机视觉领域的基础赛事,为该领域的技术进步提供了共同的基准,这也是我们一直以来的心愿。为了避免任何明显的利益冲突,我们实验室的政策是不提交自己的算法模型,但仅仅是观摩比赛就已经成为一项定期活动,其重要程度可以与圣诞节相媲美。每年都有新的进展,机器表现与人类表现之间的差距不断缩小。机器的误差率越来越小,越来越接近人类的水平,也许未来甚至会超过人类的水平。

然而,技术表现接近"人类水平"的说法本身,会让人觉得是臆想,甚至是海市蜃楼。人类的能力维度是丰富多样的,远非任何单一指标所能衡量。但我们的缺点和优点一样具有启发性。例如,人类可以用各种常识、视觉线索和直觉来解释为什么自己认为附近树上的鸟是沿海蓝鸦,在这方面,人类比机器做得更好。但人类识别鸟类的能力是非常有限的,即使是经验丰富的鸟类观察者,也很少能识别出几百种以上的鸟类。因此,对普通的观察者来说,绝大多数鸟类是未知的。

在一般物体分类方面,计算机已与人类水平相差无几。当人工智能努力克服相差的最后几个百分点时,它似乎又在其他方面超越了我们,而且超越幅度极大,因为计算机在知识储存方面的能力让人类大脑望尘莫及。

从那时起,种种思考开始以新的方式连点成线。多亏了谷歌的街景系统,我们现在拥有了美国几乎每一个社区的高分辨率图像。虽然谷歌地图的主要用途是帮助导航,但它展现的关于世界的种种细节让我震撼不已。树木、路灯、邮箱,当然还有我们驾驶的汽车——街景图让我们有机会窥探到那些隐匿在我们身边的信息。想到我们实验室在精确区分汽车型号方面所做的工作，我就感觉街景图提供的机会像是又一次意外之喜。

我越来越觉得，我们研究的主题已经不是"视觉"这么简单了。把视觉敏锐度和百科全书式的知识深度结合，可以带来一种全新的能力。这种新能力是什么尚不可知，但我相信，它绝不仅仅是机器版的人眼。它是一种全新的存在，是一种更深入、更精细的透镜，能够从我们从未想象过的角度揭示这个世界。

✦

我们精心挑选散布在互联网上的资料，不断扩充汽车模型的图片库。我想象着，如果要跟十几岁时的自己解释这种烦琐的工作跟科学有什么关系，可能很难说清楚。当然，具体的工作细节并不重要；它只是再次证明了我们实验室的核心价值：永远尊重世界的复杂性，并渴望不惜一切代价对其进行探索。我们感觉自己就像艺术爱好者在导游的带领下参观博物馆，每一个新的展品都在挑战我们，同时也激起了我们对周围无限细节的敬畏之情。

我们能如愿以偿、得到回报吗？我们没有浪费时间去担心这个问题，而是选择拥抱世界，接受世界的真实面貌，不妥协、不简化——仅仅是这一点，就让我们觉得这是一项值得为之献身的使命。无论我们了解世界的窗口是汽车模型、鸟类物种，还是其他事物（也许我们的下一个项目将探索各种铺设道路、爬行动物的鳞片、小提琴的饰面），每一步都让人感觉距离用全新的眼光看待现实的时刻更近了一点。无论我们发现了什么，我都相信这趟旅程是值得的。

与此同时，我们还要克服一系列常见的障碍。当然，规模是一个无法回避的挑战，但这次我们准备好了。在 ImageNet 之后，我们已经习惯了处理海量数据所带来的巨大负担。我们仔细搜索了 Craigslist、Cars.com、Edmunds 和其他一些在线汽车交易市场网站，生成了包含 2657 种车型的训练图像集，几乎涵盖了 2014 年在路上行驶的所有车型。我们把图像导入我们构建的最大、最精确的分类器中。我们还利用大量的谷歌街景图像，在服务器中填充描绘整个美国纵横交错的街道、林荫大道、拐角、十字路口和死胡同的照片。在我们的实验室里，世界的另一个缩影正在形成。不久之后，我们就可以直接研究这个缩影，揭开其中隐藏的秘密。

但要真正揭秘，还需要一番努力。我们计划以汽车为切入点，把汽车和车主的收入、教育和职业等身份方面联系起来，探索更大的社会经济问题。然而，我们不得不面对这样一个事实：货币价值上的巨大差距往往只能表现为外观上的细微差别。尽管我们可以轻易区分凯迪拉克轿车和丰田皮卡，但早期的实验表明，一个经过训练的"天真"的分类器很容易把凯迪拉克误认为本田雅阁，尤其是当两种车颜色相似时——这正是我们希望避免的错误。把凯迪拉克 ATS 车型与 CTS 车型区分开来难度更大，更不用说每个车型内部的无数变化了。我们发现，内饰的概念尤其令人头疼，因为总价数千美元甚至更高的选装包通常只是对车身样式和徽标进行微小的改动。

"各位，在休息之前，我有个想法要跟大家分享。"在我们每周一次的街景项目研讨会议即将结束时，一位叫蒂姆尼特·格布鲁（Timnit Gebru）的研究生开口说道。大家聚集在我的办公室里，这是盖茨计算机科学大楼三楼一个长方形小房间，完全符合人们对学术办公室的刻板印象——狭窄的空间里堆满了书籍、文件和小摆设，从书架往房间中央蔓延，让办公室显得更加拥挤不堪。学生三人组在四面杂物的簇拥下，挤坐在鲜红色的沙发上。

"我们的想法是将图像分类器应用到所有街景图像上，追踪所有我们能追踪到的汽车型号，看看能揭示出什么样的模式。我一直在研究，我想我们已经找到了完美的实现方法。"

蒂姆尼特是三位参与项目的学生中资历最浅的，但她充满激情，干劲十足，气场强大。虽然和我一样个子不高，但她天生自信，具备出色的演讲天赋，能轻松地掌控全场。邓嘉正在为他的博士论文答辩做准备，乔恩则忙于处理其他项目，因此蒂姆尼特毫不犹豫地主导了这项研究。

我们初次相遇是在一年前，她参加了我的一个高级研讨会。当时她还是电气工程专业的三年级研究生，几乎没有人工智能方面的背景。但我对她印象很深，不仅因为她是唯一一位攻读工程学博士学位的黑人女性，还因为她乐于提问，表现出了教授们一眼就能注意到的强烈的求知欲。当她请求加入实验室时，我毫不犹豫地答应了，甚至连推荐信这样的基本手续都免了。

她接着说了下去，我能从声音中听出坚定的信念。"美国人口调查局每年都会在全国范围内开展美国社区调查，追踪全国各地的大量社会学信息。"

"你是建议我们把这个纳入我们的分析吗？"

"可能性是无限的。人口普查绝对是数据宝库，所有数据都是按照社区、县、州甚至选区组织的，但收集这些数据需要花费海量的时间和精力。如果能把人口普查的数据和我们的分类器采集到的事物关联起来，你能想象会产生什么结果吗？"

她已经从理智上充分阐述了自己的观点，但最打动我的是她的热情。作为教授，我们最希望看到的，也是觉得最有价值的，就是学生能够独立提出新创意、新想法，甚至完全出人意料的观点。她的直觉没错。她帮助我们拿到了人口调查数据。仔细研究之后，我们不仅惊叹于数据的广泛性和多样性，还惊叹于它们所探讨的议题维度。我们手头拥有了全美范围内的政治、教育、收入甚至犯罪情况，所有数据都可以与计算机视觉这一关于世界的根本性新信号相结合。我们实验室从来没有遇到过这样的数据，它们为我们的工作注入了前所未有的力量。我们的项目已经不仅仅是数据挖掘这么简单了。

✦

厨房里一片狼藉，但非常符合我的心意。西尔维奥好像在自家作坊里的工匠，娴熟地在散乱的锅碗瓢盆之间来回穿梭，偶尔拿起旁边摆放的器皿，还不时地从台面上的各种袋子、盒子和罐子里抓取食材。

"你在做什么呢？"我问。

"我就是想做点特别的晚餐，这是意式炖章鱼，我还准备了西葫芦意面、烤辣椒、布拉塔奶酪和芝麻菜什么的。"

"哇，我都等不及了，不过我们还是先把门关上吧。"

他知道我是什么意思。在一个三代同堂、融合了两种文化的家庭里，西尔维奥很快掌握了与我母亲共处一室的艺术。母亲对厨房的清洁要求几乎达到了极致的程度——她遵循着一边做饭一边收拾的信条，更准确地说，她的主要精力放在了收拾上，做饭只是顺便为之。尽管她很喜欢西尔维奥的厨艺，但像这样精心制作晚餐往往会导致家庭关系的紧张。我又欣赏了一会儿他的表演，然后暗自发笑。

"怎么了？"西尔维奥问。

"你知道吗，我觉得特别有意思。我一眼就能看出来今晚是怎么回事。我立刻意识到必须让妈妈远离厨房。看到锅碗瓢盆的奇妙排列，听到嘈杂声，我就知道你准备做一顿大餐，一进厨房就感受到了，都没有刻意去想。你知道这让我想到什么了吗？我想到了杰里米·沃尔夫。"

西尔维奥搅拌东西的手慢了下来。"沃尔夫……沃尔夫……哦，那个认知科学家？哈佛大学的？那个提出'要点'的家伙，对吧？"

"记性不错！他好像1998年在哪本杂志上发表过一篇特别难懂的文章。不是研究结果，就是一篇观点文章，但绝对是我在加州理工学院读到的最有影响力的文章之一。我现在还在想里面的内容。"

杰里米·沃尔夫（Jeremy Wolfe）是世界知名学者，主要研究视觉记忆的内部运作机制。他对人类迅速理解场景的能力非常感兴趣，因此大部分研究工作都据此展开。1998年，他发表了一篇名为《视觉记忆：你对所见之物了解多少？》的文章，尽管其语调近乎口语，但其中的结论却异常精辟。他说，当我们看到一幅图像时，我们的大脑会"记住场景的要点"。

"对，对。我记得当时觉得'要点'这个词出现在这样的文章里特别搞笑。"西尔维奥一边用布拉塔奶酪、芝麻菜和西红柿摆盘，一边笑着说，不时还瞥一眼厨房门，确保门还关着。

"我喜欢这篇文章的一个原因就是他的语言风格。"我接着说道，"他的想法如此宏大，用词却非常直白。"

西尔维奥讨厌做饭时分心。我知道这一点，他也知道我知道这一点。但他也很喜欢谈科学，而且他早就知道，一旦我因为某个科学话题而兴奋不已、滔滔不绝，他最好还是认真听完。我微微一笑，知道他可能在切辣椒的时候还在心中默默提醒自

09 万物以外是什么

己：要耐心听她说话。

西尔维奥补充道："他的想法是，我们对某个事物的第一印象就足以让我们理解这个事物，至少在某种程度上理解它，对吗？"

"对的，其中当然包括像物体这样基本的东西。我们很擅长快速扫描事物，但我们更擅长留意它们的布局和排列顺序，就是角度、位置之类的。还有我们对这种顺序的解读。"

"事物之间的关系。"

"没错，但令人惊奇的是，我们做这一切都是不假思索的。在一瞬间就发生了，就像我今晚看到你做的菜一样……"

"飞飞？你在里面吗？"

是妈妈。我和西尔维奥面面相觑，瞬间睁大了眼睛。

"门怎么关着？"她继续问。

"西尔维奥在……呃，厨房里有很多蒸汽……"

"你这也说不过去呀！"西尔维奥笑着，小声跟我说。

"别傻笑了！"我一边回击，一边把门开了个小缝，刚好能一个人溜出去。我努力表现得很自然，但从母亲怅然的目光中，我知道我还是失败了。

读了沃尔夫的论文后，"要点"这个概念一直萦绕在我的脑海里，让我深受鼓舞，因此，在加州理工学院的大部分时间里，我都在自行探索"要点"的本质。这方面的研究与计算机科学或人工智能没有明确的联系，但它直面了一个问题，即人类在看到现实世界时，究竟能感知到什么。虽然我和彼得罗以及克里斯托夫都认为,这种细致入微的感知对计算机视觉来说是个遥不可及的梦想,但我们坚信,只有更好地理解人类的行为,才能开启追逐梦想的旅程,于是我们设计了方法进行相关探索。2007 年,我们将研究成果发表在以神经科学为重点的《视觉杂志》(*Journal of Vision*)上。

在实验中,我们向 22 名实验对象展示了一组照片,共 90 张,每张照片的曝光时间从 500 毫秒(半秒)到 27 毫秒(大约是电影胶片单帧可见时间的一半)不等。这些照片都是简单的日常场景,但细节丰富,包含多个人物、多种事物和多项活动,有室内和室外,有自然环境,也有人工环境。实验对象的任务是尽可能详细地描述他们所看到的内容,准确来说是根据他们的记忆描述自己所看到的内容。

像所有的实验一样,这个实验开始时也是赌博,其中一半的乐趣来自不知道会发现什么的兴奋(虽然可能一无所获)。但努力最终得到了回报,我到现在都觉得我们收集到的反应非常了不起。例如,我们向实验对象展示了一张维多利亚时期的住宅内部照片,持续 500 毫秒。一个实验对象写道:"19 世纪的豪华客厅,装饰华丽的单人座椅,墙上挂着一些肖像。"

在短短半秒时间里,他们就看到了足够多的信息,能够对场景进行简单但基本完美的描述,对照片所代表的世纪、墙面装饰的性质和单件家具的结构进行了合理的推断。即使是在 27 毫秒的时间里,真正的认知也仍然存在(27 毫秒大约是 1/40 秒,短到实验对象几乎没有机会进行深度细致的观察):

09 万物以外是什么

看不太清；大部分是黑暗的，有一些方形的物体，可能是家具。

"可能是家具"这几个字透露了很多信息。家具不是形状，不是颜色，甚至不是某种深植于我们基因中的自然现象，而是人类主观创造出来的现代物品。在如此短暂的时间内，就能记住一个如此复杂的概念，这多么令人惊叹啊。

不管有没有时间的限制，我都觉得这种能力太强大了。照片可能是静止的，但我们善于提取凝固在照片中的运动状态，从幅度很大的动作到几乎无法察觉的微小动作，我们都能敏锐地观察到。我们会自然而然地注意到身体、手臂和腿的角度，并立即感觉到它们从哪里来，要到哪里去，以及速度和力量、重量和平衡、动能和势能。我们可以想象画面捕捉到的瞬间所处的环境，以及可能产生的结果，比如滑板运动员从路边一跃而起之后的一刹那，或是年轻夫妇交换婚礼誓言后的一生。

我们甚至可以从照片中推断出意图。我们可以从一个人的姿势感受到紧张的情绪、一个人与另一个人的亲密程度，甚至能从像眉毛的角度这样简单的事情中获取大量信息。这些信息足以让我们判断出自己看到的是什么人，他们之间的关系如何，以及他们的意图是什么。一个不耐烦的老板在过度劳累的员工面前晃来晃去；富有同情心的家长帮助孩子解决问题；亲密的朋友；完全陌生的人；喜爱或愤怒；工作或娱乐；安全或危险。

关于自己身上的这个能力，我的感知也越来越强烈。每天晚上，我下班回到家，关上房门，甚至还没来得及放下包，就会做一件事。不算一种仪式，因为没有什么刻意的安排，却在每天的同一时间以同样的方式展开。这是任何病人家属都熟知的时刻：我会先找到母亲，无论她在家里的哪个角落——厨房、客厅，也许是后院——只需看她一眼，我就知道自己是不是应该担心，知道她这一天过得好不好。如果她状态良好，我就可以深深呼出一口气；如果不好，那就另当别论。

就是这么简单。这是我能做出的最重要的判断，一切都迅速而自然，仿佛认知魔法在自动完成，即使对我这样研究视觉的人来说，这一过程也几乎是不可察觉的。有时候我回到家，妈妈正在水槽边削土豆。爸爸系着围裙，正在往炉子上的炒锅里倒橄榄油，好像还有一碗准备下锅的鸡丁。两个人看起来都很满足，谁也没有抬头看我一眼，没有困惑或担忧的表情。谢天谢地，我可以舒口气了。这将是个美好的夜晚，至少此时是这样。

但也有一些时候并不美好。妈妈在沙发上，坐也不是，躺也不是，看起来很不舒服。她一手扶额，眉毛拧在一起。猫蜷缩在她身旁，她的另一只手只是无力地搭在猫背上，并没有在抚摸。

情况不妙。需要量一下血压，测一下体温和脉搏，然后可能要给医生打个电话。

这种能力迅速而强大。在我的记忆中，我很少有意识地去列举周围的单个物体——一屋子的家具、我的父母、他们穿的衣服、厨房用具、未开封的包裹或信封、西尔维奥的咖啡机、家里的猫等等。我们花了很多精力来教机器对物体进行分类，但分类所依靠的似乎不仅仅是视觉敏锐度。在这样的时刻，发生了一些更深层级的事情：我不仅仅是看到了母亲的本体，而且是在了解她的状态，评估她的姿势，揣摩她的态度，从她眉间的皱纹或靠在柜台上时身体的角度等无形的东西中，得出生死攸关的推论。

即使是最先进的算法，也会立刻被人类这种能力所折服。我们能想象出的最肤浅的感知成就，就是可以识别物体。只要算法的分类错误率稍有降低，我们便大肆庆祝，觉得取得了了不起的进展。与此同时，我们的大脑每时每刻都对世界充满了无比流畅的感知，以至周围环境的无限生机对我们来说几乎就是无意识的存在。早在 20 世纪 70 年代，研究员兼数学家阿纳托尔·霍尔特（Anatol Holt）就总结过在研究领域这种小成即满的短视现象。他说，人工智能这种技术，就算房间着火也会不管不顾，完美地走出下一步棋。即使是现在，这一论断依然非常贴切。现代人工智能的表现就像玩游戏的天才，可以熟练应对孤立的任务，应对"错误率"等狭隘指标，却无法注意到落在棋盘上的余烬正在燃烧。

人类的感知力虽然有种种局限，但与机器截然相反。我们从整体上看待世界，不仅能识别世界的内容，更可以进一步理解不同事物之间的关系、意义、过去和未来。这就是"要点"。我们不仅是见证者，更是故事讲述者。是时候让算法也学习一下这种本领了。

"给你，读读这个。"我把自己发表在《视觉杂志》上的论文打印出来，放到安德烈·卡尔帕西（Andrej Karpathy）的桌子上。安德烈是一名二年级博士研究生，刚刚加入实验室，前途无量。他出生于斯洛伐克，在加拿大长大，身材修长，语速飞快。他热衷于解决复杂的问题，并具有将想法付诸实践的技术天赋。和我实验室里的许多学生一样，他具备工程师的胆识和韧劲，拆卸起晶体管收音机就像在白板上写方程式一样轻松自如。如果说爱因斯坦、玻尔和惠勒是宇宙梦想家，那么像安德烈这样的学生或许与爱迪生或莱特兄弟是同类。外界几乎看不到这两种人的区别，但在我们实验室里，梦想家和实干家的区别无处不在，从每次交谈中都能看出来。两种风格截然相反，但又相辅相成，每一种风格都注定要挑战对方、吸引对方，甚至轻微地激怒对方。但在尝试新事物时（尤其是实验室经常会尝试难度很大的新事物），两者的组合就会产生强大的力量。

"这是什么？"他一边问，一边拿起来浏览摘要。

"我们的下一个挑战。"

✦

自此以后，和安德烈的会面便成了我的固定日程。我们的目标是设计一种新的算法，不只是能简单地标记任何出现在前景中的物体，更可以描述整个场景。即使按照我们实验室设定的高标准，这种新算法也感觉像是我们研究的未来，甚至可能是整个领域的未来。但是我的激情让我成为极其严苛的批评者。

"好吧，安德烈，这看起来很不错。"

"但是……？"他犹豫了一下，笑着说。他知道这句话后面跟的是什么。

他工作站上的显示屏似乎展现了我们的想法：只需输入一张图片，就能输出一句图片描述。

他的算法很聪明，在某些方面甚至极其聪明；尽管如此，我知道我们还有更长的路要走。这只是解决方案的一个片段，而不是整体。"但是，我们还没有实现目标。"

他无力地坐在座位上。

方法问题非常微妙。在担任教授的这些年里，我已经敏锐地注意到了与此相关的现象。学生们往往会疯狂地专注于自己的模型是否有效，以至"模型如何运作"的问题被抛到了一边，安德烈就是这种情况。不可否认，他的模型乍一看的确有效，但通过定期的交流，我对他的思路已经非常了解。虽然他的方法有理有据，提供的图片说明也很有文采，但最终得出的模型只是某种图片说明匹配系统。

简单来说，他的计算机屏幕上显示的描述似乎过多来自某种形式的训练数据，就好像他的算法是在某种精心设计的数据库中搜索合适的描述一样。我们的最终目标是让算法可以完全从头开始生成图片说明，而在我看来，他的模型无法实现这个目标。我确信他的模型在实践中无法泛化：尽管在测试时表现良好，但它会被训练集之外的图片所迷惑，导致图片说明出现描述错误或语法错误，或二者兼有。但真正的问题在于科学性。模型提供输出图片说明的方式是通过检索，这并不属于真正的创作。

安德烈叹了口气，充分认识到我给他增加了多么大的工作量。他显然很气恼，但我知道他能认识到，这道鸿沟是值得跨越的。

"好吧，让我重新思考一下。"他说，"我明白了，图片说明需要逐字逐句地书写。这就产生了很多问题，比如我们怎样才能遵循图像的视觉特征，写出语法正确的内容，但是……我会想办法的。"

我笑了笑。他没有掩饰自己的沮丧，但他的思路是对的。作为一名科学家，我拒绝接受任何折中方案，他很清楚这一点。至于他如何实现，谁也说不准，但我知道，他骨子里和我一样不屈不挠。我相信他会成功的。

语言文字和视觉图像是两个完全不同的领域。图像的基本单位是"像素"，这个术语最初是"图像元素"的缩写，现在已经很常用。像素是一个几乎无法察觉的点，捕捉了场景中单个小点的颜色。要描绘出有意义的画面，可能需要数百甚至数千个像素，或者更多。我们口袋里的手机可以捕捉到由数千万个像素点组成的细节丰富的图像。但是，在单独评估图像时，像素本身基本上不能提供任何信息。无论是我们大脑中的灰质还是机器中的硅,视觉算法的工作就是将这些像素组合成越来越大的二维图像区域,然后以某种方式扫描其中与现实世界的三维特征相对应的模式:空间、体积、表面、纹理等等。

相比之下,英语等语言的基本单位是单词,至少在日常口语和书写中是如此。与像素不同的是,单词通常表达独特的含义,独立存在时同样可以表意。单词的范围虽然很大,但数量是有限的。尽管如此,当我们把单词组合在一起之后,它们的含义就会受到影响,甚至完全改变,比如"rock bottom"(最低点)、"rock fragment"(岩石碎片)和"rock music"(摇滚乐),这几对单词都含有 rock 一词,意思却完全不同。当更多的单词串联起来构成更长的句子时,这种现象就会变得更加复杂,更不用说段落、文章和书籍了。总之,单词表达思想的组合潜力是无穷无尽的。

虽然新时代早期的头条新闻主要是计算机视觉的突破,但在同一时期,自然语言处理技术也取得了丰硕成果。其中一颗早期的明珠就是递归神经网络(Recurrent Neural Network,RNN)。递归神经网络是一组专门为处理线性单词序列而设计的算法,能够快速推断文本的基本属性,就像 AlexNet 这类卷积神经网络处理图像的方式一样。和卷积神经网络一样,递归神经网络也已经存在了几十年,但直到现在,人们才意识到它们的真正威力。

然而,比任何一个领域的进展都更具吸引力的,或许是人工智能的众多子领域之间开始出现交叉融合。不断壮大的神经网络家族为视觉、语言、语音和其他形式的感知提供了一个共同的算法框架,激励着像我们这样的实验室去模糊它们之间的界限,以实现更综合、更像人类的能力。

"我想我有办法了。"安德烈隔着我办公室的门说。距离我们上次谈话已经过去了几天,这次他显得没那么沮丧了。我甚至看得出他有了好点子。"想象一下,把卷积神经网络和递归神经网络进行配对,"他一边说一边进屋坐到沙发上,"一个负责对视觉信息进行编码,同时将它跟单词配对,另一个负责生成语言。然后我们以成对出现的图像和人类文字描述为基础,来训练我们的模型。"

现在总算有些眉目了,我边琢磨边点头。

"继续。"我好奇他还有什么想法,"然后呢?"

"肯定还有一些未知的东西需要解决,但我认为递归神经网络会根据语库中已有的单词,有条件地生成图片描述中的每个新单词。这样,我们在描述图像内容的同时,也能遵循从训练数据中推断出的语法模式。至少从理论上来讲,结果应该是一个完全新颖的描述,或多或少是使用自然语言来呈现的。"

我很难不被这个想法打动。哪怕这招儿只有一半管用,他也能从我给他留下的困境中脱身。我迫不及待地想知道接下来会发生什么。

✦

我们的谷歌街景汽车项目已经完成，收集到的数据深度极为惊人。我们的分类器处理了来自200多个城市的5000多万张图片，覆盖了3000多个邮政编码和近4万个选区。总的来说，算法识别了2200多万辆汽车，几乎占全美汽车总量的10%。从统计学上看，我们的观察结果具有非凡的意义，其中一些证实了人们的刻板印象，特别有意思。比如我们对城市轿车和皮卡比例的研究发现：当轿车比例较高时，这个城市88%的人可能投票给民主党；当皮卡车比例较高时，82%的人可能投票给共和党。但这仅仅是个开始。

例如，在我们的研究结果中，车主的种族和他们喜欢的品牌之间具有极强的相关性，几乎与美国社区调查关于同一社区种族构成的数据完全一致。同样，根据汽车数据，也可以对某个地区的平均教育水平和收入水平做出准确的预测。我们的模型一次又一次地生成了整个城市的彩色编码地图，追踪从一端到另一端的社会经济和政治指标的波动，所有数据都与人口调查局使用传统方法收集的数据惊人地相似。而所有这些，仅仅通过观察街道上的汽车就能实现。

不过，我们真正的发现，是我们所展示的流程有潜力发展成为一种速度快、可扩展、成本相对较低的人工调查替代方法（仅在美国，每年的人工调查费用就超过2.5亿美元）。这是我们实验室历史上规模最大、目标最高的项目之一，我们的论文发表在《美国国家科学院院刊》(Proceedings of the National Academy of Sciences，PNAS)上，蒂姆尼特作为第一作者，因其出色的贡献而实至名归。从技术层面来说，我为这项工作感到骄傲，但最让我兴奋的是，这项工作揭示了人工智能可以用全新的方式向我们展示世界。

✦

我手里拿着钱包、手机，还端着半杯星巴克咖啡，侧身用肩膀推开了实验室的门。这是个典型的上午，我的日程安排得满满当当，但有些心神恍惚，正匆匆忙忙地从一个会议赶往下一个会议，边赶路边熟悉议程。当我经过安德烈的办公室时，他向我招了招手。

"看看这个。"他说着，朝自己的工作站点了点头。这次他脸上的表情明显自信多了。

我匆匆走了进去，兴奋地想看看最新的消息，几乎忘了自己要去哪里。屏幕上是一张少年和滑板的照片，两者都在半空中，背景是蓝天和远处的灌木丛。在图像下方的一个小命令行窗口中，显示着一句话：

一个滑板上的人。

我还没反应过来，就已经笑了出来。安德烈让这个瞬间停留了一秒钟,然后按下按键。另一张图片出现了,图片上是一个杂乱的建筑工地,两个穿着橙色背心的工人正在浇灌水泥。一两秒后,出现了另一句话:

建筑工人在路边施工。

他又按了一次键。另一张图片出现,又是一个新的图片说明。然后接连不断地出现。场景的数量和多样性清楚地表明,这些句子并不是从某个训练语料库中提取出来的,而是模型自己写的。

安德烈也喜笑颜开。不过,和其他优秀的科学家一样,自豪之余,他也不忘告诫自己:"当然,还有一些问题需要解决,比如……"

他又点击了一下,一张新的图片出现了,是一位游客在西班牙乡村风格的广场上拍摄的,后来我才知道,这是特鲁希略的市政广场,这座城市以其丰富的文艺复兴时期建筑而闻名。我正沉浸在这幅画面中,图片说明出现了:

一名男子骑马经过建筑物旁边的街道。

我们俩都被逗笑了——算法描述得近乎完美,却遗漏了关键的信息:人和马都是青铜做的雕塑。有趣的失误还在继续。在算法看来,睡在沙发上的宠物海豹是一只猫,一个拿着牙刷玩耍的婴儿是一个拿着棒球棒的小男孩。算法完美描述了在草原上吃草的斑马，只是完全没有注意到它们身后那道惊艳的彩虹。算法的错误往往带有一种孩子般的笨拙，而这种笨拙却出奇地可爱，温馨地提示着我们：我们还有很多东西要学，我们的机器也一样。不过，安德烈的成就（虽有瑕疵）才是最令人难忘的。

"我们得把这个写出来发表。"我说。

"真的吗？"他问，"现在就开始写？"

"是的，当然。"我急切地回答，急切的程度连我自己都感到吃惊。不知何故，我突然很焦虑。也许是媒体对我们领域的狂热影响到了我，也许是作为实验室主任的自豪感涌上心头。不管是什么原因，焦虑感并未消退。

"越快越好。"我说。

✦

"你是说和一台机器约会吗？就像电影《她》一样？"

学生的话引起了全场的笑声。斯派克·琼斯（Spike Jonze）的电影《她》讲述一个男人爱上了人工智能伴侣的故事，大多数人都对这部电影记忆犹新。

"为什么不行呢？"另一位学生回答道，"如果机器有足够的智能，能够像我们人类一样进行真正的对话，就像我们现在的对话方式一样，那么谁又能说人和机器之间不会有恋爱的可能性呢?"

"我不知道……对我来说,这听起来有些荒诞。"

"但原则上没有任何障碍,对吧?我们至少能在这一点上达成一致吧?"

那是寒假前的最后一个周五,我正在参加我最喜欢的活动:斯坦福大学人工智能实验室师生每月两次的闭门聚会"人工智能沙龙",讨论人工智能领域的热门话题。自首次会议以来,我们已经探讨了各种各样的话题,有电影和电视中对人工智能的描述等文化问题,也有哲学辩论,比如范畴和符号结构究竟是语言的基本事实,还是如那次尖锐的讨论题目所示,属于"语言学家的幻想"。

今天我们讨论的是《超级智能》,这本书是牛津大学哲学家尼克·博斯特罗姆(Nick Bostrom)探索人工智能未来的一本颇具争议性的巨著。比尔·盖茨和埃隆·马斯克等人都在推特上对这本书大加赞赏,同时也表达了对其影响的担忧;在他们的推荐下,这本书在大众市场获得了意想不到的成功,重新引发了人们对科幻小说中人类与机器之间即将决一胜负的讨论。我们的谈话不拘一格,涉及机器人杀手、算法中主观意识的潜力,最后还谈到了与电脑相爱的想法。不过,就连那天下午最刺激的漫无边际的讨论,也承载着我在往年不曾预料到的分量。当未来突然如此迅速地来临时,我们很难不去谈论未来。

2012年ImageNet挑战赛的冲击波仍在回荡。对像我们这样痴迷于计算机视觉的人来说，这是一个分水岭，全世界都开始认识到，比赛结果不仅仅是对图片理解的转折点，更是对一切事物理解的转折点。在这个曾经鲜为人知的竞赛中，AlexNet 展示了大规模数据集、高速图形处理器和深度分层神经网络三者近乎神奇的组合。这种组合是一幅蓝图，其应用范围注定要远远超出计算机视觉领域。世界各地的实验室都在构建更加丰富的分层网络，与此相对应的，一个新的名字正在流行——这不仅仅是机器学习的时代，更是深度学习的时代。

一种全新的范式正在诞生，一如 20 世纪初物理学的崛起。这让我回想起十几岁时那些激发我想象力的故事，我幻想着，在那些激情燃烧的岁月里，物理学家们过着怎样的人生。这些早期先驱一定感受到了无限的神秘和深深的敬畏，量子世界的奥秘和宇宙相对论的威严唤醒了他们，他们对现实的看法发生了翻天覆地的变化，这种变化来得如此彻底、如此突然，让人很难不心生羡慕。他们在正确的时间出生在正确的地点，接受了历史最令人惊叹的礼物之一。我们不禁要问，神经网络这一现代化身是否就是我们这一代人的使命和召唤？

即便如此，我们也有理由承认，未来不会只有诗意。与人工智能相关的学术会议正在发生转变，这是更令人不安的变化预兆之一。几十年来，这些活动都很低调，只有教授、研究人员和学生参加，幸免于媒体的关注，同时经费也相当紧张。企业赞助商很少，通常仅限于施普林格（Springer）这样的学术出版商，而且只能在展厅角落里摆几张长板凳。但在 AlexNet

发布之后的几年里，来自《财富》世界 500 强的全球顶尖企业把学术活动变成了一场场盛宴，每一次新的聚会都更像是拉斯维加斯大道上的行业博览会。在短短几年内，沐浴在彩色灯光下的展台变得司空见惯，这些展台规模宏大，上面的企业标志十分醒目。谷歌和微软等公司还为正在选择职业的研究生举办了奢华的聚会。

随着更多需求的涌现，一种饥饿感笼罩了整个领域。更多的层级使神经网络更深入、更强大。更多的硬件可以加快训练过程，实现更大规模的网络部署。当然，还有更多的数据：更多的图像，更多的视频，更多的音频，更多的文本以及其他任何可能训练网络理解的内容。更多的一切。

想到新组织的数据可能带来的能力，除了兴奋，我也不禁感到忧虑。在我自己的实验室里，我们已经看到，数据中隐藏的东西远超出我们意识到的范围。数据从来都不仅仅是图像、音频或文本。只有通过数据，模型才能对世界形成表征，而更大的数据意味着更强大、更细致的表征；意味着关系、联系和想法；意味着真理与谬误；意味着洞察和偏见；意味着新的理解，同时也伴随着新的陷阱。深度学习革命已经到来，而我们还没有做好准备。

与此同时，我们实验室的研究议程也显示出了自身的贪婪。无论我们取得了多大的成果，每一篇新发表的论文似乎都会孕育出 10 个新的后续想法，无论是博士后还是一年级的研究生，总有人愿意接手，继续深入研究。这正是我喜欢的工作方式，尽管我常常感到力不从心、不堪重负。

事实上，我在想，以北极星来比喻理想，其真正的价值不仅仅在于北极星可以指引方向，更在于无论怎样努力，到达北极星的距离永远是无限的。我们可以为之苦苦追求，可以为之痴迷一生，却永远无法抵达。北极星象征着科学家最独特的品质：充满永不停歇、永无止境的好奇心，这份好奇心跟满足感永远同极相斥。夜空中的一颗星，远方的海市蜃楼，没有尽头的道路。我意识到，这就是人工智能对我的影响。ImageNet 是一个转折点，当然值得庆祝，但它并不是旅程的终点。如果说有什么特别的意义，那么转折点只是一段更伟大旅程的开始。除此之外，我现在可以肯定，等待探索的事物还有太多太多，一个人穷尽职业生涯，甚至一生，都无法抵达终点。

✦

随着我们图片说明生成技术日臻成熟完善，成果发布指日可待。在接下来的几周里，我和安德烈不断改进方法、记录成果。我们的策略带来了我期望的结果：虽然句子仍然简单扼要，但用词准确、表述相对自然。用杰里米·沃尔夫的话说，这确实是一种能够捕捉所见"要点"的算法。

是时候和全世界分享了。这意味着我们已经吸引了学术界的关注，我们的研究成果已被几周后召开的 2014 年神经信息处理系统大会（Neural Information Processing Systems

09 万物以外是什么

Conference，NeurIPS）采纳。与此同时，我受邀在湾区另一边阿拉梅达的 IBM 研讨会上发表演讲，忍不住提前透露了成果。

分享尚未发表的工作成果并不符合传统做法。但随后的一通电话证明我的选择是正确的。电话来自《纽约时报》的技术记者约翰·马尔科夫（John Markoff），当时我还坐在回斯坦福大学的优步车后座上。我一直对约翰很有好感，因为他是在 ImageNet 早期就意识到其重要性的少数几个媒体人之一，几年前，他还在《纽约时报》上报道过 ImageNet。不过，这次他没有事先跟我沟通，就直接打来电话，这个举动很不寻常。

"喂，约翰，你好啊。"

"你好，你好，猜猜今天上午 IBM 的听众里有谁？"

我没想到会有记者出席，感到事情有些蹊跷。

"你的这个能生成图片说明的算法，你说它还没有发表，是吗？"

"没错。但我们会在 12 月的神经信息处理系统大会上正式展示。"

"啊，那真是太好了。"约翰腼腆地说，然后切入正题，"是这样的，我想让你知道，我手里有一些关于另一个研究小组的材料。当然是保密的，我不能告诉你是谁，但他们声称他们已经建立了首个可以——"他尴尬地笑了笑，"生成描述图像的句子的算法。"

什么？

这说不通啊。我和安德烈都不知道还有其他人在研究这个问题。但约翰说得没错。几天后,《纽约时报》就刊登了他的文章,题为《研究人员宣布图像识别软件取得进展》。他写道:"两组科学家独立工作,分别创造出了新型人工智能软件,能够以前所未有的准确性,识别和描述照片和视频内容。"

学术竞争并不罕见,而研究人员之间的竞争一直是推动科研创新的关键因素。不过,奇怪的是,我对此完全始料未及。研究领域一直以来都以开放著称,有时甚至达到了极致;除了率先发现某样东西的炫耀权,我们的工作通常不被视为知识产权,更不用说像商业秘密那样的保密内容了。我们的工作是要与全世界分享的,包括我们最强劲的竞争对手,而且在成果发表之前,我们通常至少能知道谁在研究什么。我带着满腹狐疑继续读了下去,然后一切都变得清晰起来。

多年来,我和同事们一直对媒体夸大人工智能进步的报道嗤之以鼻。但这一次,报纸上的一篇文章让我看到了世界变化之快。我们的对手不是其他大学的某个神秘研究团队,而是谷歌。

10

似易实难

Deceptively Simple

✦

"人工智能还能做哪些事来帮助别人?"母亲在病床上的问题,让我开启了医疗服务的环境智能研究。另外,我开始思考"人工智能伦理"的议题。

2013年夏天的一个下午,我和西尔维奥正在参加朋友女儿的成人礼。庄严的仪式结束了,接着是一场招待派对,西尔维奥想拉着我一起跳舞。音乐刚刚响起,我的手机就震动了起来,真是天助我也——我一向不喜欢在公共场合跳舞。我对西尔维奥做了个手势,说我得去接个电话(他肯定觉得这个借口太方便了),然后躲到了外面。

"喂,爸爸,怎么了?"

还没等他具体说原因,我就从他的语气中听出了问题。

"我觉得你妈妈发烧了。她一直呼吸困难,还说胸口疼。你在哪儿呢?我该怎么办?"

我猛吸了一口气,心骤然沉了下去。这样的情形我已经再熟悉不过,但每次遇到,依然会感受到巨大的恐慌。母亲的身体又出问题了。

二十多年来，我们全家经历了太多次深夜惊魂和死里逃生，次数多到我都记不清了。我们在急诊室、重症监护室、手术室候诊室，还有医院的其他地方度过了生命中的一个又一个章节。母亲十几岁时就因严重的风湿热引发了心脏病，此后的几十年一直没有采取干预措施，任由病情发展。心脏问题是影响母亲身体健康的罪魁祸首，就像多米诺骨牌一样，引发了各种问题，从药物副作用到我们侥幸及时发现的几乎致命的脑出血。我和母亲一起，费尽周折地辗转于各种保险机构，寻找各种经济援助方案，甚至在美国当地治疗方案枯竭的情况下，我们还回了趟中国。一路走来，我的角色从十几岁时的中英文翻译演变成了类似非官方的个案工作者，寻求专家，安排会诊和治疗，监测症状，监督药物治疗和康复计划，但这些似乎都无法让病情稳定太久。无论以何种实际的标准衡量，照顾母亲的健康都已经成了我的第二职业。

虽然严重的威胁接二连三到来，但母亲独特的坚韧始终没有改变。对我而言，每一场新的冲击都始终伴我左右，并没有随着时间的流逝而减弱，反而成为我生活中固定的基本元素。我的潜意识里一直在等待下一个坏消息，而任何坏消息都可能是最后一个。每当手机屏幕上显示出母亲的名字，我就感到自己的胃在下沉。无论生活把我带向何方，我都觉得自己永远处于一种脆弱的状态。

又经历了两天旋风般的就诊，最近一次磨难终于告一段落。

发烧导致心跳波动加剧，可能是流感所致。虽然症状严重，但好在没有危及生命。我瘫坐在病房角落的塑料座椅上，本能地打开笔记本电脑。有那么几分钟的时间，我敲击键盘，全情投入工作。在这样的时刻，热爱自己工作的价值难以言表。但我忽然感觉有点儿不对劲，周身仿佛有一种刺痛感。

是有人在盯着我看吗？

我从电脑屏幕上方瞥过去，发现母亲已经醒了。她的确在注视着我。

"你怎么样了？"我问道。

我看得出她心里有事，但我知道，她并不是在考虑自己的健康问题。

她又思考了片刻，说："飞飞，你到底是做什么的？"

母亲的这个问题实在太奇怪，我不由得放声笑起来。

"什么？"我一边笑，一边努力认真回应，"你问我是做什么的，你是说靠什么赚钱吗？"

"我知道你是科学家，研究大脑还是电脑的，但这么多年，我们都没有讨论过你是哪种科学家。你爸爸说你是'疯狂科学家'，但我敢肯定，不完全是这样。"

平日里一向严肃的母亲竟然开起了玩笑，也许我应该叫护士过来——毕竟护士叮嘱过我，如果出现任何异常情况，就要立即呼叫她。

"没错，我不完全是疯狂科学家。"我笑着说，想了想她的问题。

10 似易实难 319

笑归笑,但她说得没错。这么多年来,我一直把她当病人看待,习惯了把工作上的事情压在心底,很少与她交流。现在我想,我是否忽略了她的其他方面。即使穿着病号服、输着液,母亲仍然是那个善于思考的"教唆者"。于是,我打开了话匣子,从头开始讲起。思维的奥秘,物体分类在视觉理解中的重要性,ImageNet,图形处理器,神经网络的爆炸式发展,视觉研究领域突然瞬息万变。母亲侧耳倾听,看似认真,却带着像母亲逗弄咿呀学语的孩子般的神情。感觉有点儿不对劲。

"我听不太懂。"她停顿了一下说,"听着像科幻小说。"

我不应该感到惊讶。她很聪明,知道我在说什么,但她对科学本身从来不感兴趣。她喜欢从故事和人物的角度思考,喜欢激情和冲突。我决定即兴发挥。

"你知道,还有一两个小时,我们就能出院了,但你还需要几天的恢复时间。要是没有我、爸爸、西尔维奥或是其他人的陪同,你就没办法外出办事。但是,如果不靠我们,你自己也能出门,你觉得怎么样?"

"你是说坐公交车吗?"

"不是。就算是往返公交车站对你来说也会有些困难。我说的是有一辆能自动替你驾驶的车,从家门口接你,送你到达目的地,这一切都由它来完成。"

自动驾驶汽车领域的炫酷品牌 Waymo 和 Cruise 等还有几年的时间才会出现,但自从自动驾驶领域的先驱塞巴斯蒂安·特龙离开我们的团队,将他的专业知识带到谷歌,我就一直在思考这种汽车。越来越多的媒体关注也增强了我的兴趣。塞巴斯蒂安的项目令人印象深刻,他对一辆名为"斯坦利"的大众途锐进行了重度改装,使之成为历史上第一辆成功完成美国国防部高级研究计划局年度沙漠竞赛的纯自动驾驶汽车。尽管如此,我也没想过很快就能在路上看到完全自动驾驶的汽车。在现实世界中,驾驶要复杂得多,我认为短期内几乎无法实现。不过,我可以利用这个话题,让晦涩的理论变得更加通俗易懂。

"嗯。"她说,语气变得轻松起来,"对我这样的人来说,生活肯定会大不一样。"

接着,她又沉默了几秒钟,问了一个看似简单的问题。

"飞飞,人工智能还能做哪些事来帮助别人呢?"

我相信,从看到比德曼的数字的那一刻起,我就成了一名科学家,在这个数字的启发之下,我开启了职业旅程。母亲在病床上的问题好像只是随口一问,但每次回想起来,我对这个问题都会充满类似的崇敬之情,因为她的提问给了我机会,让我成为一名人本主义者。这是我追寻的新目标,其动机远不止满足好奇心。我无法预测这条路究竟会通向何方,但我在医院里度过了太多的岁月,答案的蛛丝马迹已经在眼前隐约可见。

现在,我第一次想把我对人工智能的毕生热爱与长期照顾他人的痛苦特权结合起来。人工智能在医院里能做什么?我们创造了能够以人类无法企及的方式观察世界的镜头,将谷歌街景变成了社会学研究。而在医疗领域,人工智能会向我们展示什么?我们设计算法,把图像变成故事,将像素转化为语言和意义。我不禁想问,在医院这个我们度过了如此多时光的地方,是不是有最需要被讲述的故事?

✦

阿尼·米尔斯坦(Arnie Milstein)博士是医疗领域的传奇人物。他是斯坦福大学医学院教授,长期担任行业顾问,曾是临床医生,是专家中的专家。我们见面的时候,他已经将职业重心转向改善医院的医疗服务方式,如流程质量、治疗效果和患者体验等,同时降低医院的运营成本。他的头发近乎全白,彰显深厚的阅历,但他没有架子,精力充沛,总是带着微笑和天然的友善。

我和母亲在病房里讨论人工智能以来的几个月里,我一直在思考如何把人工智能与病人护理结合起来。只要有机会,我就和同事聊天,不管他们来自哪个系。我在所到之处播撒了对话的种子,其中一颗终于生根发芽——一个熟人介绍我认识了阿尼。虽然刚开始交流时,我们都感到双方的领域差异悬殊,很难理解对方的研究内容,但又都感到了一种亲切感。我们都不知道等待我们的将会是什么样的合作,但我们都确信未来一定会有合作。为了启动进程,他邀请我和他一起参加在旧金山北边举行的一个闭门演示活动,了解飞利浦公司正在开发的远程医院监控技术。

在演示室里,一排护士站在装有大型平板显示器的工作站前,飞利浦公司的代表走到演示室中央:"非常感谢大家的到来。你们即将看到的是我们的 eICU 技术演示。eICU 是用于重症监护病房的远程监控解决方案,虽然目前还处于概念验证阶段,但我们已经开始在一些医院进行试点。"

我意识到,屏幕上显示的是重症监护病房病人的实时画面,视频上显示了病人生命体征的多个维度,护士可以随时在显示器前观察。一旦发现危险或异常情况,她们可以通过按钮面板立即通知现场人员。

"没有人愿意面对医疗护理中的失误,但这些失误对病人构成了持续的威胁。感染、手术工具放错位置、药物混淆、剂量错误,甚至是老年患者摔倒这样简单的事故,都会造成严重的后果。类似的错误不胜枚举。"

太可怕了。下次我在候诊室里等待的时候,更会忍不住胡思乱想了。

"可悲的是,这些失误每年造成美国约 10 万起死亡事故,其中大部分是完全可以避免的。"

等等,什么?我的大脑突然一片混乱。每年 10 万人死亡?都是失误造成的?

"有一种特别危险的错误就是病人在重症监护室中长时间无人看护。eICU 是防止这种错误的第一步,它使得规模更大、地理分布更广的团队可以更密切地关注医院里最脆弱的群体。"

这是个好主意,但我无法不去想刚刚听到的数字。

10万。这个数字在我脑海中不断重复闪现。

"飞飞,这就是我所说的医疗保健'黑暗角落'的一个例子。"阿尼凑过来低声说道,"不管是在医院、老年护理机构、手术室还是其他地方,都会有病人逃过临床医生的关注。"

我想起了躺在病床上的母亲,想起了我每晚刚进家门的例行事务,我担心会不会发现什么迹象,表明我不在的时候她的病情恶化了。

阿尼继续说:"这是我们努力解决长期存在的一个问题。在医疗行业,几乎每个人都超负荷工作,大家都精疲力竭了。在某种程度上,过去几十年来为他们打造的所有技术都是在帮倒忙,因为现在他们也被信息淹没了。这是一个危险的组合,太多病人因此错过了最佳治疗时机。"

演示非常完美,让人印象深刻,但在演示结束后很长一段时间,我的焦虑感依然挥之不去。

电梯门关上时,我说:"我脑子里就是忘不了那个数字。"

"每年10万人死亡吗?"阿尼回应道,"在过去的一二十年里,这个数字一直是激励我工作的最大动力。"

为一个具体数字无限痴迷——阿尼和我的共同点比我想象的要多。

"我有个问题要问你。"他继续说,"想象一下,在任何医院、养老院,甚至是家庭护理项目中,当护理人员查房时,他们想要达成什么目标?"

我想起了在我母亲住院期间查房的医生和护士,他们中的许多人似乎只是检查了一两分钟,就匆匆赶往下一个任务。

"要跟病人有面对面的时间?要注意自己的临床态度?"

"这些当然要有,但想得再简单些。"

"我不知道,难道只是过来看看?"

"你说对了。他们在尽最大努力关注到每一位需要照顾的病人。但即使他们夜以继日地工作,真正面对每个病人的时间又有多长呢?病人的大部分时间都是无人监控的,这一点难以避免。"

"是事故都发生在没有人监控的时候吗?"我问道,"这就是每年有10万人白白死亡的原因吗?"

我停顿了片刻,试图理清头绪:"听起来,这些事故有一个共同点,那就是注意力。察觉。"

"没错,察觉就是关键所在。在整个医疗领域,察觉是最宝贵的资源,也是我们没有办法扩展的资源。"

我感觉自己仿佛又回到了红门咖啡馆,与彼得罗和克里斯托夫一起思考视觉体验。我想到了索普的脑电图读数、比德曼的摄影实验,还有坎维舍绘制大脑皮质解剖图的尝试。但我想的最多的还是特雷斯曼,还有她研究的核心观点:场景越混乱,理解场景所需的时间就越长。这个观点发人深思:在医疗行业,医生疲惫不堪,匆匆经过洗手台却没有认真洗手;护士分身乏术,没有注意到虚弱的病人马上就要跌倒。我的很多研究都围绕着感知的本质:感知从何而来?有什么作用?有什么潜力?而直到遇到阿尼,我才开始真正意识到感知的巨大价值。

✦

"不好意思,"我停了一会儿说,"这些数字让我有点儿震惊了。"

演示会几周后,我去了阿尼的办公室,继续我们的讨论。我们翻阅了《人无完人》(*To Err Is Human*)。这本书出版于 2000 年,对医院环境中的医疗差错进行了全面调查,其中揭示的真相令人深感不安。作者得出的结论是,每年因规程和注意力方面的失误而导致的死亡人数超过了因车祸、乳腺癌和艾滋病这些众所周知的原因而逝去的生命数量。

"是的,需要花一些时间来理解和消化。"

不过,这是必要的练习。自从看完 eICU 的演示后,我们的谈话就没有停止过,兴奋之情也与日俱增,因为我们决定开展一个小型研究项目。这是我们第一次正式开会讨论计划。

"我建议我们从这个开始。"阿尼说着,用食指指向靠近页面底部的一个段落。

根据美国疾病预防控制中心的说法,"洗手是预防感染传播的最重要手段",即便在今天也依旧如此。然而,反复的研究表明,在经历了150多年的发展之后,不洗手或洗手方法不当仍然是造成医疗环境中疾病传播的重要因素。

洗手问题可能听起来稀松平常,但相关问题仍然是医疗服务面对的严峻挑战。据美国疾病预防与控制中心估计,护理人员在每天巡查的过程中需要洗上百次手,每换一个病人、换一项任务,都需要洗手。鉴于人为错误的频率和性质,即使在最好的情况下,偶尔出错也在所难免。但随着轮班时间越来越久,压力和疲劳会不断加重,因而导致风险大大增加。最终,一部分错误会导致感染(正式名称是"医院获得性感染"),给患者带来巨大的痛苦,其程度难以想象。

这个可怕的话题非常适合作为我们研究的起点。在开展医学研究时,如果涉及正在接受治疗的病人,会导致一些棘手的复杂问题。而通过将注意力集中在护理人员(而不是病人)的行为上,就可以避免相关问题。据阿尼介绍,斯坦福医院的管理层对洗手问题已经研究了一段时间,不少人对新颖的解决方案翘首以盼。

我很快就了解到,阿尼是那种使命必达的人。我们结束谈话后,感觉刚过了一两个小时,他就给我发来了消息,告知我最新进展,而这些进展本身就让人感觉是不小的成就:打电话找人帮忙,安排与决策者的会面,确保医院配合研究,等等。

在我自己的研究中，我越来越喜欢做规划，因为合理规划可以为新实验奠定基础，让我产生一种自豪感。但这是他的研究领域，不是我的，他打了下响指，一切就安排就绪了，我不禁惊叹不已。

不知不觉中，阿尼成为继彼得罗和克里斯托夫之后我的又一位导师，他们都有共同的特点，就是在寻求解决方案时，可以跨越学科之间的界限。随着项目的技术层面逐渐成形，我很快也可以做出自己的贡献了，我非常期待。不过，就目前而言，我很满足于跟随一位老手的脚步。再次做学生的感觉真好。

就在阿尼施展魔法的同时，我们也开始意识到挑战的艰巨性。最初，我们的目标是开发一种自动化技术，来确保护理人员在医院内始终如一地彻底洗手。虽然图像分类技术已经成为计算机视觉领域的象征，但医院项目对技术的要求比图像分类更高，甚至比我和安德烈一起完成的图片说明技术要求还要高。这一次，我们的解决方案必须能够识别特定类型的动作，也就是说，不仅要识别某种物体的存在，还要确定物体的移动方式和动作类别，而且识别准确性需要满足临床要求。

棘手的问题比比皆是。首先，"正确"洗手的分类到底是什么？"正确"洗手肯定不仅仅是确定临床医生在洗手台附近。要确定是不是把手洗干净了，算法需要识别洗手过程中的每一个步骤：靠近洗手池、打开水龙头、使用肥皂、两只手在水龙头下搓揉、长时间冲洗双手等。无论从哪个层面看，这都是我遇到过的最复杂的感知任务。

值得庆幸的是，我们的项目可以找到先例。我的实验室一直在攻克类似系统所需的诸多基础功能。例如，安德烈曾与谷歌合作开展研究项目，旨在识别体育录像中的场景，比如棒球击球手挥棒击球，或者篮球运动员运球等。这项分类任务在很大程度上依赖于对动作和行为的识别。我的另一位学生胡安·卡洛斯·尼布尔斯（Juan Carlos Niebles）的整篇博士论文的主题就是识别视频中的人类活动。他现在是哥伦比亚北方大学的教授，不久前刚和自己的学生们打造了一个名为ActivityNet的数据集。顾名思义，ActivityNet就是类似于ImageNet的动作识别数据集，其中包含了数万个视频短片，每个短片都标注了它们所描绘的身体动作，比如走路、跑步、跳舞、演奏乐器等等。换句话说，尽管我们对于准确分析视频的设想尚未完全实现，但也并非不可能实现：这正是研究的最佳切入点。

我需要一批研究助理，于是像往常一样，给系里的研究生们发了邮件。ImageNet等项目让我养成了保持适度期望的习惯，这次也不例外。收到的回复虽然不多，但数量也算可观。于是我制作了幻灯片来解释我们的想法，并安排了第一轮面试。与此同时，我们的项目还需要一个正式的名称。我和阿尼设想了一种旨在用智能且可靠的感知来填充空间的技术，而其最大的特点就是不会引人注目。与人类监察员不同，我们的技术将悄然融入背景之中，默默监视，只有在察觉到危险时才会发出警报。我们将其称为"环境智能"（ambient intelligence）。

10 似易实难

✦

"这就是我们的计划,医疗服务的环境智能。"我总结道,"有什么要问的吗?"

我只有一位听众,就坐在我办公室的红色沙发上。他是个特别聪明的双学位学生,同时在修读计算机科学和统计学。他正处于攻读博士学位的第二年,正好在寻找一个更稳定的地方来完成他剩余的研究。然而,气氛并不像我希望的那样轻松。之前三位面试者都决定不加入我们的团队,因此他成了我们的第四位面试者。我尽力掩饰我们士气低落的事实。

"我的意思是,听起来超级有趣。"他回答道,语气足够真诚。这已经是连续第四个候选人表示我们的设想"超级有趣"——我选择忽略这一事实。

"不过,我想知道的是,我还能不能在常规渠道发布成果,比如 NeurIPS[①] 和 CVPR 之类的。"

"当然。"我笑着说,"我们正在探索许多尚未解决的问题。"

确实如此。虽然医院并非我们惯常的研究场所,但其中涉及的计算机视觉技术绝对是最先进的。我们正在推进前沿技术的发展,需要识别人类活动,而非静态物体,这已经是精细的实验性技术。此外,我们的算法还将面临额外的压力,需要识

[①] NeurIPS 全称"神经信息处理系统大会"(Conference on Neural Information Processing Systems),是机器学习和计算神经科学领域的顶级国际会议。——译者注

别异常细微的动作,对准确性的要求很高。与此同时,我们也计划将物体识别提升到新的水平,因为我们的分类器将不得不应对密集的运动、混杂的背景和模糊的情况。相关工作会异常艰苦,但同时也是建立名望的好机会。

"坦率地说,我们希望能在临床上产生真正的影响。这意味着我们也要与临床工作者合作,向临床期刊投稿,而不仅仅是计算机科学领域的期刊。"

这个学生考虑了一下。"明白。但是,这类期刊的出版周期是多长?"

这是个好问题,因为学术生涯在很大程度上取决于论文发表,尤其是在最初几年。在他看来,医学期刊缓慢的出版安排就像一个锚,会在他需要冲刺时拖慢速度。他的担心不无道理。如果他发表论文的频率能达到同行的一半,就已经很幸运了。我一边回答,一边在心里暗叫不好。

"老实说,我自己还没发表过。但我的搭档米尔斯坦博士说,一般需要一两年的时间。"

他睁大了双眼,又停顿了片刻。

"这……比我预期的时间要长很多。我是说,发计算机科学论文通常只需要几个月。"

他说的都是显而易见的事情,但他是对的。我没有太多可以补充的。

"李教授,我还有最后一个问题。"他双手抱臂,开始提问,"我知道你花了多长时间构建 ImageNet,也清楚它对计算机视觉的重要性。对于这个,呃,环境智能的想法,我们会有类似的数据集作为支撑吗?"

我叹了口气,可能声音有点儿太大了。

答案是否定的。又一个"没有"。没有数据集。没有已知文献作为我们观点的基础。没有研究类似问题的实验室可以合作。最后,这位候选人的回复虽然礼貌,但也是否定的。

✦

几个月过去了,我们连一个合作者都没找到,我夜不能寐。我正站在职业生涯最有意义的一个篇章边缘,有机会接受母亲的启示,真正利用人工智能为社会做些贡献。但如果没有帮助,我们将一无所获。我想起了 ImageNet 早期的孤独岁月。与现在相比,连那样的日子都显得云淡风轻了许多。

然而,今天我有了分心的奢侈机会。也许是觉察到我需要一些外力来保持头脑清醒,阿尼派我去参加一项实地考察。

"你确定这样没问题吗?"我一边调整口罩,一边问道。我一生中大部分时间都被穿着手术服的人包围着,今天是第一次自己穿上了手术服。

"当然没问题,我们经常这么干。护士、医学院的学生、实习毕业生,什么人都有。别担心,你很快就会融入。"

阿尼安排我跟随露西尔·帕卡德儿童医院的儿科医生特里·普拉切克(Terry Platchek),这样我就能观察到医生在医院轮班期间保持手部卫生的实际情况。但我想看到一切：病人、护士，所有的一切，他们的全部经历。我知道他们的世界是混乱的，我想以他们的视角来看待这一切。

我不知道自己即将面对什么。

普通病房充满了圣诞节的气氛，我简直不敢相信这里有这么多孩子。每个孩子都有自己的经历，每个都令人心碎。有些获得好消息，有些则碰上坏消息，而大多数都只是漫长而又让人麻木的治疗旅程中的又一步。有些家长问我是谁，为什么会在那里。但大多数人似乎都没有多想，因为他们只想知道自己所爱的人正在经历什么，他们已经习惯了不同的医护人员像走马灯一样地变换。

我本该记录一些机械且容易量化的东西，但我无法将视线从医护人员身上挪开；我很快就意识到，这些人才真实地展示了什么是人性化护理行为。一个好医生是信息的总汇、力量的源泉，有时甚至是病人及其家属在痛苦时刻的精神支柱。多年照顾母亲的经历让我自信对医疗领域了如指掌，但与普拉切克医生的相处彻底颠覆了这种观点。我开始确信，无论多么先进的技术，都无法取代我那天所看到的一切。

尽管如此，我认识到在某些决定性时刻，我们也非常需要新的辅助工具。我遇到了一位资深护士，她的一个病人最近摔倒了。这是她职业生涯中第一次出现这种情况，她惊讶地发现，这件事对她的影响极大。从统计学层面看，对她来说，在自己的监护下有病人受伤是不可避免的，毕竟她已经做了几十年护士。但当这一时刻终于到来时,她整个职业生涯的杰出表现并没有能帮助她缓解情绪。她的情绪非常崩溃,就像第一天上班的护士一样。无论是她,还是那位病人,都受到了严重的伤害。如果人工智能能帮助避免这种情况,那么一切努力都是值得的。

这一天对体力要求很高,轮班结束时,我已经筋疲力尽,但更疲惫的是我的精神。仿佛我重温了和母亲共同面对的每一刻,只是这一次以小时为单位不断循环播放。我茫然地与普拉切克医生握手寒暄,准备离开。但在往外走的时候,我突然想到了什么。

"特里,我很好奇,是什么让你如此愿意让我进入你的世界?老实说,我算是个局外人。"

他沉思片刻才给出答案:"你知道,最近有很多关于人工智能的新闻,老实说,大部分我都不喜欢。"

我笑了,也许带着一丝嘲讽。我知道他接下来要说什么。

"当然,如果我每天有更多工作可以被自动化,那就太好了。我明白。"他继续说,"但我有点儿厌倦科技高管们成天说的都是让我这样的人失业。只有你和阿尼似乎真正想帮助我,而不是取代我。"

我稍作思考,然后回答道:"我知道我们聊过我的母亲,还有这么多年照顾她的健康问题对我产生的影响,但这个故事还有另一面。在医院度过了那么多时间,对我而言是有好处的。"

"有什么好处呢?"

"有一种特别的东西……我不知道,也许可以叫作'关怀之举',无论是护士帮助我母亲坐起来,还是专家制定治疗策略,都感觉很特别,充满了人文关怀。这也许是我们所能做的最人性化的事情。我无法想象人工智能来取代它,我甚至不希望人工智能取代这一点。今天,科技在维持我们的生命方面发挥着重要的作用,我很感激,但毫不夸张地说,我和母亲能熬过这一切,真正的原因是人,是像你们这样的人。"

轮班还没结束,太阳已经落山。从医院出来,傍晚时分清新的空气迎面而来。相对宁静的环境让我的思绪得以舒展,全天的记忆带着沉闷的刺痛感重现。虽然我目睹了病人和家属的悲惨境遇,感到心绪不佳,但阿尼是对的,这正是我所需要的。这是计算机科学学位无法提供的教育场景:病房里的喧嚣、不确定的恳求眼神、对任何形式安慰的迫切渴望,酸痛的脚和破旧的网球鞋,休息室里冷冰冰的比萨,一小时又一小时的煎熬。

阿尼知道,虽然我在母亲身边照顾了多年,但我仍然无法真正理解临床医生的感受,所以他邀请我亲自去体验一下。

在回家的路上,我突然有了一个奇怪的想法:我很庆幸我们还没有招收任何学生助手,否则,我早已用计算机科学家的阅读清单把他们淹没,使他们习惯于从数据、神经网络和最新架构进展的角度来思考。这当然很重要——在这样的项目中,科学问题是无法回避的。但我现在明白，科学并不是正确的起点。如果想让人工智能帮助人类，那么我们必须从人类自身开始思考。

我随即做出决定。从那天起，任何要加入我们团队的学生，都必须先拥有我刚刚拥有的体验，否则一行代码都不可以写。跟班学习将成为每位新成员的入门仪式，没有商量的余地。

✦

幸运之神的眷顾加上我在医院的经历所产生的激励作用，使得工作进展迅速，我们的愿景得以延续。我和阿尼花了近两年时间，付出了比以往更多的耐心，终于组建了一支规模适宜的团队，开始了我们的工作。很明显，环境智能在一段时间内仍将是一个小众的研究领域，因为对人工智能专业知识的需求太旺盛了，竞争机会也非常诱人。但我们招募的人员素质表明，我们正在从事一项有意义的事业。毫无疑问，这是我参加过的专业能力最多元化的团队。

在我们的第一批新成员中，有计算机科学的一年级研究生、电子工程的博士生，还有研究机器人对人类活动和社交导航感知的博士后。随后，针对我招募的团队，阿尼也挑选了一批年轻医生，有医院的儿科医生、老年病医学专家，还有重症监护专家。最重要的是，我们从一开始就达成了共识，主导权不属于团队中的任何一方；阿尼和他的同事需要我们的经验来构建技术，而我们也需要他们的经验来确保技术的正确性，以确保技术不仅有效，而且尊重使用者、体现人道主义精神。

阿尼将他最令人叹服的壮举留到了最后：说服医疗机构让我们在他们的场所进行实际的技术演示。我们首先选择了两家不同的医院，一家位于帕洛阿尔托，另一家位于犹他州。我们的目标是发现手部卫生方面的疏忽，确保不会因为手部卫生而造成患者感染。接下来，我们选择了湾区的一家养老院，目标是通过跟踪老人们全天的身体活动来协助护理人员。最后，我们在斯坦福医院的重症监护室部署了一套系统，当康复患者长时间不动时，系统就会向护理人员发出警报。

然而挑战依然存在，就连阿尼的锦囊里也没有妙计了，那就是数据问题。我在这个项目之前的几年深刻认识到，若要有效地训练像我们这样的模型，数据绝对是必需品，这是毫无疑问的。我们需要大量真实、有机且尽可能多样化的数据。

但在医疗领域，我们所需的数据在本质上就是稀缺的。出于法律责任和基本隐私等显而易见的原因，患者和临床医生的行为很少被影像记录下来，而对于我们希望检测的事件（其中许多事件从一开始就是异常情况，比如跌倒），相关的清晰影像更是少之又少。这使得我们的工作比我最初想象的还要复杂。在训练模型之前，我们必须亲自收集必要的数据。

尽管如此，我们的研究势头依然如日方升。新的实验，新的假设。我们撸起袖子，使用新硬件和新软件。正如我所料，这是我的实验室尝试过的对科学技术要求最高的项目。但真正让我们豪情满怀的,却是任务本身。我们所做的一切都充满了意义,它让我成年后一直从事的职业变得如同一个全新的世界。我一直努力将私人生活与科学家的职业生涯区分开来,但现在的一切冲破了堤坝,冲刷着沿途的一切。早该如此了。

✦

"快叫护士,"母亲恳求道,她发出微弱的呻吟声,声音小得几乎听不到,"点滴……又痒了。他们扎针的那个地方。"我们又回到了医院,这次是做心脏成像。这么多年来,母亲已经做了很多次心脏成像,每次就医的紧张感都比上一次更加强烈。我赶紧按铃求助。

今晚的护理人员是来自加利福尼亚中部的旅行护士曼迪。她年轻、乐观,还在努力考资格证书,争取更加稳定的职位。从她进入房间的那一刻起,我就知道我会喜欢她。

"不好意思,"我说,"我知道还没几个小时,我们都叫你三次了。"

"没关系的。"她坚持说,虽然眼神疲惫,但依然笑容满面。她有一种难以伪装的温暖。"哎哟,真是可怜!"她说着,把注意力转向母亲,全身散发着善意,"看来我们又得冲管了。我知道今晚不好过。"

这一幕我已经见过无数次了,但今天,我有了一种特别的感触。也许是因为我从曼迪的举止中看到了一丝纯真,也许是因为最近的研究让我们都成了日常护理专家。我感到喉咙有些发紧,这是我在病房里待了这么多年从未感受过的。同情、敬畏、感激,还有其他一些难以形容的复杂情绪。曼迪的出现,她这种改变他人生活的简单而真挚的关怀之举,让我感到格外温暖。我的泪水在眼眶里打转。

在以往的这种时刻,我的注意力通常都集中在母亲身上,但我们在做的研究彻底改变了我的想法。护士平均每班要走6000～8000米,需要完成180多项不同的任务,虽然疲劳的隐患有据可查,但轮班时长却在不断增加,目前平均长达12小时。我知道曼迪在来我们病房之前去过哪里,也知道她见过多少其他面孔,我知道她可能已经疲惫不堪,但她还是毫不吝啬地传递善意,微笑着完成了所有任务。

如果我的研究确实能帮到别人,那么像曼迪这样的护士就是我的首选。我无法想象还有什么人比她们更值得帮助。

第二天,上早班的是一位新护士苏珊。"你在这里工作吗?"她问道。

我低头看了看自己佩戴的斯坦福医学院徽章。我跟阿尼一起工作时,经常佩戴着它,这会儿忘了摘下来。

"哦,这个?"我笑着说,"不是,实际上我正在参与一个研究项目。"

"什么样的研究?"她问。

"我是计算机科学系的,我和我的学生正在合作开展利用人工智能追踪手部卫生的项目。"

她的笑容淡了一些,看起来礼貌多于友好。"那么,是有摄像头在监视我们吗?"

"不,不,不!当然不是!"这已经不是我第一次被问到这个问题了,但我每次还是会感到一阵尴尬,"更像是一个传感器,不是摄像头。没有录像。它为我们的算法分析提供了图像。算法正在学习观察不同的洗手模式。我们还在起步阶段,就是想搞清楚算法是不是能够胜任这项任务。但我保证,没人在监视你!"

我尽力保持轻松的口吻。我说的一切当然都是真的,但我也不能怪她把事情往最坏的方向想。

"好吧,那听起来还可以。"她松了口气。"你知道,"她压低声音继续说,"你们这些不叫摄像头的东西应该盯紧医生。"苏珊和曼迪一样善良,但她身上有一种犀利的感觉,她的脸上掠过一丝苦笑,"他们的卫生习惯是最糟糕的。但管理层不管他们,只会对我们护士大吼大叫。"

✦

"老板监视器"。

更委婉的说法是"员工监控系统"。这种新型软件如雨后春笋般涌现,被广泛用于仓库和办公室等场所。许多人认为这种审查会侵犯人的隐私,甚至是不人道的。虽然软件的市场定位是提高工作效率和保护职业行为,但几乎立即遭到了劳动者的反感,也很快成为科技媒体反复报道的话题。现在,我们甚至还没有机会证明自己,研究工作就有可能被反乌托邦的联想所吞噬。我们的技术是为了病人的安全,而不是为了绩效考核,把我们的软件与监视器混为一谈起初让人觉得不公平。然而,这种担忧是可以理解的,而且事后看来,审查和监视之间的关联确实显而易见。这是我第一次接触到人工智能会在公众想象中引发恐慌的一种能力:监控能力。

回想往事,我们很容易忘记变化有多么突然。那是2015年,人工智能对隐私的影响仍是大多数人关注的焦点,毕竟就在短短几年前,图像分类的准确性才开始接近实用的阈值。现在,像我们这样的研究人员眨眼间就掌握了如此强大的能力,技术挑战已经让位于伦理挑战。我们在医疗领域的探索则将这一切带回了我们的实验室。

"没有人想安装老板监视器。"一位学生抱怨道。

团队刚从露西尔·帕卡德儿童医院悻悻而归,他们本想在那里完成推进试点研究的最后工作,却出乎意料地遭遇了失败。

我们的计划是安装一批传感器原型,但我们请来参与实验的各科室护士都无一例外地拒绝配合。项目严重受挫,但在与苏珊交谈之后,我早已有了心理准备。

这件事提醒我们,即使是一个明确的多学科团队,也可能存在盲点。虽然我们的临床医生知识渊博,但他们更像研究人员,而不是一线的护理人员,这种区别产生了决定性影响。简而言之,我们积累了深厚的医疗专业知识,但我们都不是护士。我和阿尼召开紧急会议,讨论我们的选择。

"我认为只有一条路可走,"一位医生建议道,"护士需要跟你们的研究人员见面。她们需要真正的沟通。"

"是的,当然。要让尽可能多的人参与进来。"另一位医生说,"需要倾听。了解他们的想法。"

第三个人附和道:"开个公开会怎么样?我可以帮忙组织。"

我心中感慨万分,感谢上帝,感谢你们每一个人。我无法想象如果没有阿尼和他的同事们,我们的研究该如何继续下去。

"我们在 IRB 相关的陈述上必须严谨。"阿尼严厉地说,"我们的合作伙伴需要得到保证,任何人的隐私都不会被泄露。一次也不行。大家都清楚了吗?"

IRB 即机构审查委员会(Institutional Review Board),是对类似我们的临床研究进行监管的机构。要达到他们的期望,确保研究获得批准,需要技巧和外交智慧,更不用说丰富的临床经验了。从我和克里斯托夫在加州理工学院进行的心理物理学研究开始,我对合规要求就已经习以为常,但对我大多数计算机科学的学生来说,这是一个全新的概念。这是真正的医学研究,涉及真实的个体,需要遵循一套全新的专业规范。

然而,我们都没预料到的是,我们的研究可能会超出 IRB 的范围。在听取学生们关于他们在医院访问的更多情况后,我们欣慰地得知，护士们并没有特别担心我们的研究本身；他们中的许多人已经了解我们，并且相信我们的动机，对我们的工作并没有异议。他们担心的是这项工作可能会导致的后果：这项技术将如何发展、供谁使用，以及它的影响范围将会如何扩大。他们的疑虑是敏锐的，同时也强调了一个事实：我们面临的挑战是如何评估人工智能的未来，而不仅仅是它的现在——即使是 IRB 也没有考虑到这一点。

为了确保设备无可非议，我们规定，任何采集到的数据都不得传输到远程数据中心，或者上传到"云端"（这个术语刚刚开始被主流接受）。"云"已经成为热门词汇，几乎在任何情况下都能吸引媒体关注和风投资金，但对我们来说，它却是一种诅咒。相反，我们不得不追求另一种新兴趋势：边缘计算（edge computing），即把所有必要的计算资源都整合到设备中。这是我们的研究所需要的范式，但边缘计算本身就是独立的领域，我们对它的理解和把握还不够深入。

尽管面临巨大的工作挑战，但我们知道复杂性是不可避免的。相比之下，从互联网上批量下载图片像是一段无忧无虑的时光。我们现在需要搜集的可能是能想象到的最敏感的数据：以视频的形式捕捉人类群体真正的脆弱时刻。视频的保真度足以训练机器进行可靠的识别。而且，我们必须确保——必须绝对确保——从第一步开始就保护研究对象的安全和匿名，同时遵守 IRB 准则的高标准（这是我们从事相关研究工作所必备的常识和道德）以及《健康保险携带和责任法案》等法律框架。

我们的团队不断壮大。团队建立之初就很多元化，包括工程师、研究人员和医疗政策专家，很快又加入了临床医生、生物伦理学家和斯坦福大学法学院的法学博士。我们的技术合作伙伴也越来越多样化，包括传感器专家、网络安全专家等等，当然还有边缘计算专家。我们雄心勃勃，愿景宏大，尤其可喜的是，在我自己的实验室与阿尼的临床卓越研究中心（中心总部位于斯坦福大学，旨在提高医疗质量和可负担性）的通力合作和资助下，我们的项目落地了。

研究的前沿依然广阔无垠。虽然我们只回答了研究中的一小部分问题，但我们正在取得进展。最重要的是，我第一次认识到，如果将人工智能视为一门独立的学科，就会错失其最大的潜力。我们的研究表明，如果人工智能与其他领域相结合，并借助其他形式的专业知识进行推动，可能性就是无限的。

✦

"妈妈，求你了。"

母亲最近又做了一次手术，手术结果虽好，但康复之路格外漫长。康复的关键是进行肺部锻炼，需要每天多次使用一种叫作诱导性肺量计的手持设备进行呼吸训练。她刚刚做完手术，很容易出现肺部感染，而且可能是致命的，而使用肺量计是简单有效的预防手段。

对经历过多次心脏衰竭和脑出血，又刚接受了开胸手术的人来说，这本该是一项简单的任务。然而，她拒绝了。当医生向她展示肺量计时，她假装按要求呼吸，但医生离开后，她就把肺量计放在一边。当护士来检查时，她又重复着这个戏码。当然，这一切我都看在眼里，但无论我怎么恳求，她都不愿意配合。

这根本就说不通。一连几天，我的焦虑与日俱增。我晓之以理，动之以情，但就是劝不动她。护士警告她时，她就点点头；医生责备她时，她就假装服从。但她的表演并没有改变现实：液体正在她的左肺中积聚，她必须再接受痛苦的肺积水引流手术。

最后，在重症监护室又住了几周后，她从第二次完全不必要的手术中恢复过来，这场折磨终于结束了，我们把她接回了家。疲惫不堪的我们回到后院，享受了很久以来第一个安静的下午。她不在的时候，我父亲一直忽略了花园的打理；她回来后，他如释重负，重新开始了自己的日常生活。

"妈妈，我想问你点儿事。"我不想破坏这份宁静，但内心的困惑让我无法释怀，"还记得医生们想让你用的那个小工具吗？那个肺量计？"

母亲纹丝不动，默不作声，但她的身体语言告诉我，她显然不想谈这件事——人在静止状态下却能传达这么多信息，真是让人惊讶。

"妈妈，我就是想知道为什么。求你了，跟我说吧。"

过了一会儿，她终于开口说话了，但依然没有看我："我

10 似易实难

不记得了，当时药劲很大，一切都很模糊。"

我知道这不是真的，但我没办法强迫她解释。我没有继续追问，只是享受和她在一起的时光。天气晴朗，栀子花盛开。

最后，她打破了沉默。

"你知道吗，飞飞，"她轻声说，终于看向了我，"当病人……太可怕了……太可怕了。不光是疼痛，还有失控。在那个房间里，我的身体，甚至我的思想都不属于我。房间里有那么多陌生人，我知道他们是医生和护士，但他们对我来说都是陌生人，而我却要听从他们的每一个命令……我受不了。"

我继续听着。

"就连你也命令我！"

我俩都笑了起来，气氛一下子轻松了许多。

"我知道你是想帮忙，"她补充道，"我知道你们都想帮我，我知道这些东西对我的健康很重要，但到了某一个临界点，我就没有办法再满足这些要求了。"

然后，她又想了一会儿，找到了背后的原因。"我一点儿尊严都没有了。彻底丧失了。在那样的时刻……"她似乎有些语无伦次。我正想鼓励她继续说下去，她就接着说完了："甚至健康都不重要了。"

自从这个项目开展以来，我学到了很多东西。这些经验和教训缓慢地展开，常常伴随着痛苦。我开始从另一个角度看待母亲在健康方面的抗争，并对我们多年来依赖的护理人员产生了新的同理心。我对医院中人类脆弱的程度感到震惊,也为有机会为此做出一些贡献而备受鼓舞。但我学到的最深刻的一课是,个体的尊严是至高无上的——这是任何数据集都无法解释、任何算法都无法优化的变量。面前这个人是我最熟悉、最在乎的人;在她脸上饱经风霜的纹路和疲惫的眼神之后,那种我长期以来熟悉的挣扎和脆弱,向我伸出手来。

两年多前,母亲只问了一句"人工智能还能做哪些事来帮助别人",便让我的职业生涯走上了全新的道路。通过她的眼睛来看待我的领域,我的动力一下就增加了。这么多年来,推动我前进的一直是强烈的好奇心,而现在,我第一次将人工智能视为行善的工具,可以纾解像我这样的家庭每天所面临的困难。我第一次接触到了人工智能的伦理问题:对我们中的许多人来说,"人工智能伦理"是全新的议题,也会很快成为不可避免的现实。在熟悉的领域中度过职业生涯的一部分之后,我发现自己又进入了全新的世界,这个世界如此陌生,如果没有合作伙伴,我将束手无策、无所适从。与阿尼的合作给了我两个重要的启示:人工智能最伟大的胜利不仅是科学上的,也是人文上的;伟大的胜利,没有他人的帮助是不可能实现的。

11

无人可控

No One's to Control

✦

此时，我们都处在一场全球风暴之中，我们要从根本上重新构想人工智能，使其成为以人为本的实践，这个共同的目标就是下一颗北极星。

"嗨，你是飞飞，对吧？"

我转身去看问话的人，他礼貌地做了个手势。

"我叫戴夫，"他伸出手和我握手，"前几天听到你在播客上的节目，忘了是哪一期了。你知道吗，我们风险投资公司一直在谈论人工智能，简直就是一刻不停。"他接着说，"就在过去的几个月里，我们已经完成了四个 A 轮融资，都是在这个领域。"

我笑了笑，不知道还能作何反应。那是 2014 年，风险投资的术语让我在自己的领域里感觉像个局外人。

"嘿，你见过杰弗里了吗？"他转过身向对面的另一个人招手，那个人穿的牛仔裤和羊毛套头衫看起来跟他的一模一样。

"杰弗里，过来过来，我想介绍你认识一个人！杰弗里是负责产品开发的副总裁，在……"

"好了，各位，请注意，我们可以开始了。"谢天谢地，一个声音从房间那头传来，打断了他，"我要感谢大家今晚的到来。学前班是孩子们人生的重要一步，今年我们为他们做了非常棒的规划。"

"一会儿再聊！"他挤坐在仓鼠笼旁边的小木椅上，低声说。

✦

无论我们学术界如何看待人工智能，或者对其未来作何预测，有一点是不可否认的：人工智能已经不再由我们掌控了。十多年来，我对人工智能一直痴迷不已，它就像一层思想的外壳，悄然叠加在我的世界观之上。然而，到了2010年代中期，相关话题已经获得极大的公众关注，各种讨论铺天盖地、震耳欲聋。加州硅谷101号公路沿线的广告牌宣告着人工智能初创公司的招聘狂潮；在我的牙医候诊室里的杂志封面上，有关于人工智能的报道；开车换台时，还能从汽车收音机的谈话片段中听到关于人工智能的讨论；显然，在幼儿园家长会上，它也成了热门话题。

世界正在变得超现实。我和同事们穷尽职业生涯探索人工智能科学，但我们现在突然面对着"人工智能现象"（我还没有找到更确切的说法）。人工智能本身就充满了难以解开的谜团，现在，这项技术与各行各业、政府、记者、评论员甚至广大公众之间的互动突然激增，千丝万缕的关系与技术本身一样错综复杂。经过几十年的模拟环境开发和测试，人工智能已经进入现实世界的应用阶段。在人工智能的发展史上，充满了对其拟人化的尝试，但这些尝试带来的更多是误导，而非深刻的洞见。虽然我也不太愿意把人工智能明确地比作活的有机体，但不可否认，它已经进化出新的形态，躁动不安，嗷嗷待哺，渴望探索。

不到一年前，在我和安德烈的研究领域，谷歌迎头赶上的消息让我震惊不已，但如今却感觉已像陈年旧事。作为曾经的人工智能研究主力军，大学实验室现在已不是推动前沿发展的唯一机构。这已成为不争的事实。无论是在 GitHub 等平台上分享代码，还是在 Reddit 等论坛上讨论最新进展，我们都与谷歌、微软和脸书等科技巨头、遍布全球的初创企业、贪婪的风险投资人网络，甚至开源社区的软件开发人员共享繁荣热闹的景象。

有太多话题可以探讨。

2015 年，邓嘉和奥尔佳发表文章，回顾了 ImageNet 比赛迄今为止的影响，并分享了安德烈的研究成果：他估计人类在标注 1000 幅图像时的错误率约为 5.1%。虽然安德烈只是出于好奇才做的研究，但其结果却大大增加了比赛的刺激性。突然之间，算法不仅相互竞争，还开始与人类一决高下。2014 年，谷歌的神经网络分类器 GoogLeNet 的错误率仅为 6.67%，达到创纪录的最低水平，人类几乎要失去榜首地位了。

尽管 AlexNet 和 GoogLeNet 是计算机视觉领域的真正飞跃，

但我们还远远未能了解其全部潜力。举例来说，我们确信网络深度是决定性能的关键因素，而 GPU 优惠的价格意味着我们终于有足够的处理能力，让深度达到前所未有的水平。然而，简单增加神经网络层数并不是万能之策。在初始阶段，网络深度的增加会提高图像识别准确率，但很快就会到达临界点，此后就是收益递减。我们怀揣着远大抱负，构建的神经网络越来越大，却在不经意间将网络变成了迷宫。过多的分层会破坏信号传递，导致训练过程停滞不前，使系统失去效果。

显而易见，要实现宏伟的目标难度很大，与投入多少硅片并没有直接关联。这意味着即使在现在，我们的网络也无法吸收和消化 ImageNet 等大型数据集，没有充分利用其潜力。我们需要改变现状，不断进化，不仅在规模上，更在创新上。这正是我期望 ImageNet 挑战赛能带来的激励和感召。

我终于如愿以偿。2015 年，由微软的年轻研究员何恺明带头研发的深度残差网络（Deep Residual Network，ResNet）再次改变了比赛格局。ResNet 达到了惊人的 152 层，但对网络架构进行了扭曲，允许在训练阶段绕过其中的某些层，使得不同的图像对网络中较小的子区域产生影响。

虽然经过全面训练的系统最终会充分利用其深度，但在训练阶段，没有任何一个图片示例必须覆盖整个系统。这样的架构带来了两全其美的结果。一方面，增加层数可以提高性能，吸收更多数据——ResNet 使用的 ImageNet 数据量超过了当时其他所有的参赛算法；另一方面，在不降低性能的前提下，保持了信号自由流动所需的简洁性。ResNet 是教科书式的范例，充分说明了在人工智能领域，创造力是推动着辉煌时刻出现的力量。

然而，ResNet 的设计只是故事的一半。ResNet 的最终效果甚至远远超出了设计者本人的预期，还因惊人的性能而登上了《纽约时报》等主流媒体的头条。ResNet 获得全球关注是意料之中的事：它的识别错误率仅为 4.5%，远远低于安德烈估算的人类错误率。简而言之，视觉分类的挑战似乎已经迎刃而解，机器轻而易举地超越了它们的创作者，完成了几年前还几乎不可能完成的任务。多么令人惊叹的里程碑啊。然而，没过多久，我们就意识到这只是开始，更多的里程碑将会陆续出现。

嘿，你在关注 AlphaGo 吗？

你知道哪边能赢吗？

我该不该赌一把？哈哈！

我的第二个孩子刚刚出生，如果有什么能让我与外界隔绝至少一两个星期，那应该就是生孩子这件事了。但我才出院几天，信息就如潮水般涌来，手机一直嗡嗡作响，提醒着我，我并没有偷得浮生半日闲的好运气。

2016 年年初，媒体对 DeepMind 的关注不断升温。DeepMind 是一家总部位于伦敦的初创公司，正在筹备一场围棋大赛，参赛双方分别是围棋大师李世石和一台机器。在此之前,这家科技公司一直名不见经传(甚至我对它的了解也只是皮毛),而现在似乎变得家喻户晓。此前一年,谷歌大举收购各类人工智能初创公司,DeepMind 以超过 5 亿美元的高价成为其中最昂贵的交易。但比价格更令人难忘的是它的使命。"他们声称正在研究 AGI。"我记得有同事带着学者特有的世事洞明的笑意告诉我。

我完全能理解同事的厌倦之情。AGI 指的是"通用人工智能"(artificial general intelligence),是一种极其复杂、灵活的人工智能,不仅能完成图像分类或跨语种文本翻译等狭隘任务,还能模拟人类一切认知能力,如分析、创造等。虽然我无法确定这个词是何时成为专业术语的,但计算机科学领域以前肯定没用过它。毕竟,"通用"智能从一开始就是人工智能的全部意义所在,前路虽长,但这并不意味着我们可以降低目标。对我们这些研究人员来说,AGI 这个新词听起来有些多余。但它读起来朗朗上口,可以让外界清楚地了解我们这个领域的终极目标,也让 DeepMind 在已经竞争激烈的生态系统中显得胆识非同一般。

我被各种问题狂轰滥炸——学生、好友,甚至一些交情不深的朋友都给我发来消息,问我有没有什么预测可以分享。我确实没有,但当家里另一位人工智能教授突然拿着一瓶刚冲好的奶走进房间时,我忍不住也向他请教。

西尔维奥说:"嗯,两种可能性都有。早在 20 年前,深蓝就在国际象棋比赛中战胜了人类,"他似乎在心里算了一会,"准确地说,是 19 年前。"

书呆子就是书呆子。

"不管怎么说,"他继续说,"虽然围棋比国际象棋难很多,但仍然属于棋盘游戏。规则虽然复杂,但都非常直接明确,至少从数学角度来看是这样。"

他意识到自己越说越有教授的腔调了——虽然我们说好了在家里不能这样,但经常做不到。他一边笑着,一边小心翼翼地把奶瓶放进热奶器里。我们几乎同时说出了接下来的话:"跟冲奶完全相反!"

他说得没错。围棋策略的组合数量大到无法想象,关于如何就此建模,我们俩可以侃侃而谈,但像准备一瓶婴儿配方奶,再把奶瓶放到热奶器里这样简单的事情,却依然是机器人专家的"圣杯"——尽管在严格控制的实验室条件下,冲调完美配方奶粉的问题已经得到解决,但在实验室之外,依然存在巨大挑战。

1997 年,国际象棋大师加里·卡斯帕罗夫(Garry Kasparov)与 IBM 的超级计算机深蓝(Deep Blue)进行国际象棋比赛,计算机正式打败了人类,消息一出,轰动一时。但是,相对于国际象棋,围棋的复杂性不仅体现在规则上,还体现在策略组合的可能性范围上。事实上,围棋的规则决定了棋子所产生的可能性范围极大:棋盘上 19×19 的格子可以带来的组合总量多达 10 的 360 次方。这个巨大的数字超过了宇宙中的粒子数量,且超过许多个量级。要下好围棋,人类需要通过毕生的实践不断培养直觉能力,在每个回合都要把理论上的无数种选择缩减为可操作性的若干种落子选择。而就算是最先进的人工智能,其认知深度也不足以复制这种能力。

的确,寻找最佳落子方法所需的计算量是巨大的,因此使用计算机下围棋难,难于上青天。尽管如此,我们仍有理由保持轻松乐观,因为围棋遵循一套明确而客观的有限规则,胜负的标准就是看哪一方的棋子在棋盘上占的地盘更大。所以与真正的登月相比,围棋可以说是相对简单的。

"即使它赢了,"西尔维奥补充道,"要想做意大利千层面的功夫超过人类,机器还需要一段时间。"

就这样一个简单的回答,西尔维奥让我对现代人工智能有了更深刻的认识,同时也让我感到饥肠辘辘。

事实上,AlphaGo 确实赢了,全球媒体纷纷报道,关注度达到了巅峰。整个世界为之沸腾,而亚洲的反应尤其狂热。对我来说,体现热度的最直接指标出现在个人生活层面。

"飞飞,我的老同学们问我你知道 AI 下围棋是怎么回事吗?"爸爸给我转了一大堆他国内的朋友发来的微信,最近这样的信息感觉没完没了。"他们听说我女儿是 AI 教授,都在问我呢!"新闻头条是一回事,但当父母和他们在国内圈子的同龄人都在讨论人工智能时,说明世界真的变了。

在这个时期，人工智能领域的转折点层出不穷。即便是最引人注目的突破，我们也不陌生，因为我们为人工智能技术奉献了一生，现在是开花结果的时候了。ResNet 和 AlphaGo 等的故事激发了各界的对话和讨论，也激励我们在自己的研究中更进一步。我意识到，人工智能的新时代不仅仅是一种现象，因此我忍不住借用了硅谷最喜欢的一个词，因为正如他们所言，这是一场"颠覆"。

我办公室里的那个小小的红色沙发，曾经见证了我们实验室众多声誉卓著的项目的诞生，如今它成为我敦促年轻人多读文献的地方。我经常要求他们，在进行研究的同时，务必为人工智能科学赖以建立的基础文献留出空间。时代不断加速发展，每个人的注意力都集中在了更热门的信息来源上，而传统文献却一直被忽视。我注意到了这个问题，起初感到恼火，后来又心生担忧。

"请大家不要每天只从 arXiv 下载最新的预印本作品了。去读一读拉塞尔和诺维格的著作，去读明斯基、麦卡锡和威诺格拉德的书，读哈特利和西塞曼的作品，读一读帕尔默写的东西。不要因为这些材料距离现在时间久就忽略它们。我们就是要多读一些以前的东西，他们的理念经得起时间的考验，依然非常重要。"

arXiv 是涵盖物理学和工程学等领域学术文章的在线资料库，其中的文章尚未在学术期刊上正式发表，但会提前以未经编辑的预印本形式提供给对内容感兴趣的读者。几十年来，预印本一直是大学文化的固定部分。然而近些年来,人工智能发展极其迅速,每周都在发生变化,甚至整个领域会在一夜之间被颠覆。为了保持与时代同步,预印本已成为重要的资料来源。如果说要学生们等上几个月去读通过同行评议的论文都是过分的要求,那么几年前编写的教科书,甚至是整整几代人之前编写的教科书被束之高阁,又有什么好奇怪的呢?

太多事情在抢占学生的注意力,文献只是个开始。科技巨头争相组建人工智能团队,公开大肆招揽人才,承诺的起薪高达六位数,有时甚至更高,还提供丰厚的股权待遇。机器学习先驱一个接一个离开了斯坦福大学,到了2010年代中期,连博士后都成了抢手人选。希望推出自动驾驶汽车的优步迈出了大胆的一步,从卡内基梅隆大学挖走了40名机器人专家,数量之多堪创纪录,几乎摧毁了这所大学的机器人研究体系。对我和同事们来说,光是目睹优步事件,就已经够难受的了,而对我的学生们来说,这件事似乎从根本上扭曲了他们对教育之意义的认识,因为他们年龄尚小、充满渴望,而且仍在寻求自己的身份和认同感。最终,这种趋势达到了顶峰——至少对我个人来说是这样——非常出乎我的意料。

"你真的要拒绝他们吗?安德烈,那可是全球最顶尖的学府之一啊!"

"我知道。但是我不能错过这个机会。真的很特别。"

安德烈已经完成了博士学业,即将进入人工智能史上最有前景的就业市场，即使对一个有志成为教授的人来说也是如此。普林斯顿大学给他提供了教职机会，这是我们任何一个同龄人都梦寐以求的职业快车道。然而，他却决定彻底离开学术界，加入一个没人听说过的私人研究实验室。

安德烈即将加入 OpenAI 的核心工程师团队。OpenAI 由硅谷巨头萨姆·奥特曼（Sam Altman）、埃隆·马斯克和领英首席执行官里德·霍夫曼（Reid Hoffman）共同创立，初始投资高达 10 亿美元，这充分证明硅谷对人工智能的突然崛起是多么重视，硅谷的杰出人物多么渴望在人工智能领域站稳脚跟。

OpenAI 推出后不久，我在当地的聚会上遇到了几位创始成员，其中一位举杯祝酒，但他的欢迎词颇有几分告诫的意味："每个从事人工智能研究的人，都应该认真思考自己今后在学术界的角色。"他说这番话时没有一丝笑意，言辞中透露出明确而冷酷的信息：人工智能的未来将由那些拥有企业资源的人书写。在学术界受训多年的我想习惯性地反唇相讥，但我没有。老实说，我甚至都不确定自己是否反对他的观点。

谁也无法预测一切会走向何方。与大多数领域相比，我们的领域经历了太多起起伏伏，虽看似前程远大，但数度出师不利，"人工智能寒冬"一词就反映了其多舛的命运。但这次感觉不一样了。随着越来越多学者的深入分析，科技界、金融界和其他领域逐渐认可了一个术语："第四次工业革命"。虽然流行语背后通常存在着夸张成分，但这个词的确名副其实，足以让决策者们铭记于心。无论是源于内心真正的热情，还是来自外部的压力，抑或是两者兼有，硅谷的高管层都在采取比以往更迅速、更大胆甚至更冒险的举动。我们即将见证这种企业理念将会带来何种结果。

"猿。"我的天哪。

这是雅虎图片托管服务 Flickr 在 2015 年 5 月自动生成的一个标签，用来描述 56 岁黑人男子威廉的单色肖像。雅虎的新技术立刻引发了各方强烈愤慨，可谓自取其祸。此后，这项技术接二连三出现失误：将达豪集中营大门的照片标记为攀爬架，把一位脸上涂有彩色粉末的白人妇女贴上了"猿"的标签。雅虎 Flickr 一经推出，即麻烦缠身。不仅是雅虎，到了 6 月，谷歌也陷入了类似的争议，因为谷歌照片服务将两个黑人青少年错误地标记为"大猩猩"。图像分类本已是老生常谈的成功技术，却在短短几周内变得非常复杂。

即使不是这些公司的员工，我们也很难不感到一丝罪恶感。虽然事故并非恶意，但这并不能让人感到宽慰。相反，无心之失所揭示的问题才更加令人不安：包括 ImageNet 在内的数据集由于缺乏多样性，导致了一系列意料之外的结果；未经充分测试的算法和存疑的决策又进一步加剧了负面影响。当互联网呈现的是以白人、西方人和男性为主的日常生活画面时，我们的技术就很难理解其他人群了。

有果必有因，正如记者兼评论员杰克·克拉克（Jack Clark）所言，问题的根源在于人工智能"男性之海"问题：科技行业的代表性不足，导致算法无意中带有偏见，在非白人、非男性用户身上表现不佳。这篇文章于 2016 年发表在彭博社网站上，是对人工智能伦理问题的最早一批讨论之一。此后，相关对话日益激烈。人们担心人工智能在做好事的同时（如支持残障人士、追踪森林砍伐、以各种新方式保护人类生命等），也有可能产生危害。

我想到了为打造 ImageNet 而挣扎奋斗的那些年——即使在我们最具创造力和即兴能力的时候，也没有考虑到伦理问题。十年前，由谷歌和维基百科等组织的内容呈爆炸式增长，似乎极大地拓宽了电视和报纸等传统媒体提供的狭隘视角，为我们提供了一扇了解人类生活真实面貌的窗口。从某种程度上来说，它们确实做到了。然而，虽然一切看起来很生动，虽然我们的期望是如此热切，但所形成的图景还远远不够完整。

这个问题早就应该面对，但对话并不足以安慰我内心深处的工程师。显然，数据集不平衡是造成问题的重要原因，但还有无数其他因素值得我们考虑。模型本身是否存在问题？在依赖所有数据的算法架构中，是否隐藏着未被发现的弱点？可以促进训练过程的学习技术有问题吗？问题的数量超过了答案，而且这个差距越来越大。

这些问题也压在奥尔佳的心头。人工智能是以男性为主导的领域，作为少数女性，我们两个人多年来一直惺惺相惜，彼此分享着身为女性在人工智能领域的经历，也沮丧地发现，我们的经历非常相似。到了 2010 年代中期，奥尔佳忍无可忍，她下定决心,要么采取行动改变现状,要么离开学术界。她选择了前者,我们决定一起努力。

我们认为,从代表性问题的出现,到问题被大众真切地感受到,中间往往需要几年的时间。因此,我们向九年级和十年级的女生开放了斯坦福大学人工智能实验室课程。所有参与的学生都是经过精挑细选的,为期两周的人工智能速成课程虽然紧张,但实践证明,只需要一点点努力,就可以让每个一直被历史排除在外的参与者相信,她们同样属于这个时代、这个领域。邀请少数人群参加人工智能课程的想法非常受欢迎,我们的项目很快就像滚雪球一样发展成为全国性的非营利组织,遍布北美各地校园,使命范围也不断扩大。很快,我们也开始向有色人种学生和经济困难学生等边缘群体提供类似项目。

在短短几年后,我们的项目就正式命名为AI4ALL,甚至吸引了一些资金,梅琳达·弗伦奇·盖茨(Melinda French Gates)的Pivotal Ventures创投公司和英伟达创始人黄仁勋提供了一轮融资,让项目改头换面。这个旅程可能需要几代人才能完成,现在只是迈出了一小步,但我们实现了从无到有的跨越。此外,项目还能带来一丝安慰——在业界追逐人工智能未来时,往往肆意而为,缺乏自省,而我们的努力能够保证,至少有一小部分人在逆向而行。

雅虎和谷歌等公司在全球的注视和评判下得到了惨痛的教训。亲眼看到这些事件提醒我们,仅仅对下一代技术进行投资,然后期望一切顺利是不够的。普林斯顿大学向奥尔佳提供了教授职位，她接受之后，开始着手扩展自己新实验室的研究议程，不仅包括机器感知的机械原理，还涵盖更广泛的计算公平性问题，尤其强调要"去偏见"。"去偏见"是遵循严格数学要求的正式操作，旨在对潜伏在数据中的偏差进行量化和中和。这种理念体现了对社会福祉议题的深切关注，有奥尔佳这样的人据此展开研究，我对未来的希望又开始增加了。

我全心全意地相信人工智能技术的价值，它具有揭示智能奥秘的潜力，也可以带来我和阿尼在医院工作时目睹的种种实际的益处。但是，哪怕是片刻的过度自信，付出的代价也会急剧上升。更糟糕的是，这个代价将由其他人承担，很可能是最脆弱的人群。人工智能已经走出了实验室，基本脱离了我们的控制。虽然新思想、新面孔和新机构的旋风令人振奋，但也带来许多新的担忧。对我们这样经费极其紧张的研究人员来说，对人工智能领域进行商业投资的承诺似乎是天赐之物；但商业资金以巨大的力量冲刷着一切，好像一场豪赌，让人感到的不是幸运，而是不祥和担忧。

词不达意的问题依然存在。使用"现象"一词太过被动，"破坏"显得粗鲁，"革命"过于自我陶醉。现代人工智能面纱揭开，我们看到的是一个纷繁复杂的迷局。令人不安的危险感日益增长，但这种危险感是科学家天生能够识别和理解的。我产生了新的好奇心，虽然令人不适，却具有强大的吸引力。我只需要一种近距离观察危险的方式。

✦

"到目前为止,结果令人鼓舞。在我们的测试中,由'神经架构搜索'设计的分类器经过 ImageNet 训练后,性能超过了人类设计的同类分类器;所有工作都是靠计算机自己完成的。"

那是 2018 年,在加州山景城的谷歌总部中心 Googleplex,我坐在谷歌大脑(Google Brain)的长会议桌一端。谷歌大脑是谷歌最著名的人工智能研究机构之一。此次会议的主题是"神经架构搜索"(Neural Architecture Search,NAS),这是一种可以自动搜索神经网络的优化架构。神经架构搜索的发展成果特别令人激动,几个月来在谷歌内部持续引发热议。

此类模型的行为方式是由一系列参数决定的,这些参数在速度与准确性、内存与效率以及其他关注点之间进行权衡。对一两个参数进行微调非常容易,但要实现所有参数之间的平衡,往往是一项考验人类能力的任务,即使是专家也很难把每个参数都调整到最佳状态。如果能实现自动化调节,将会带来极大的便利,显然是值得追求的目标。自动化还能降低人工智能的使用难度,让越来越多的非技术用户在没有专家指导的情况下,使用人工智能构建自己的模型。此外,用机器学习模型来设计机器学习模型,并且能够迅速超越人类的能力,的确非常富有诗意。

但所有功能都是有代价的。单个模型的训练成本依然很高，只有资金最雄厚的实验室和公司才负担得起，而神经网络架构搜索则需要训练数千个模型。这项创新很了不起，但从算力的角度来看，造价也极其昂贵。成本问题是会议讨论的重点之一。

一位研究人员问道："这是在什么样的硬件上运行的？"

"在整个过程中的任何时刻，我们都在同时测试100种不同的配置，每种配置训练8个特性略有不同的模型，所以共有800个模型在同时训练，每个模型都分配了独立的GPU。"

"这么说，我们大约要……"

"800个GPU，没错。"

800个GPU！2012年，AlexNet只需要两个GPU就能改变世界，现在的需求却飞速增加，其速度之快令人目眩，以后更会有增无减。根据我自己实验室的预算，英伟达最强大的GPU成本约为1000美元（这也解释了为什么我们自己只有十几个GPU）。此外，还需要把这么多高性能处理器连接到一起，确保所有芯片昼夜不停地模拟运算，同时设备可以维持在可接受的温度范围内，这些都需要花费时间和人力。此外还要选择合适的地点。网络硬件占据大量的物理空间，耗电量巨大，因此不可能在普通车库或卧室中搭建。即使是像我们这样的大学实验室，也很难建造出如此庞大的网络。我靠在椅背上，环视了一下房间，想知道是否还有其他人和我一样对此感到沮丧。

2016年，我即将迎来21个月的学术休假，暂时离开教授职位。我的收件箱被来自英伟达、优步和谷歌等公司的邀请信息淹没了。我保持着一种久经磨炼的本能,对这些信息一概不予理睬,却越来越多地发现自己停下来片刻,关注这些信息。我叹了口气,跟以前相比,现在去科技公司工作也许会更有意义,哪怕只是一点点。

我不得不承认,进入私营企业工作的想法不再像从前那样陌生。身边已经有数不清的同事实现了转型,就连我的学生也纷纷放下学业,到世界各地的科技公司进行高薪实习,有的更是一去不复返。如今,一切变化如此之快,我不得不怀疑,我对加入企业的厌恶是不是已经过时了?我想看看斯坦福大学和科学期刊之外的现代人工智能是什么样子。也许,眼下正是好机会,至少可以让我暂时体验一番。

经过再三考虑,我最终决定接受谷歌云的人工智能首席科学家一职。虽然此时的谷歌是一家有近20年历史的大公司,但云计算部门才成立一年左右,我觉得这是帮助谷歌从头开始打造人工智能的好机会。我还碰巧认识公司新任命的谷歌云首席执行官黛安娜·格林(Diane Greene)。她曾是虚拟化巨头VMware的联合创始人,是为数不多征服硅谷的女性,我期待着在性别比例极不平衡的行业里与她并肩工作。

这不像我本科时得到的那份看似光鲜亮丽的华尔街工作,也不像我在加州理工学院得到的麦肯锡快车道职位(当时我还因为要不要接受这个职位纠结了很久)。我一度把企业的工作当成是具有嘲讽意味的贿赂,目的是让我放弃实验室,但现在,我无法再继续假装它是一种贿赂。这是一份邀请,让我可以运营规模更大的实验室。其能力远超我的想象,我可以使用任何规模的高性能算力,由博士组成的研究团队比我在斯坦福大学能召集到的任何团队都要大几个数量级。最吸引我的是,我可以获得我以前做梦都无法想象的海量数据。当然,我的工作会受到公司产品路线图的驱动,至少是间接驱动,但这些产品始终是基础研究的下游,正是基础研究让它们成为可能。

最重要的是,谷歌云意味着我看到的不是一个,而是成千上万个人工智能的应用案例。随着云服务在人们能想象的几乎任何行业找到立足点,谷歌和其他云服务提供商也成了各行各业的固定伙伴。我有机会看到人工智能在制造业、农业、保险业、运输和物流业、零售业、金融服务业甚至政府部门的应用情况,以及为其提供支持的数据。其规模之大、种类之多,是任何一所大学都无法同时提供的。

我并不打算完全离开斯坦福大学,即使在学术休假期间也是如此,所以我花了一些时间来敲定细节。我会继续每周在校园里待一天,这样我就可以与实验室保持联系,并跟学生们见面。显然,后勤工作将是个挑战,但我已经做出决定。

我在大学这些年的所见所闻也不少,但谷歌云幕后的一切仍然出乎我的意料。科技行业的财富、权力和雄心向来名声在外。在亲身经历后,我觉得实际情况比传闻有过之而无不及。我看到的一切都比我所习惯的更大、更快、更精密、更复杂。

光是食物的丰富程度就令人咋舌。休息室里的零食、饮料和专业级意式咖啡机比我在斯坦福大学或普林斯顿大学见到的要多得多。几乎每栋大楼的每一层都设有这样的休息室。而这一切,都还只是我在进入自助餐厅之前所看到的。

其次就是科技。这么多年来,我们一直用的是 2000 年代的投影仪和视频会议设备,故障频发,性能很不稳定,经常让人大为恼火。相比之下,谷歌的会议现场就像科幻小说里的场景。无论是可容纳 50 人的高管会议室,还是供一人使用的衣柜大小的会议箱,每个房间都配备了最先进的远程呈现技术,只需轻点触摸屏,就能启动一切。

还有就是人才。谷歌人才济济,令人叹为观止。回想起自己花了两年时间才招募到三位合作者来帮助建立医院环境智能,我不禁自愧不如。在谷歌,15 人的团队已经准备就绪,只等我立即加入。而这仅仅是个开始——在短短 18 个月内,我们的规模扩大了 20 倍。拥有优秀资历的博士似乎随处可见,让我觉得一切皆有可能。无论人工智能的未来会怎样,谷歌云都是我了解世界的窗口,而世界正以最快的速度向未来迈进。

我在斯坦福大学度过的每个周五更是突显了大学与企业之间的差异。随着我就任新职的消息不胫而走,我每天都能接到实习申请。这在某种程度上是可以理解的,因为我的学生(偶尔还有教授)只是在尽力建立人际关系网。不过,让我担忧的是,我和他们的每一次谈话,无一例外都以同样的请求结束:在他们看来,最有趣的研究是不可能在私营实验室之外实现的。

即使在斯坦福大学这样的地方，预算也不够多。事实上，预算往往还差得远。企业研究不仅是更有利可图的选择，而且正在越来越成为唯一的选择。

最后就是数据。数据是谷歌整个品牌建立的基石。ImageNet让我第一次看到了大规模数据的惊人潜力，也奠定了我此后几乎所有研究的理念基础。我和乔恩一起研究了几十年以来的汽车模型，和安德烈一起研究了大量图片和相关说明，和蒂姆尼特一起研究了整个美国的街景图像和人口调查局的记录——数据量不断增长，人工智能的能力也与日俱增。现在，我被数据环绕了，不仅丰富程度难以言表，所涵盖的类别也超乎我的想象：来自农业企业的数据，他们希望可以更好地了解植物和土壤；来自媒体行业客户的数据，他们希望谷歌可以帮助他们整理内容库；来自制造商的数据，目的是减少产品缺陷；等等。几个月过去了，我穿行于两家最有能力为人工智能的未来做出贡献的机构之间。这两家机构都人才辈出，极富创造力和远见卓识。两家机构都在科技史上有着深厚的根基。它们甚至可以从同一条高速公路进出，在国道 101 上只相隔几个出口。然而，行业准入壁垒宛如一座大山高耸在地平线上，峰顶远高于云层，在知名高校和顶级私企之间，似乎只有一方拥有足够的资源来适应这个时代。

我的思绪不断地回到那 800 个 GPU 上，它们在应对一个教授和她的学生们无法想象的计算任务。如此多的晶体管，如此巨大的热量，如此巨额的资金。"疑惑"这样的字眼并不能表达我逐渐感到的惊惧。

人工智能正在成为一种特权，一种排他性极强的特权。

✦

从ImageNet时代开始，规模的重要性就已经显而易见，但近年来，"越大越好"的观点几乎被赋予了宗教般的意义。媒体上充斥着城市街区大小的服务器设施的图片，关于"大数据"的讨论永无休止，不断强化着这样的观点：规模是神奇催化剂，是机器中的幽灵，可以将人工智能的旧时代与令人窒息的梦幻未来区分开来。虽然相关分析可能会有些简化，但本质上并没有错。没有人能否认，神经网络确实在这个资源丰富的时代蓬勃发展：惊人的数据量、大规模分层架构和大量互联的硅片确实带来了历史性变化。

这对科学意味着什么呢？如果我们的工作秘诀可以简化为赤裸裸的量化，简化为蛮力制胜，那么努力思考和创新又有什么意义呢？如果一些想法在层数太少、训练样本太少或GPU太少的情况下似乎会失败，而在数量增加到足够多的时候突然又可以高效运转，那么对于算法的内部运作机制，我们又能得到什么教训呢？我们发现自己越来越多地从经验角度观察人工智能，就好像它是自己出现的一样，仿佛人工智能是需要先识别、后理解的东西，而不是根据第一原理设计产生的技术。

我们与人工智能之间的关系正在发生转变，对我这样的科学家而言，这样的前景令人深思。在谷歌云的新职位上，我可以鸟瞰越来越依赖于各个层面技术的世界，但我们不能坐而论道、惊叹于一切的神奇。这种奢侈我们负担不起。新一代人工智能所能做的一切，无论是好是坏，无论是在预期之内，还是在意料之外，都因其设计本身缺乏透明度而变得复杂。神经网络的结构本身充满了神秘色彩，它是由微小的、权重微妙的决策单元组成的巨大集合体。这些决策单元孤立地看毫无意义，但以最大的规模组织起来时，却强大得令人咋舌，几乎无法为人类所理解。我们可以从理论的、抽象的意义上谈论神经网络：它们能做什么，它们达到目标需要什么样的数据，它们训练后的性能特征大致在哪个范围；但从一次调用到下一次调用，它们在内部到底做了什么，却是完全不透明的。

由此带来的后果特别令人担忧，这就是一种被称为"对抗攻击"的新型威胁。在对抗攻击中，输入内容的唯一目的是迷惑机器学习算法，以达到反直觉甚至破坏性的目的。举例来说，一张照片看上去是描绘了某种明确的事物（比如蓝天下的长颈鹿），但可以通过单个像素颜色的细微变动进行修改。尽管这种像素颜色的变化是人类肉眼无法察觉的，却会在神经网络中引发一连串的故障。如果对抗攻击设计得当，虽然原始图像看起来没有任何变化，但算法会把"长颈鹿"这样的正确分类变成"书架"或"怀表"等错误分类。先进技术无法辨认野生动物照片的场景可能会让人觉得好笑，但如果对抗攻击的目的是愚弄自动驾驶汽车，导致汽车对停车标志，甚至人行横道上的儿童进行错误分类，就绝对不能用好笑来形容了。

当然，提高工程技术水平可能会有所帮助。"可解释的人工智能"，或简称为"可解释性"，正在成为新的研究方向，令人备受鼓舞。可解释的人工智能试图将神经网络近乎神奇的计算进行简化，转变成人类可以仔细研究和理解的形式。但相关研究尚处于起步阶段，无法保证能够达到其支持者所期望的高度。与此同时，这项技术所要诠释的模型却已经开始在世界各地大量出现。

即使是完全可解释的人工智能也仅仅是第一步。如果在算法设计完成后，再加入安全性和透明度等考虑因素，无论设计得多么精妙，都不足以满足要求。下一代人工智能必须从开发之初就采取与现在完全不同的理念。以激情为起点固然很好，但我们要面对的是纷繁复杂而又不起眼的挑战，要取得真正的进展，就必须有敬畏之心。而硅谷似乎缺乏这种心态。

学术界早就意识到人工智能可能会带来负面冲击，比如缺乏透明度、容易受到偏见和对抗性影响等等。然而，由于研究规模有限，风险一直只存在于理论层面。我的实验室最有现实影响力的工作是环境智能研究。由于临床法规的制约，我们对工作热情保持谨慎和克制，因此有足够的机会来应对相关隐患。但现在，市值接近万亿美元的公司已经掌握了主导权，潜在风险的发展步伐也急剧加快。无论是否准备就绪，这些问题都需要以商业速度加以解决。

每个问题单独来看都令人担忧，但它们共同指向了一个未来，其特点是监督减少、不平等加剧，如果处理不当，甚至可能导致迫在眉睫的数字独裁主义问题。走在全球最大公司之一的走廊里，我不禁陷入沉思，问题的确很尴尬，尤其是考虑到同事们的诚意和良苦用心。这些都是制度性问题，而不是个人问题。现在还没有出现胡子拉碴的典型恶棍，我们还没有遇到真正的现实问题，此时提出这些挑战，只会让人更加困惑。

我回想起与阿尼共事的情景，想起当时要在几家医院部署手工制作的小型原型设备是多么困难。在高度谨慎的医疗领域，创新是逐步展开的，虽然有时令人沮丧，但总体上也让人感到心安。我想知道医疗领域的做法是否值得广泛效仿。

硅谷的傲慢态度向来为外界所诟病。在人工智能时代，尽管我们对潜在风险的认知不断加深，企业的夸夸其谈也上升到了新的高度。首席执行官们在世界各地的舞台上发表主题演讲，有些内容高瞻远瞩，有些则拙劣不堪，还有一些是彻头彻尾的侮辱。企业高管们承诺将在不久后推出自动驾驶汽车，设计出高超精湛的肿瘤检测算法，实现工厂的端到端自动化。至于被先进技术取代了工作的人（出租车司机、长途卡车司机、装配线工人甚至放射科医生）的命运，商业领域的态度似乎介于半心半意的"再培训"和几乎不加掩饰的漠不关心之间。

无论首席执行官和自诩为未来学家的人的言论如何彻底脱离公众，技术的日益普及都会进一步加剧人们对人工智能的恐惧。在这个时代，里程碑接二连三地出现，最可怕的情景正在

11 无人可控

逼近。在人工智能领域的历史上，第一次出现了流血事件。

在亚利桑那州坦佩市，优步先进技术集团正在测试一辆自动驾驶原型汽车。伊莱恩·赫茨伯格（Elaine Herzberg）推着自行车过马路时，被这辆车撞倒身亡。两年多前，优步策划了卡内基梅隆大学机器人系团队离职记，而现在，优步的自动驾驶项目成了公众嘲讽的对象。如果说人工智能如今频频遭遇偏见让我和同事们感到难过，那么我们现在的感受则无法用语言来形容。优步的品牌已经声名狼藉，其原因与技术本身关系不大。尽管我们很容易将事故归咎于优步，但很明显，这绝对不会是最后一个类似的事故。

的确，更多教训很快就出现了。2016 年，ProPublica[①] 的一系列调查显示，有偏见的人工智能被广泛应用于处理贷款申请，甚至协助法官做出假释决定等方面。类似的报道还显示，在某些招聘中，求职者会先经过人工智能技术的筛选，然后才有真人面试官进行面试。此类做法往往会在无意中造成歧视性影响，这一点并不令人意外。伊莱恩·赫茨伯格的死亡理所当然地导致优步自动驾驶团队解散，并对整个领域造成了负面影响，但上述更微妙、更机构化的伤害却不可能迅速得到纠正。相关问题几乎是无声无息的，影响范围更广，而监管则少之又少。期待出现同样程度的公愤是不现实的。但好在公众意识在不断

---

① ProPublica 是一家总部设在美国纽约的非营利性媒体，其新闻报道以调查为主，主要涉及政府、商业、刑事司法和环境等主题。——译者注

提高，媒体也认识到，当涉及人工智能的报道时，不应忽视偏见、公平和隐私等问题。

无法问责算法、特定人群受到不公平待遇、一个人意外死亡，这些都是人工智能领域出现的新局面。审视局面，我得出结论：简单的标签已经不再适用。甚至连"失控"等措辞都显得委婉。人工智能不是现象，不是颠覆，不是难题，也不是特权。我们面对的是一种自然力量。它是如此宏伟，如此强大，如此反复无常，既能轻易激发灵感，也很容易摧毁一切。要让人工智能值得信任，需要的远不止商业公司空洞的陈词滥调。

人工智能甚至不是科技界对公共利益的唯一威胁，这使得情况变得更加复杂。在人工智能领域出现问题的时候，剑桥分析公司也爆出丑闻。在 2016 年美国总统大选期间，公众普遍对虚假信息表示担忧。关于社交媒体和新闻源过滤气泡的不良影响的报道也在不断增加。种种事件都有一个共同之处：世界正在逐渐意识到，数据不仅有价值，而且具有影响力，甚至可以产生前所未有的决定性影响。

到 2018 年，已经没有人再质疑其中的利害关系了。对脸书和 Instagram 等社交媒体应用的审查不断加强，因为它们提供的超个性化内容可能会导致青少年出现抑郁和焦虑。社交媒体利用人工智能打磨定制化内容，以实现最大程度的"用户参与"，这种趋势令人不安。亚马逊使用一系列监控工具（包括监控腕带）实时追踪工人的工作效率，这种仓库管理方式受到媒体抨击。微软在试图推广其人工智能面部识别技术时,遭到了隐私权倡导者和公民自由组织的批评。我自己也被卷入争议的中心。当时谷歌云与美国国防部签订的一份合同(内部称为 Maven 项目)引发了广泛的争论。几个月后,紧张局势从公司内部蔓延到媒体,重新点燃了大众关于技术在军事事务中所扮演角色的长期争议。科技抵制浪潮已经来临,人工智能难以独善其身。

✦

"我们就在这儿等着。"我说。

时间是早上 5:30。我看着护士把母亲推进手术室。她又要做心脏手术了,这是迄今为止创伤最大的一次。中国家庭向来不善于用语言表达对彼此的感情,我在心里默默地说出了剩下的祝福。

我爱你,妈妈。

我不知道该做些什么。几分钟后,我无精打采地站起身,在大厅里踱来踱去,找到了一张远离喧嚣的安静长椅,颓然坐下。长椅的金属表面比我想象的还要冰冷,我不禁打了个寒战。只有我一个人,满脑子都是我还没准备好面对的种种思绪,左手边空空如也——在其他日子里,母亲总会坐在我的左边。她也许会发脾气,会评头论足,但她总是在那里,总是在我身边。

片刻之后,我意识到周围并非空无一人。父亲找到了我。

他看起来欲言又止,似乎不知道如何开口。

"飞飞……"他的语气异常严肃,甚至有一种成年人的口吻。但我感觉到的不是力量或威望,而是脆弱。

"我小时候,人人都喜欢我父亲,"他停顿了一会儿,继续说道,"尤其是我。我跟你说过他的事吗?我们家并不富裕,但过得还算舒适,尤其是在我们这样的小城镇。我的成长过程很幸运,我觉得自己……很特别。"

我不知道该怎么理解我听到的话。他很少谈起他的过去——缺席的祖父、他似乎从未摆脱的童年,还有我和母亲之外的家庭成员。但他继续说了下去,深入讲述着我从未听过的故事。

父亲委婉地讲到,因为他的母亲患有某种说不清的严重精神疾病,他从小就没有在自己母亲身边。尽管如此,或者更可能正因为如此,他的父亲——也就是我的祖父——对他溺爱有加。祖父并非富有之人,也没有显赫身份,只是个小官员,但生活在那样的小城镇里,即使是微不足道的行政地位也能带来一些好处。对父亲来说,那是一段快乐的时光,远离了那个时代的纷杂是非,经历了我想象中他那种性格的人在童年时期必定经历的各种冒险。

当他告诉我他儿时最喜欢的宠物时,我忍不住笑出声来:一只熊,一只真正的熊,而且是他亲手养大的。后来那只熊长得太大了,变得非常危险,他们没有办法,只能捐给了动物园。当然,我不应该感到惊讶,大多数男孩哪怕只有一点儿名义上

11 无人可控

的特权,也会梦想着进个好学校、谋个好职位,但父亲毕竟与大多数男孩不同。他当然会利用这个小小特权换取一只熊,牵着它在小镇上漫步。我内心的紧绷逐渐舒展开来。以传统的标准来衡量,他也许不是一个称职的父亲,但像这样的时刻还是让人印象深刻。他真的能在任何场合给人带来温暖。

但故事至此发生了转折,因为祖父突然罹患重病。病情开始得很神秘(那个时代经常会这样),而且由于他们很少与人交往,祖父的病逐渐恶化。只有父子俩相依为命,小镇物资有限,有效治疗几乎是不可能的。父亲束手无策,祖父日益憔悴疲劳,食欲急剧下降,变得神志不清。

因为照顾不周,祖父的身体迅速垮了下来,几个月后就无法自理。父亲只能守在床边,眼睁睁地看着祖父的身体一天天衰弱下去。父亲整个世界的中心崩塌了,但他却无能为力。当祖父最终去世时,父亲觉得生命毫无意义、毫无尊严。姗姗来迟的医生跟父亲解释说,是极度营养不良加剧了祖父的胃肠道疾病,最终使他的身体不堪重负。但对一个突然变得如此孤立无援的男孩来说,解释已经无关紧要。一切都毫无道理可言。

那是 1961 年,父亲当时只有 14 岁。

祖父去世后,没有任何亲人来照料父亲。不可思议的是,祖父的一位同事主动收养了父亲,成为他的法定监护人。祖父同事让父亲继续上学,满足了他的基本需求,并确保他顺利毕业。祖父同事的慷慨让父亲熬过了那段原本会让他生不如死的日子,但从此之后,他就像变了一个人。

祖父去世后，父亲的一部分也随之消逝，留下的只是一个孩子的一部分，这是他所热爱的世界曾经存在过又消失的唯一证据。因此，他决心保持原样。即使他长大成人，获得学位，并最终为人夫、为人父，他也继续过着记忆中的那个男孩的生活。

父亲笑容温暖，喜欢玩冒着傻气的文字游戏，一生都拒绝承担责任，但在这一切的背后，隐藏着一种无法治愈的痛苦，多年后依然让他难以自拔。所有的遭遇和痛苦塑造了他唯一的信念，随时间推移而变得更加坚定：虽然反复无常、残酷无情的世界夺走了他的父亲，却永远带不走他。这个世界也永远不会夺走我的母亲，永远不会带走我。

在那一刻，我恍然大悟。父亲并不是在简单地向我讲述我们家族的历史，也不是在讲述他与母亲一样渴望逃离的私人原因。这个男人之所以说这些话，是因为他急于想让女儿做好失去母亲的心理准备。在几十年的新生活之下，埋藏着他最古老、最深沉的悲伤，现在他把这份悲伤挖掘出来，这样我们才有勇气共同面对新的伤痛。他是在保护我。这么多年来，我一直以为他的青春期从未结束，但事实是，他的青春期早已结束了，而且结束得太快。他一直像个被时间定格的孩子，但在医院的那一刻，我看到了新的一面。在这一切的背后，是一颗父亲的心在跳动。

我在人工智能领域的第二个十年已经来到尾声，在谷歌的第二年也即将结束,我感到前所未有的不安。我所在的领域正处于混乱之中,而这种混乱似乎也渗透到了我的内心。我也逐渐意识到,一种模式似乎定义了我的人生。无论情况有多么艰难,都会有一些事情唤醒我,让我思考在这一切之中,生而为人究竟意味着什么。每一次,我都心怀感激。

✦

不管在何种场合,关于职业伦理的对话都需要花费一番心思,但有一次讨论让我尤其紧张。那是 2018 年秋季的一天,我站在一间拥挤的会议室里,到场的都是现场向我汇报工作的工程师和产品经理。在回答团队提问的时候,我感觉就像在高空走钢丝。不管是我们行业还是其他行业,都经历了太多动荡,从文化到政治,我觉得早该进行反思了。

我开口讲话,句子之间有很长的停顿:"从我记事起,我就对物理学充满热爱。但是,科学之美与曼哈顿计划等事物紧密相连。这就是现实。人工智能也有自己的隐患,无论是机器人杀手,还是大范围的监控,甚至只是通过自动化让我们 80 亿人失业。这些都是可怕的事情,值得我们担心。但它们也是极端情况,不太可能明天就发生。"

我再次陷入长时间的停顿,酝酿着下一句话。

"我想,这就是问题真正变得棘手的地方。因为在此期间,有太多其他事情需要考虑。既有许多积极的方面,也有很多负面的因素，有些事情可能明天就会发生。所以，我希望你们能理解我们所面临的机遇。无论接下来会发生什么，我们都要在其中发挥作用。我们必须认真对待。这就是伦理框架的重要性所在。它可以帮助我们在迈出每一步之前进行评估。"

会议室里安静了片刻。

"嗯，我能问个问题吗？"会议室最角落里传出一个声音。这声音来自谷歌新聘用的研究科学家，她才华横溢，技术水平很高，最近刚从世界最顶尖的学校毕业。然而，听起来她有些胆怯。"'伦理框架'这个概念……"

"请说。"

"具体是什么意思？"

这个问题比我想象的更为基础，也许我们每个人都需要如此发问。

✦

加入我们的团队，利用大数据、分析和人工智能，帮助本地单身人士找到真爱！正在招聘中！

我在后座上眯着眼睛看着国道 101 上的另一块广告牌。我开始怀疑，人工智能的真正威胁是否在于除了人工智能，我们已经不可能再做其他广告了。自从几个月前和团队讨论了我们工作的伦理问题，这个问题就一直萦绕在我的脑海中。同事的声音打断了我的思绪。

"嘿,看看这个。"他边说边递给我几页打印好的文件,"这是公关团队整理的谈话要点,我们可能会用到。"

清晨时分,我们的车随着向南行驶的车流缓慢移动。我低头看了看材料,露出微笑,但让我精神振奋的并不是纸上的字。我们正在前往山景城,要去参加谷歌一年一度的传统招聘活动,这是我第二次参加了。谷歌会让数百名来自世界各地的暑期实习生聚集到Googleplex,与领导层会面,帮助他们更深入地了解自己的职业发展道路。对公司来说,这是一次招聘活动。而对我来说,这是一个可以远离公司事务的好机会,唤起了我作为教育工作者最美好的时光。满屋子都是聪明、年轻、有远见的思想家,而我将有机会跟他们交流。

在谷歌,我通常很乐于照本宣科,这与我做教授时畅所欲言的风格完全不同。作为谷歌的发言人,意味着要对众多高管、公关顾问甚至律师负责,因此不按规定行事的想法会让我感到非常害怕。我的发言通常都是围绕人工智能和商业的老生常谈,彬彬有礼地讲给这个记者、那个记者或一群分析师听,不会出任何纰漏。我几乎到了熟能成诵的地步。

但身处这个奇怪的时代,我的内心渴望变革。我的思绪又回到了与团队的会议上。最后一个问题反复出现:"伦理框架"到底是什么意思?我越思考,就越觉得自己想得并不清楚。我自己对"伦理框架"的大部分概念源于非传统职业生涯中的意外收获:在加州理工学院与克里斯托夫一起向机构审查委员会提出建议；多年来在医院与像阿尼这样的人合作，陪同医生查房，倾听护士的关切，从而加深了对他们的了解；家中一直让我担心的父母；我青少年时期的移民生活。

一个严峻的事实是，医疗等领域拥有经过几个世纪甚至几千年的时间建立起来的规范、先例和伦理基础；其伦理基础以生与死这一无法回避的现实为依据。相比之下，人工智能还处于发展的早期阶段，其本身几乎没有明确的伦理准则。我们领域的自我认识之路才刚刚起步。因此，缺乏伦理框架的不仅仅是谷歌，也不仅仅是像那位提出问题的年轻工程师一样的个人，而是我们所有人。

我假装对公关团队准备的材料很感兴趣，扫视着用荧光笔突出显示的段落，但这一次我已经暗下决心：在面对700名未来最有影响力的科技工作者发表演讲时，无论结果如何，我都不会用别人准备好的发言稿；我决定要完全发自肺腑地讲话。此外，随着我的学术休假即将结束，我有非常多的反思要和大家分享。

在谷歌云工作的日子虽然常常让人迷失方向，但我却无比感激。我得到了科学家少有的机会：在最大范围内与受到我领域研究影响的人会面，从他们的角度来审视相关影响，哪怕只是一瞬间。两年来，我经常与金融服务、农业、医疗、能源、娱乐和交通等行业的初创企业，以及财富500强企业的高管、产品设计师和各类开发人员进行交流。这些经历给我带来的经验和教训比我想象的更清晰、更让人谦卑，也无比直接地提醒我,人工智能已不再是智力上的好奇探索,而是即将改变全人类生活的社会转折点。归根结底,我知道,如果一个机构不在某种程度上对人工智能技术加以考量,那么它将无法生存下去。这些迹象是明确无误的。我日复一日、周复一周、月复一月地反思我所看到的一切,试图更好地理解我们所面临的拐点,思考如何负责任地驾驭它。我为此感到自豪,也怀抱着乐观的心态,依然充满热情。但同时,我也深感这份责任从来没有像现在这样沉重。

无论我接下来要去哪里,我的旅程都将从我站在台上面对实习生时所说的话开始。过去两年,我一直专注于传递企业信息,现在我将不再担任企业信息的传声筒,我决定直抒胸臆。虽然我还没有准备好措辞,但我打算承认,前路崎岖而艰难,无论是学生还是教授,实习生还是首席执行官,没有人知道答案。有坏消息要面对,有难以接受的真相要处理,而且很可能会造成伤害。但也有好消息:现在一起面对还为时不晚。

登上讲台时,熟悉的紧张感在我的胃里翻腾。不过,我最喜欢的观众就是学生,看到他们的目光,我感到了安慰。

"下午好!"我对着麦克风说,"很高兴来到这里。"

那一天,只有这两句话是讲稿里的。

✦

两周前,母亲刚刚接受了心脏外科手术,这是我们家与不敢想象的事件最近的一次接触。而就在现在，我已经从母亲的声音中听到了单调的藐视——她的语调一如寻常。无论健康还是生病，年轻还是年老，这都是她的自然状态。

"这个话题我们都讨论 20 年了，飞飞。"母亲说道。

我转过头看了看屏幕，那封邮件依然清晰可见。在一封日期为 2018 年 6 月 7 日的邮件中，美国众议院科学、太空和技术委员会的办公室副主任似乎在邀请我做证。对一个从未出席过国会听证会的人来说，这是一个令人生畏的邀请，而且听证会定在 26 日，距离现在还有不到三周的时间。我想到导致当前情形的种种因素：科技抵制浪潮、有偏见的人工智能等等，觉得接受邀请似乎是个绝对糟糕的主意。我知道母亲此时此刻是多么需要我陪在床前（不管她是否承认），因此心情更加糟糕。老实说，我只想让她替我做决定，让她坚称我现在离开是对她极大的不负责任。但她一如既往地没有打算给我提供便利。

"飞飞，你还记得我们在肯尼迪机场降落的那一刻吗？我们刚来到这个国家的时候？你爸爸没有来接我们，我们当时是什么心情？"

"当然记得。"

"我们在行李提取处的那几个小时多无助啊，都吓坏了。现在，20 年过去了，你收到了这样的邀请，要去这个国家的首都，要去为你最热爱的课题做证了。"

"是的，但如果事情没那么简单呢？如果他们认为我是丑闻的一部分呢？如果……"

"那你就为自己辩护!你要告诉他们,你已经为这个国家奉献了 20 年,你的家人为了成为这个国家的成员付出了一切,你拒绝被当成外人对待!"如果这番话是出自别人之口,我一定会嗤之以鼻。用这样的语气面对国会委员会,我们大多数人只会更擅长想象,而不是实际行动。但我了解母亲,如果有人敢质疑她的人格,她肯定会这么说。我在想,是不是可以让她替我做证。

"想想全世界有多少人对参加这样的事情求之不得。公开听证会。领导人和公民之间的公开对话。"

✦

随着一声槌响,听证会开始了。此刻,已经没有回头路可走。

"科学、太空和技术委员会听证会现在开始。"委员会主席、弗吉尼亚州联邦众议员芭芭拉·科姆斯托克(Barbara Comstock)对着麦克风淡淡地说,"早上好,欢迎各位来到今天的听证会。今天听证会的主题为'人工智能——威力越大,责任越大'。"

至少我听出了其中一句话是电影《蜘蛛侠》里的台词,说明我还是有一定能力的。即便如此,各种神经质的担忧还是在我脑海中纷纷闪现。无数双眼睛仿佛要钻进我的后脑,我开始重新审视把自己带到这里来的旅程的每一个细节。我的移民生活、我在日益分裂的技术发展中扮演的角色、科技抵制浪潮等等,所有的一切。

然而，随着听证会的进行，我越发觉得，我对这一时刻的过度忧虑是错误的。代表们逐个发言，每个发言都经过了深思熟虑，展现出孜孜以求的姿态，让我倍感惊讶。他们的声音带着好奇心、诚意和探索真实观点的意愿，尽管这些观点可能很复杂。渐渐地，我意识到自己并不是来接受严厉的质询的。在听证会上，我甚至有机会讲述母亲的病情，讲述她对我在人工智能和医疗交叉领域研究方面的激励和启发。我曾担心听证会会演变成对抗的局面，但结果只是一场对话，探讨的是更简单但更深刻的议题：未来几十年里，美国人的生活会呈现何种面貌？

当我提到母亲的时候，科姆斯托克众议员将目光从准备好的发言稿上移开，直接与我交谈，分享了她对美国人口老龄化所面临挑战的看法。

得克萨斯州联邦众议员兰迪·韦伯（Randy Weber）发言时也询问了母亲的健康状况。我高兴地向他保证，她的病情很稳定，我已经可以离开她的身边来参加听证会，而且她现在就在病床上看着电视直播。"嗨，妈妈！"众议员科姆斯托克对着摄影机俏皮地插了一句，众议员韦伯也用温和的亲切语调表达了自己的祝福。这次交流出乎意料地充满了温馨，消除了我内心残存的恐惧。

我将一切美好感受转化成语言，介绍了我心目中人工智能的潜力和应有的样子。我讲述了启动AI4ALL公益项目的经历，以及项目启动以来，我学到了什么。我谈到了环境智能，分享了这个话题对我的意义。我还谈到了未来，表示相信人工智能可以为缩小世界各地的机会差距做出贡献。

这是我就人工智能话题进行过的最友好的对话。在伊利诺伊州联邦众议员比尔·福斯特（Bill Foster）的影响下，我们甚至谈及了更专业的领域。他是一位拥有物理学博士学位的政治家，在从政之前曾在能源部费米国家加速器实验室工作。他的求知欲激励了我，也再次验证了人工智能是多么新颖的研究领域，比化学、生物学和物理学等更成熟的学科要年轻几个世纪。即使是现代人工智能，也更接近于牛顿出现前伽利略和第谷·布拉赫所处的时代，当时人们正在对各种现象进行观察、归纳和预测，但统一的模型尚未正式形成。我说，我们生活在一个令人兴奋的初生时代，仍在企足而待"古典"时代的黎明。

"感谢各位证人的证词和各位委员的提问。记录将保留两周时间。"众议员韦伯说，"听证会到此结束。"随着法槌的再次敲响，听证会结束了。

我心想："好吧。"我眨了几下眼睛，似乎才意识到刚刚发生了什么。我终于可以自由呼吸了。

当我走回酒店时，对首都街头的气氛感觉完全不同了。我的肾上腺素水平开始下降，思绪也变得更加清晰。我感觉更像真正的自己了。但我仍然没有方向，不知道接下来应该追随怎样的北极星。

我重新打开手机，信息通知声近乎不断。我没有查看消息，而是给西尔维奥打了个电话："嘿，妈妈怎么样了？有什么新消息吗？"

"你妈妈很好，我刚给护士打电话确认了一下。你自己呢？"

"据我所知，我活下来了。你觉得怎么样？"

"我觉得一切都很顺利。"他说，"我这辈子都没看过这么长时间的 C-SPAN① 直播。我看不出你有多紧张。"

谢天谢地。不只是我一个人这样想。

"但你知道吗？可能是电影看多了，让我产生了错误的想象，我觉得你的听证会也没想象的那么刺激。"他笑着补充道。

我笑得比想象中更大声。

听证会终于落下帷幕，而我还在想象听证会可能会发生的各种情景。会议时间本可以更长，本来可以有更多的证人、涉及更广泛的专业知识；会议议程可能涵盖更多议题，会议成果也可能以更多的形式公布。但是，即使是"更长"和"更多"等词语，也让人感觉言不尽意。要探讨的话题实在太多了。

此外，我们仍身处一场全球风暴之中。每天似乎都有新的头条新闻报道自动化对全球劳动者构成的威胁。随着人工智能在监控领域的应用日趋成熟，记者和人权活动家的担忧与日俱增，对隐私和个人尊严的古老威胁也在现代社会出现。尽管最

---

① C-SPAN 是美国的一个有线电视和卫星电视网，直播和录播美国国会听证会、白宫新闻发布会、政治活动以及其他与公共事务相关的内容。——译者注

初出现了强烈抗议,但算法偏见仍然笼罩着整个人工智能技术,此外还有往往与算法偏见相关的代表性问题。

我曾经把人工智能视作纯粹的科学,而现在,我用了很多不同的词来形容其化身:"现象""颠覆""谜题""特权""自然之力"。但当我穿过首都的街道返回酒店时,一个新词占据了我的思维。如今,人工智能是一种责任,是我们所有人共同承担的责任。

我确信,这是一个值得面对的挑战。深度学习飞速发展,每一年都感觉像是要面对一个全新的领域,其应用的深度和多样性增长得如此之快,甚至全职研究生和博士后也很难跟上文献的步伐,更不用说教授们了。可能性无穷无尽,挑战也永无止境。即使在这样一个黑暗的时代,人工智能也具有无与伦比的激励力量。面对全球亟待解决的问题,面对具有历史意义的机遇,面对可能需要几代人的努力才能揭开谜底的未知,真正解决所有问题的答案远远不是公司战略或学术课程所能提供的。

是什么让硅谷的公司如此强大?不仅仅是它们数十亿美元的资金或数十亿用户,也不仅仅是因为它们拥有惊人计算能力和数据储备,让学术实验室的资源相形见绌。它们之所以强大,是因为成千上万个才华横溢的人在同一个屋檐下共同努力。但公司只能利用这些人才,而无法塑造他们。我一遍又一遍地看到类似的情况:才华横溢的技术专家几乎可以建造任何东西，但问及工作的伦理问题时，他们却一脸茫然。

是时候重新评估人工智能教育的各个层面了。未来几年，从业者需要的不仅是专业技术知识，他们还必须了解哲学、伦理学，甚至法律。他们需要看到阿尼确保环境智能团队所看到的一切，他们需要将其融入众多学科中。研究工作也必须不断发展。在经历了这一天之后，我知道我们需要一种新的政策方法，首先要对民选官员（就像我刚刚遇到的那些政府官员一样）进行人工智能方面的普及教育。

想象空间是巨大的，但愿景需要一个重要的纽带串联起来，这个纽带就是大学。早在有人利用人工智能谋取利益之前，人工智能就已经在大学里起步了。在大学校园里，仍然最有可能感受到某些意想不到的研究突破带来的火花。感知机、神经网络、ImageNet，以及后来的很多东西都出自大学。我想建立的一切都已经在那里扎下了根基。我们只需要加以利用。

我们要从根本上重新构想人工智能，使其成为以人为本的实践，这个共同的目标就是下一颗北极星。在我看来，与其说这是旅程方向的改变，不如说是旅程范围的扩展。人工智能一直以来都追求科学性，而现在，它必须也追求人性。人工智能应该秉承最优秀的学术传统，保持合作和敬畏，同时不惧怕直面现实世界。毕竟，星光是多样的。一旦白色的光辉展开，各种颜色就会发出耀眼夺目的光芒。

12

下一颗北极星

The Next North Star

✦

人工智能的未来仍然充满不确定性，我们有很多理由保持乐观，也同样有很多理由感到担忧。但一切都源于比单纯的技术更深层次、更有影响的问题：在我们创造的过程中，是什么在激励着我们的心灵和思想？

再次回到讲台上的感觉真好。

英伟达礼堂灯光柔和而中性,却充满了活力。礼堂里座无虚席,求知若渴的学生们有的坐在地板上,有的坐在楼梯上,还有的背靠后墙,双腿交叉,膝上放着笔记本电脑。此外,还有数百人在远程加入课堂,总人数有 600 左右。那是 2019 年的春天,是"CS231n:卷积神经网络视觉识别"课程开设的第三年,选课人数呈爆炸式增长。这门课很快就成了我最喜欢教授的课程。

站在讲台上,我想起了在普林斯顿大学读大一时的情景,当时我怀着敬畏之情第一次进入拥挤的礼堂,匆忙寻找座位。我还记得,我的内心充满了期待,当闲聊声逐渐消散,教授出现时,他仿佛超人一般瞬间征服了全班同学。如今,我成了站在讲台上的那个人,而现在我才意识到,原来我们都是彻头彻尾的普通人。我们也许略有成就,但依然有弱点,依然会犯错,而犯错的方式是学生时代的我无法想象的。不管怎样，课堂对我来说仍然是具有特殊意义的场所，而这样的时刻让我热血沸腾。

对于在场的许多人来说，今天是他们第一次接触到我钟爱已久的思想，而我也有幸成为传递者。跟随鲍勃（当时我还称他为萨贝拉先生）学习的经历依然历历在目，它提醒着我，一位老师可以在年轻人的生命中留下无比深刻的烙印。我们被赋予了分享一种特殊喜悦的权利：学习知识的快感、新的可能性带来的冲击。当然，这种感觉不会持久，因为学习的喜悦最终会因为职业发展、出版要求、求职面试，甚至风险投资和收入预测而变得复杂。但在眼下的时光里，思想才是唯一重要的事。也许礼堂里的一些人即将发现自己有了值得追寻的目标。

我必须承认，自从我上次在大学授课以来，人工智能行业已经发生了翻天覆地的变化。在此期间的几年里，我亲眼见证了太多事情。我看到了谷歌的会议室，巨大的数据中心如仓库般大小；我走进过医院，也曾在华盛顿特区的街道上忐忑不安地穿行。现在，人工智能依然是我最热爱的科学，不过它已经超越了纯粹的科学范畴。无论这些学生将来会成为研究人员、产品设计师、企业高管、政策制定者，还是从事其他我无法想象的职业，他们都将继承巨大的责任。

我高声说道："无论是解决数据中的偏见，还是保护医院里的病人，这一切的共同点是我们的技术如何对待人，尤其是如何保护个体的尊严。'尊严'，这是我一直强调的关键词。最重要的问题就是，人工智能如何才能尊重人的尊严呢？这个问题是一切研究工作的立足点。"

这并不是我事先准备的最周全的时刻，一些听众可能会觉得有点意外。但我的话都发自内心，我也知道，这不会是我最后一次谈论相关问题。

"以人为本的人工智能。"这个词我琢磨了好几个月，现在终于说了出来，"我一直这样表述自己的理念。我希望这个词能恰如其分地诠释我今后的职业生涯。我希望在未来的岁月里，'以人为本的人工智能'对你们所有人都能有一定的意义。"

下课后，学生们排起了队，来询问后续问题——课程的第一天通常会是这样。长长的队伍从教室前方的讲台一直蜿蜒到了后墙。

"您好，李教授。"一个学生走到队伍前面时，向我问好，"我对深度学习特别感兴趣。我已经读了所有我能找到的书。"

"我也觉得深度学习非常激动人心！你选择了一个很棒的领域。"

"ImageNet 是您做的，对吗？"

"我得到了很多帮助，但没错，是我做的。"我笑着说。获得知名度从来不是投身科学的好理由，但来自他人的积极反馈总是让人感到欣慰。

"我想知道，从那以后您有过什么别的想法吗？"

哎哟。良好的自我感觉到此为止。

12 下一颗北极星　　　　　　　　　　　　　　　　399

当然，这就是本科生的魅力所在。他们往往是笨嘴拙舌，但却非常善于开门见山。我本来想分享一些我的实验室正在研究的想法，但在最后一刻改变了主意。

"我确实有一些新想法。它们还处于早期阶段，不过我对此持乐观态度。事实上，我刚在一分钟前提到过。"

"您是说，以人为中心的人工智能？"

"以人为本。"我笑着回答，"至少，我认为是这样。具体名称我还在想。"

"嗯……"学生挠了挠头，"听起来很有意思，只是我没想到会在这样的课堂上听到。我很好奇，伦理、社会与编写代码之类的工作有什么关系呢？"

✦

盖茨计算机科学大楼给我的感觉既宏伟又内敛。大厅里天花板高耸，地面上铺着大理石，像博物馆一样回响，拱形剧院大小的教室恰如其分地向思想的力量致敬。但我最熟悉的是楼上狭窄的走廊，这里就是我的实验室和斯坦福大学人工智能实验室的所在地。现在，大楼的一层翻新翼楼有了新的变化，成了斯坦福大学以人为本人工智能研究院（Stanford Institute for Human-Centered Artificial Intelligence，简称"斯坦福 HAI"）的总部。

斯坦福大学的计算机科学院系属于美国最早的一批计算机

院系之一，能在其核心成立一个明确的人本主义组织，其象征意义令我倍感振奋。斯坦福 HAI 目标远大，旨在成为跨学科合作中心。这种雄心并非停留在诗意的愿景上，而是已经成为现实。在日常的任意一天，我都很可能遇到像斯坦福大学法学院的何恩文（Dan Ho）、政治学教授罗布·赖克（Rob Reich）、人文学科教授米歇尔·伊拉姆（Michele Elam），或者从弦理论物理学家转行成为计算神经科学家的苏里亚·甘古利（Surya Ganguli）这样的人物。他们都欣然同意成为斯坦福 HAI 的一员，直接与人工智能专业的学生和研究人员合作，探索我们领域之间的交叉点，分享他们在职业生涯和生活中积累的专业知识。我们甚至吸引了来自校外的合作伙伴，包括麻省理工学院的著名经济学家埃里克·布林约尔松（Erik Brynjolfsson）。他横跨美国，来到斯坦福大学，就是为了帮助斯坦福 HAI 更好地理解人工智能对就业、财富和现代世界权力集中的影响。有时，我感觉整个学科似乎正在重生，其活力水平甚至超出了我几年前的想象。

很多合作都改变了我对未来可能性的思考，其中一次合作尤其重要。十年前，我第一次见到约翰·埃切门迪，当时他还是大学教务长，而我则是来自东海岸的移民，正痴迷于尚未完成的 ImageNet。在接下来的几年里，我们成了邻居和朋友，我对他作为学者的深厚学识也愈加敬佩。不仅如此，在多年的管理生涯中，约翰对高等教育领域的内部运作方式（好的、坏的，甚至是卡夫卡式的）也积累了丰富的专业知识。他完全知道如何才能把斯坦福 HAI 那些看似不太可能实现的愿景变为现实。

对于以人为本的人工智能，他不只是嘴上讲讲，也不只是宣扬其优点，而是要一砖一瓦地倾心构建。因此，当他同意担任斯坦福 HAI 的联合主任，与我并肩作战时，我知道我们的确有机会让研究院取得成功。

在我们的合作成果中，我个人最喜欢的是国家研究云计划（National Research Cloud，NRC）。国家研究云是一个完全由公共资金和资源（而非营利部门）支持的共享人工智能开发平台，目标是让全世界的学者、初创企业、非政府组织和政府都能开展人工智能研究，从而确保我们的领域不会永远被科技巨头或者我们这样的大学所垄断。

两年前，国家研究云平台还只是个想法而已。如果没有斯坦福 HAI，它可能会永远停留在理念的层面。斯坦福 HAI 包括了法律和公共政策专家的多元化团队把这一概念变为使命。特别是约翰，他利用自己职业生涯累积的宝贵人脉资源，招募全国各地的大学组成联盟，这是我在学术界见过的最了不起的联盟。经过了一系列的思想交流、建议磋商、跨国飞行和理性辩论，他很快就形成了完备的立法蓝图，并将其提交给了国会。要使人工智能成为真正具有包容性的追求，我们还有很长的路要走，但国家研究云平台这样的成就是朝着正确方向迈出的重要步伐。

✦

2020 年 9 月，在距离我们初次对话近十年后，我和阿尼发表了题为《用环境智能照亮医疗保健的黑暗空间》的论文，对我们的研究进行了全面的回顾，并介绍了我们对智能传感器的完整构想。智能传感器可以扩展医生和护士的感知范围，帮助他们以前所未有的规模和一致性应对医疗保健环境中的混乱状况。

论文描述了环境智能在医院的各个场景中可以发挥的作用，包括改善老年人护理、协助慢性疾病管理、识别精神疾病症状、在整个手术过程中跟踪手术工具的使用、在整个轮班过程中提高临床医生的卫生状况等等。论文没有发表在专注于计算机科学、人工智能或信息处理的期刊上，而是登上了《自然》杂志——这也许是整个科学领域最杰出的一大期刊。这提醒我们，最好的研究往往不是在我们各自领域的象牙塔中孤立完成的，而是在科学的整体共享空间中实现的，研究人员应该毫不犹豫地在全球范围内展开跨学科合作。

我为这项工作深感自豪，但前路依然漫漫。就在《自然》杂志发表这篇论文的几个月后，12月份的《柳叶刀》（The Lancet）杂志发表了一篇题为《在医疗机构中使用环境智能的伦理问题》的反驳文章。这篇文章直言不讳、推理透彻，对我们工作的意义进行了公正而严谨的审视。用作者的话来说，环境智能在提升医疗服务水平方面的潜力与"一系列伦理问题"同时存在，其中很多问题涉及大规模的数据收集和新的隐私隐患等方面。文章还进行了更深入的哲学探讨：在这种沉浸式、分散监控技术的环境中，知情同意的本质究竟是什么？虽然读到对自己研究成果的评论文章总会让人心里颇不是滋味，但这篇文章中呈现的正是人工智能所需要的伦理论述，我对其中的大部分内容深表赞同。

环境智能很可能永远是我实验室的研究重点之一。每当我看到父母，就能想起为什么这项研究对我来说如此重要。正因为如此，即使是现在，我也会每天抽出时间来了解最新的实验、试验和监管动态。过去几年，人工智能领域在物体识别方面取得了许多突破，针对照片甚至视频生成的描述已与真人无异，发展速度之快令人窒息。然而，回顾过去，一条共同的主线越来越难以忽视：尽管技术非常先进复杂，但其本质都是被动观察；无论具体形式如何，其实都是算法在告诉我们它看到了什么。我们的模型学会了观察，有时观察得非常细致、非常准确，但也仅此而已。我最近常常思考，除此以外，一定还有什么更有意义的事情。

✦

咖啡时间结束了，我和一个学生手里拿着带盖纸杯，走回实验室。

"嘿，你还记得几年前你第一天上课时问了我一个什么问题吗？我很好奇你是不是一直记得。"

"对，我还记得。"他微笑着回忆道，"我问你伦理和人工智能有什么关系。"

"怎么样？"我报以微笑，"你觉得自己找到答案了吗？"

他叹了口气，抬头望着天空，耀眼的光彩正在渐渐褪去，天色傍晚。

"说实话吗？还没有。我肯定思考过这个问题，不想是不可能的。新闻上天天都在报这些事。我甚至还上了赖克教授的课。"

他指的是"计算机、伦理和公共政策"这门课，课程是由计算机科学家迈赫兰·萨哈米（Mehran Sahami）、政策学者杰里米·温斯坦（Jeremy Weinstein）和政治学家、伦理学家罗布·赖克共同开设的（赖克仍然是斯坦福 HAI 的创始贡献者之一）。我点了点头。

"我知道从理论上来讲，这些东西很重要。"他喝了一口咖啡，"但有什么用吗？飞飞，我的机器人还不能从烤面包机里拿出面包呢。研究本身就够让人沮丧的了，而且感觉每个人都在不停地发论文。我已经在担心下一次会议和它的截稿日期了！我的研究成果还非常初级，我到底应该拿出多少脑力去研究伦理问题呢？"

这个问题很好。尽管人工智能在过去十年中取得了不可思议的进展，但很多研究仍处于起步阶段。尤其是机器人技术，这项技术是出了名的难，即使在深度学习普及的时代，机器人技术的发展步伐也相对缓慢。在这样的时刻，以人为本的人工智能可能很难让人接受。

"你知道吗，"我开始说道，"我当学生也不是太久以前的事，但那会儿，让计算机去分辨小猫和小狗都几乎还是科幻小说的情节。然后，深度学习在一夜之间改变了一切，我们的算法被用于我们曾经认为还需要几十年才能实现的领域。想想看，我们现在有多少人在谈论面部识别。记者、政客、活动家……突然之间，他们都提出了问题，而且都是好问题！这一切会导致更多的监控吗？会带来更有偏见的算法吗？甚至会导致人工智能武器的问世吗？一切都来得太快了。"

我们到了实验室。我在读卡器上刷了一下门卡，我们推开双扇门走了进去。

"我想说的是，"我总结道，"事情的变化可能会比你想象的要快得多。"

我知道我没有说服他，或者说没有完全说服他。虽然他心存疑虑，但还是很关注这个问题，一直在听我讲。愿意倾听就是一个好的起点。

新入行的人产生怀疑情绪是很正常的。但在实验室里，以人为本的精神随处可见，白板上还留着前一天晚上的项目笔记，这个项目的目标是在保护信息所有者隐私的同时，利用敏感信息对神经网络进行训练；另一个类似的项目则是在不影响最终模型有效性的前提下，将图像数据集中的人脸进行模糊处理。

我们甚至也开始用批判的眼光审视自己的研究成果。ImageNet 包含了我们最初从互联网上搜罗的数百万张照片，我们通过研究，对数据集吸收的偏见（包括种族、性别和性取向）进行量化。在研究结果的指导下，我们替换了大量图片，以更加平衡地展现人类群体的全貌，并删除了具有冒犯性的类别标签。

也许最鼓舞人心的——至少对我来说——是我们的工作从未如此贴近现实世界。一位初级研究员的机器夹不起吐司固然令人遗憾，但除此之外，这十年来，机器感知领域的复兴已经从根本上改变了机器人技术，现在已经很难将其与人工智能本身区分开来。仿佛是为了说明这一点，金属长凳上摆了两条光滑的机械手臂，它们的名字非常亲切，一个叫作"查理"，一个叫作"艾达"，正在耐心地等待下一次训练。如今，它们就像任何算法一样，已经成为我们实验室工作不可或缺的一部分。

当然，硬件再先进、再亮眼，也只是达到目的的一种工具。因此，我们工作的指导原则依然关注人类的福祉，而不仅仅是追求程序的效率。这就是我们与数字经济实验室合作背后的理念。数字经济实验室是斯坦福 HAI 下属的成立不久的研究小组，这个小组利用美国劳工统计局的调查结果，以更好地了解人们对于自身工作价值的看法：他们在哪些方面欢迎自动化带来的便利，在哪些方面认为自动化的渗透具有威胁性，甚至是非人性化的。我首次意识到这种区别，是在跟阿尼一起研究环境智能的时候。我认识到，人工智能应始终致力于提高人类的能力，而不是与人类竞争。现在，这一理念成为我们实验室的基本价值观。这种价值观究竟意味着什么,这是每个研究人员都要自己回答的问题,但令人振奋的例子比比皆是。例如,我们实验室最重要的工作之一,就是对住宅、办公室和医院等日常空间进行极其细致的三维建模,而每个空间都有各种不同的种类、平面图和风格。我们努力让算法沉浸在人们生活和工作的环境中,沉浸在智能机器可能发挥最大作用的应用场景中,尤其是帮助身患疾病和残疾的人群。一个相关项目通过使用虚拟现实头盔和运动跟踪手套,帮助研究人员捕捉有形、有意义的任务(如叠衣服、准备食物等),并对动作进行数字编码,由此创建评估机器人性能的基准。还有一项研究探索了新的机器学习方法。研究人员设计出了具有天生好奇心的数字代理机器,并将其置于鼓励它们玩耍的虚拟环境中,因为玩耍是儿童与周围环境建立直觉联系的重要方式。

每一个故事都代表着一个变化——我们对数据的看法发生了变化,对数据的期望也发生了变化。我们曾经试图给算法类似百科全书式的意识,希望算法可以识别所有的类别和事物,而现在,我们的目标更为广泛。我们想对万事万物所蕴含的空间、时间甚至意义有更深入的了解。我们的目标不仅仅是数量上的增加,还有细节和细微差别的扩展。新的数据处理方法不仅仅是简单的整理和编目,而是要模拟整个环境,模拟在环境中展开的行动。这就是为什么随着技术复杂性出现爆炸式增长,我们研究背后的人本主义也在不断发展。要形成对现实生活的整体观,为了创造比以往任何时候都更加真实的世界表征，我们需要深度和保真度，而在我看来，即使目前最先进的技术也达不到这种需求。因此，我们再次热血沸腾，迎接挑战。我们再次需要进化。

当然，进化的确切形式仍是个谜，但耐人寻味的蛛丝马迹已经初露端倪。随着进化所需的数据集规模日益增长，组织足够的人力所涉及的成本、时间甚至伦理问题不断增加。近年来，更具影响力的发展之一是出现了越来越多的模型训练新方法，这些方法可以突破人工整理数据集出现的瓶颈。模型的数据处理能力主要包括模型规模、并行操作的能力，以及自主识别有用模式的能力（文献中称之为"注意力"）等方面。模型在数据处理方面的进展使得用大规模数据集进行训练成为可能。有时，数据集的规模甚至构成了互联网的很大一部分。以文本为例，训练数据通常包括整个维基百科、各大图书馆的书籍和学术期刊，甚至是像 Reddit 这类在线论坛的历史帖子。在对每个单词、空格和标点符号进行分析之后，就可以生成人类语言的统计模型。这个模型是如此庞大，却又如此浓缩，只需要简短的提示，就可以让想法的种子变成茂密的参天大树，将一句话（无论是问句、陈述句还是对话）扩展成一篇洋洋洒洒的生动散文。这些模型现在通常被称为"大型语言模型"（Large Language Model，LLM），其所呈现的语句极为流畅，与人类的语言能力惊人地接近，让读者很容易忘记自己阅读的文字其实并不是真人写的。

经过多年的计算机视觉研究突破，大型语言模型正在推动自然语言处理的复兴，也很可能预示着人工智能的下一个伟大时代即将来临。具体而言，一种称为 Transformer 的新型机器学习模型成为自 2012 年的 AlexNet 以来神经网络设计中最大的进化飞跃。Transformer 具备了所有让大型语言模型成为可能的必要特性：规模庞大，通过处理大量并行数据块来加速训练，并拥有极其复杂的注意力机制。不管怎么看，Transformer 都是一个里程碑，甚至可以说是一个转折点；它一经发布，就立刻展示出了惊人的能力，甚至连其背后的专家们都感到震惊，而这些进展至今都没有放缓。

初次接触到由大型语言模型生成的文本时，我感到非常超现实，不禁想起了当年与安德烈合作开展的研究。当时，我们看到人工智能写出一个完整的句子来描述自己看到的东西（尽管措辞略显笨拙），是多么兴奋啊。而仅仅几年后，算法已经成为文笔流畅的文字大师，可以回答问题、编写故事，甚至还能解释笑话。更重要的是，新兴的"多模态"网络不仅限于在文本上进行训练，还可以利用照片、音频、录音甚至视频进行训练，从而学会了生成不同形式的媒体内容。这种进展常常让人感觉比计划提前了一两代；在短短十年左右的时间里，算法已经从难以识别照片内容，发展到以超人水平进行识别，现在甚至可以创造全新的图片——这些图片看起来跟真实的摄影作品无异，但完全是合成的，并且往往具有惊人的逼真度和细节。看起来，深度学习时代似乎已经让位于一场新的革命，生成式人工智能时代即将来临。

即使对我来说，生成式人工智能也经常看起来就像魔法一样。而这项技术的核心再次展现了大规模数据的力量。可以肯定的是，"规模"是其中的关键词。AlexNet 首次亮相时，网络参数为 6000 万个，刚好足以对 ImageNet 数据集进行合理解释，至少可以解释部分子集。相比之下，Transformer 的参数已经增长到数千亿个，足以利用文本、照片、视频等形式的数据进行训练。这无疑带来了无尽的工程挑战，但其中所体现的科学性却出奇的优雅。从杨立昆的邮编阅读器、福岛的新认知机，甚至罗森布拉特的感知机时代开始，这些可能性似乎就一直在等待着我们的发现。从 ImageNet 时代开始，所有这一切都存在于某个地方，蕴藏着巨大的潜力。我们要做的，只是把一个简单的想法变得足够宏大而已。

然而，我越来越感觉到，这样的解释只触及了技术细节，并没有回答更本质的问题。大型语言模型，即使是多模态的大型语言模型，可能也并不具备真正意义上的"思考"能力。看看就知道了：大型语言模型很容易出现荒谬的概念性失误，也乐于编造听起来合理但实际上毫无意义的胡言乱语。了解这些事实有助于我们避免过分迷恋模型的能力。然而，随着大型语言模型生成的文本、图像、语音和视频越来越复杂，真与假之间的界限愈加模糊。越来越多的评论家开始质疑，为我们敲响警钟：作为个人、机构，甚至社会，我们究竟有没有能力区分真实和虚构？当人们意识到这一切还只是 1.0 版本时，这种发问尤其令人警醒。

就这样,科技不断发展。算法语言表达的高级程度已逼近人类水平。机器人正在逐渐学会应对真实的环境。视觉模型不仅可以通过照片进行训练,还可以在全三维世界中进行沉浸式实时训练。人工智能能够像识别内容一样流畅地生成内容。与此同时,伦理问题在我们周围不断涌现,与人类经济社会发展的关联也日益紧密。但这就是科学一直以来的样子。随着旅程的展开,前路只会变得更漫长、更复杂。无穷无尽的分叉、不断扩大的视野、新的发现、新的危机、新的争论,故事永远处于第一幕。

曾经,我做出决定,要把自己的一生奉献给这个鲜为人知的领域;因为这个决定,我比想象中走得更远。因为历史的偶然,我这一代人亲眼见证了人工智能从学术奥秘转变为头条新闻。我因此有机会周游世界,与全球的领导者同聚一堂,并在最近几年中站在最大的平台上发表演讲。耀眼的灯光、绚丽的色彩、一排排的观众似乎可以无限延伸到地平线,这些都是难得的特权,每一个都是意想不到的荣誉。

但实验室仍然是我最喜欢的地方:荧光灯管嗡嗡作响,座椅硬邦邦的,咖啡早就不新鲜了,没完没了地点鼠标、敲键盘,记号笔在白板上发出吱吱声。自从 2012 年 AlexNet 诞生,自从 2006 年我和邓嘉创建 ImageNet,自从彼得罗把西蒙·索普的脑电图研究报告打印稿放在我桌上,发生了太多事情。"相信我，这是你想读的内容。"即使是现在，北极星依然照耀着我前行的道路。旅程仍在召唤，还有更多的目标等待我去追逐。

我时常回想起与彼得罗和克里斯托夫初次见面的情景，当时他们在我心中就是学术巨人。我很难想象有人会把我也看成是那样的人——单凭我的身材，就可能让我失去"巨人"的资格。但在某种程度上，我确实有一点儿权威人物的气场。我的导师们教会了我如何善用威严：要将其作为一种感召，而不是障碍。对于每一个愿意通过个人努力来到这里的学生，我想告诉你们：如果你真的对这些事物充满热情，无论你是谁，无论你来自哪里，你都属于这里。让我们共同创造未来！

午后阳光明媚，太阳渐渐西斜，但空气依然暖和，我们躲在凉亭的树荫下，享受着宁静的时刻。母亲静静地坐着，满心欢喜地看着外孙外孙女在草坪上踢足球，他们奔跑着，笑声、尖叫声回荡。父亲尽力跟上他们的脚步，和他们一起欢笑，看着就像个年轻人。对以"玩"为毕生追求的父亲来说，成为外祖父后，他终于找到了适合自己的节奏——这个角色对他没有任何要求，他只需要做爱玩的自己就好。

手机震动，我低头看了一眼，发现是斯坦福 HAI 的政策主管发来的信息。

> 国家研究云刚刚在参议院获得通过
>
> 这是一个更大法案的一部分
>
> 即将提交总统

一分钟后,我又收到一条信息,是琼·萨贝拉发来的,还附带了一段视频。我点击播放按钮,看到两双热切的小手撕开了配套的包装纸,露出两套《星球大战》乐高套装,我听到了兴奋的尖叫声。

"孩子们,你们应该说什么呢?"我听到琼在镜头外问道,"谢谢飞飞阿姨和西尔维奥叔叔!"两个声音高兴地齐声回答。

镜头里是鲍勃的两个孙子。他的书呆子气和想象力显然延续到了他的孙辈身上。但两个小家伙毫无掩饰的喜悦告诉我,鲍勃的内向性格已经消失无踪。我能想象到,如果鲍勃听到这样的话,脸上会露出怎样的笑容。

挂断视频后,我回到了群聊,里面有琼、她的儿子马克,还有我。几年来,我们在群里分享着个人的生活和成就:重要的里程碑、生日庆祝、膝关节置换手术后的恢复情况、新工作、新宠物、喜悦的消息、悲伤的消息,以及生命岁月中的点点滴滴。

在帕西帕尼高中的数学课上,我不安地向鲍勃求助,从此我们的生命开始相交,我的移民生活得以改变。现在,我们两个家庭横跨美国,三代人之间依然保持着紧密的联系。鲍勃是我的老师、我的知己、我的朋友;在我几乎无法表达自己的时候，他是我的救命稻草。萨贝拉一家的餐桌上总是摆着自制的布朗尼蛋糕，时至今日，这仍是我受到过最好的同理心教育。萨贝拉一家无疑是我自己家庭的延伸。我无法想象没有他们的生活，就像我无法想象没有父母的生活一样。这就是为什么十多年后，鲍勃的离去仍然让我感到心痛。但我们的对话从未停止过，他的记忆仍在倾听，我仍在向他倾吐心声。

关于这个国家，让我学到最多的就是与萨贝拉一家的交往。爱国主义教育从高中就开始了，历史课上的宏大叙事令人崇敬，却与移民群体真实生活的凄凉现状，甚至遭受的暴力形成了鲜明对比，所以这些课程从来没有真正触及我的内心深处。几十年来，我和其他人一样沉浸在紧张的局势中，面临党派纷争、文化断层、选举周期以及其他一切。我对这个国家最深刻的理解不是来自新闻，也不是来自某个论战家的专栏文章，甚至不是来自教科书，而是源于有幸结识萨贝拉一家。他们是我在这片土地上最珍视的人道主义典范，他们闪耀着人性的光辉，在我看来，这才是真正的美国精神。

推拉玻璃门发出橡胶摩擦般的吱吱声，我转过身来。西尔维奥朝我们走来，手里空空如也。

"午餐呢？"我半开玩笑地问道，肚子已经饿得咕咕叫了。

"答辩进行了很长时间。"他叹了口气，露出毫无歉意的微笑。他知道，我既能分享他的快乐，也能理解他的疲惫。

在过去的几个小时里，他在仔细剖析他最新的博士候选人的论文，质疑她的观点，听取她的解释，并最终授予她学位。

不难想象，整个过程远远超出了预定的时间，西尔维奥被那种熟悉的激情紧紧抓住了。我们两个都是这样，一旦激情沸腾，就会久久难以平息。

我又看了一眼手机，发消息的都是熟悉的名字。最近的聊天记录里有奥尔佳和邓嘉，两人现在都在普林斯顿大学任教，依然活跃在计算机视觉研究的最前沿。尤其是奥尔佳，她是人工智能领域公平和透明的坚定倡导者，还把 AI4ALL 带到了自己的新校园。仍在加州理工学院任教的彼得罗也给我发来了信息，向我介绍他的博士生利用计算机视觉支持全球保护和可持续发展的工作。还有一条来自我十几年来的研究伙伴和朋友阿尼，他跟我分享了环境智能的最新进展。

无论我如何界定自己的身份——是华人、美国人，还是名誉上的意大利人——我早已摆脱了对"格格不入"的恐惧，因为我一路上遇到太多真诚的人，他们给了我太多善意。移民之路并不平坦，但我始终心存感激。

即使是母亲持续多年的健康问题，也不能简单地用幸运与不幸来衡量，其背后的故事要复杂得多。不可避免的事情还能拖延多久，才能让人觉得不再那么不可避免？近 30 年的旅程虽然坎坷，但我不得不承认，以不幸家庭的标准来看，我们家是幸运的。生活虽然艰辛，但我们并没有失去亲人，没有经历悲伤和哀悼，我们在一起度过了所有的时光，我不禁对此也深怀感恩。

这些天来，我发现自己时常陷入沉思。我经常想起父母的成长岁月，母亲被困在自我吞噬的文化中，而父亲则迷失在悲剧里，从来没有完全解脱。我还记得，当我们登上飞机离开我们熟悉的生活时，我看到母亲的双手颤抖不止；当我们在肯尼迪机场行李提取处等待时，夜幕降临，我和母亲被困机场，父亲却迟迟未到，我们的内心充满了恐惧；我想起干洗店里闷热的气息和嗡嗡的机械声；我想起第一次看到普林斯顿大学的情景。

回顾我的职业生涯，我相信，这段漂洋过海的经历给我留下了深刻的烙印。然而，直到现在我才意识到，这种烙印将继续影响我的研究和思考。我想到母亲，是什么促使她孤注一掷、远走他乡？而如今，她竟然在位于帕洛阿尔托的自家后院里安度晚年。科学家的生活与移民的生活和冒险家的生活一样，对他们来说，"家"从来都不是个明确的概念。最好的作品总是在边界上诞生，在那里，思想永远被困在来去之间，由陌生土地上的陌生人探索，既是局内人又是局外人。但这正是我们如此强大的原因。独特的身份让我们保持独特的视角，赋予我们自由挑战现状的能力。

人工智能的未来仍然充满不确定性，我们有很多理由保持乐观，也同样有很多理由感到担忧。但一切都源于比单纯的技术更深层次、更有影响的问题：在我们创造的过程中，是什么在激励着我们的心灵和思想？我相信，这个问题的答案也许比其他任何问题的答案都更能决定我们的未来。很多事情都取决于问题由谁来回答。随着人工智能领域逐渐变得更加多元、更加包容、对其他学科的专业知识更加开放,我也越来越有信心:我们能正确回答这个问题。

在现实世界中,存在着一颗北极星,那是小熊星座中最明亮的恒星。而在思想的世界里,却存在无数个类似的导航指引。每一种新的追求,每一个新的痴迷,都悬挂在黑暗的地平线上,闪烁着耀眼的光芒,向不懈追寻的人们招手致意。这就是为什么我最大的快乐在于知道旅程永远不会结束,我也永远不会停歇。总会有新的事物等着我去追逐探索。对科学家而言,想象力就如同布满北极星的璀璨天空。

致谢

　　本书讲述的是我所看到的世界，有现实世界，也有精神世界，两者之间有很多交叠之处，而其中一些故事仍在不断展开。在此，我要衷心感谢迄今为止在生活的各个层面帮助、支持、爱护过我的人。

　　对我个人而言，最新的世界是写书和出版的世界。就在我们敲定出版协议的时候，全球爆发了一场流行病，因此我们花了三年多的时间才完成手稿。但在此期间，我和我的写作搭档亚历克斯·迈克尔（Alex Michael）组成了一支具有共创精神的团队。我们自称"GAN之队"，这是人工智能爱好者们熟悉的内部笑话。GAN代表"生成对抗神经网络"，可以通过不断提出、分析和完善结果来生成图像。虽然我们是写作上的伙伴、朋友和同事，但真正把我们联系在一起的，是我们生而为人的相似故事：在写这本书的时候，我们两个人的母亲都出现了健康问题，身体状况每况愈下，令人担忧。本书的主题是人工智能等技术如何帮助人们，尤其是在医药和医疗领域，这与我们在写作过程中的个人经历恰好契合。我深感遗憾的是，尽管亚历克斯的母亲渴望阅读最终完成的作品，但在与癌症斗争了数年之后，她还是在书稿定稿之际去世了。不过，我很清楚，我们都是在为自己的母亲而写作。亚历克斯，没有你就不会有这本书，任何言语都不足以表达我的感激之情。能与你共同分享写书之旅，我深感荣幸。我知道你禁止我拿你写作续集开玩笑（永远禁止），但你永远是我在这个世界上最好的写作搭档，所以如果有下一本书，我们将再次成为"GAN之队"。

作为出版界的新人，我们非常幸运与文学经纪人克里斯蒂·弗莱彻（Christy Fletcher）合作。她和莎拉·富恩特斯（Sarah Fuentes）多年来一直给予我们支持和鼓励。同样，我们也非常感谢 Flatiron Books 图书公司。威尔·施瓦尔比（Will Schwalbe）和萨曼莎·祖克古德（Samantha Zukergood）怀着极大的关心和尊重指导我们，帮助我们把一个充满激情的项目变成了现实。当然，这几年，阿伦·布林德尔（Aaron Brindle）、邓嘉、约翰·埃切门迪、苏里亚·甘古利、黛安·格林、乔丹·雅各布斯（Jordan Jacobs）、罗伯塔·卡茨（Roberta Katz）、米莉·林（Millie Lin）、罗布·赖克、珍妮特·谭坚妮（Janet Tan）、保拉·特施（Paula Tesch），以及特里·威诺格拉德和摩根·米切尔（Morgan Mitchell）等人都多次阅读书稿，我们对他们的见解、反应和想法深表感激。

定义我职业生涯的是科学和技术的世界。首先，我要向一些科学巨匠表达我的感激之情。虽然他们永远不会知道，但他们的工作不仅改变了人类文明，也改变了一个在中国内陆城市和美国新泽西州郊区长大的女孩的人生。牛顿、达尔文、居里夫人、薛定谔、爱因斯坦，以及其他许多伟大的科学家，你们不需要我的致谢，但我必须感谢你们在我踏入神奇的科学世界时，为我点亮了鼓舞人心的灯塔。

很多前辈对于把我塑造成为科学家产生了直接影响。我特别要感谢我的博士生导师彼得罗·佩罗纳和克里斯托夫·科赫，他们把我从一个对人工智能一无所知的物理学本科生培养成了初露头角的研究人员和计算机科学家。一路走来，我还结识了很多其他导师和合作者，其中包括黛安娜·贝克（Diane Beck）、比尔·戴利、黛安娜·格林、约翰·亨尼西（John Hennessy）、杰弗里·辛顿、达夫妮·科勒、李凯、吉坦德拉·马利克（Jitendra Malik）、阿诺德·米尔斯坦（Arnold Milstein）、吴恩达和塞巴斯蒂安·特龙等等。在过去的几年里，我的人工智能世界已经扩展到以人为本的人工智能世界，我在斯坦福大学成立了相关研究院，并将其作为我实验室研究的北极星。我有幸与约翰·埃切门迪、詹姆斯·兰迪（James Landay）、克里斯·曼宁（Chris Manning）以及斯坦福 HAI 的所有教职员工共事，我想对这些亲密合作者和同事表示感谢。

这本书深受我的研究生们的影响，其中包括邓嘉、蒂姆尼特·格布鲁、阿尔伯特·哈克（Albert Haque）、安德烈·卡尔帕西、乔恩·克劳斯、胡安·卡洛斯·尼布尔斯、奥尔加·鲁萨科夫斯基和塞雷娜·杨（Serena Yeung）。此外，我还必须感谢每一位信任我的学生和导师：来自加州理工学院、伊利诺伊大学、普林斯顿大学和斯坦福大学的本科生、硕士生、博士生和博士后导师。你们的工作继续定义着我所从事的科学领域。

我一直在充满了爱和支持的世界里成长。我来自一个小家族，家里只有外公外婆、父母和我，但勇敢和坚定的爱弥补了人数上的不足。即使在移民30年后，我仍在努力学习这份无与伦比的勇气。正是这份勇气把我不会说英语的父母（李舜和邝颖）带到美国，让我能自由地追求自己海阔天空的梦想。

但是，如果没有陌生人的支持，我将永远无法成功。虽然我们外表不同，语言不同，但他们成了我的良师益友和真正的家人。其中，萨贝拉夫妇，特别是我在新泽西州帕西帕尼高中的数学老师鲍勃·萨贝拉，在本书中占有重要的位置，这背后的理由非常充分。任何语言都无法充分描述他们的善良和慷慨。他们教会了我人性、同情心和理解，我将永远铭记在心，今天的我在很大程度上体现了他们的教诲。除了萨贝拉一家，我还要永远感谢所有的朋友、老师、邻居和同事，是他们的慷慨、正直、智慧和爱塑造了我的人生之路。

作为一位母亲，一个照顾两个患病移民父母的独生女，一个在仍然由男性主导的领域里奋斗的有色人种女性，我能走到今天，完全归功于我最好的朋友、我的人工智能科学家同事、我的灵魂伴侣、我一生的挚爱西尔维奥·萨瓦雷斯（Silvio

Savarese）。在我看来，只有当人工智能可以与西尔维奥作为科学家、烹饪天才、音乐家、慈父和完美生活伴侣的卓越品质相媲美时，人工智能时代才算真正到来。

作为一个女儿、科学家、移民和人本主义者，我看到了众多不同的世界，但最重要的世界是我将不会生活在其中的世界，是建立在我现在所做的一切之上的世界，是我倾注了所有爱和希望的世界，也是我最为感恩的世界。正是因为这个世界的存在，我现在所做的一切才有意义。这个世界就是我的孩子们和他们的孩子们将继承的世界。在人工智能时代来临之际，我感谢他们让我有幸成为他们的母亲。做母亲是最令我谦卑的体验，我相信，这也将永远是独属于人类的体验。

译后记

《我看见的世界》是李飞飞博士的自传。她是美国三院院士，是计算机科学家，是人本主义者，是母亲、女儿、妻子，是曾短暂涉足商界的学术人士。

作为移民，她在20世纪90年代与父母离开中国，生活被连根拔起，优势荡然无存，从中产"沦落"为美国贫民，生存空间急剧缩减。曾为知识分子的父母不得不从事完全无法发挥自己才能的半体力工作，而她也需要周末在餐厅打工和在自家干洗店帮忙，才能维持生计。其中的无奈和辛苦是太多移民熟知的感受。

作为学生，她自幼即酷爱读书，在家人的鼓励下，自由追逐好奇心。初到美国，因为英语达不到母语水平，她觉得每一节课都是英语课，厚重字典不离身。她有幸在高中遇到数学老师鲍勃·萨贝拉，他们全家对她关照有加，视如己出，让这位青春期女孩找到了归属感。高中毕业后，她拿到了普林斯顿大学全额奖学金，学习物理学，后又进入加州理工学院攻读电子工程博士学位。

作为科学家，她数度面临科学抱负和现实生活的两难选择，最终在家人的坚定支持下，在科学的世界里找到了使命和归宿。她主导打造的 ImageNet 数据集成为计算机视觉突破的关键催化剂。她致力于研发真正可以协助医疗人员、保全患者隐私和尊严的环境智能系统。因为对人工智能领域发展做出的杰出贡献，她当选美国国家工程院、国家医学院、艺术与科学院三院院士，是当之无愧的华人之光。

与李飞飞博士的人生旅程相伴的，是计算机科学领域几十年来的发展和突破。从 1956 年《达特茅斯人工智能夏季研究项目提案》首次提出"人工智能"一词开始，人工智能领域发展几经起伏，目前已在全球掀起风暴，切实影响到每个人的生活，也引发各界对人工智能技术未来发展和潜在影响的热议。

在前不久我重译的《史蒂夫·乔布斯传》一书中，乔布斯表示，苹果的品牌之所以能引起人们的共鸣，"是因为在我们的创新中，蕴含着深刻的人文精神"。无独有偶，李飞飞博士也坚信，在 21 世纪的人工智能技术探索中，人性和人文关怀扮演着核心角色。她联合创立的非营利教育组织 AI4ALL，让更多没有获得充分代表的群体接触人工智能领域。

"我笔写我心"，李飞飞博士的多重身份、独特经历和人文理念串联成《我看见的世界》。在这部以人工智能发展为背景的个人成长史中，李飞飞博士从内部人士的角度，脉络清晰地介绍了人工智能黎明之际的探索与发现，同时将自己在科研过程中的酸甜苦辣融入其中。个人进取与行业发展相互交织，内容翔实，情感真挚，行文如行云流水，读之如身临其境。

《我看见的世界》是我翻译的第一部女性自传，也是迄今我最有共鸣的一部译作。同为女性，同为职场人士，同为母亲，同为"少数群体"，李飞飞博士在面对生活和事业挑战时所展现的勇气、执着、责任感和大爱让我深为感动，翻译过程中数度落泪。我也从她的北极星追逐之旅中汲取了巨大力量。

为了做好翻译，我阅读和学习了人工智能相关教材、读物、报道，力求对专业领域的理解与表述精准无误；参考李飞飞博士演讲、研讨和采访视频，了解她的表达习惯和理念，以便遣词造句更贴近其风格；在有限的时间内不断完善译文，尽自己所能，希望用准确流畅、隽永有力的中文传达自己体会到的启示和触动，将这份力量带给更多人。在一次又一次打磨译文的过程中，我深刻感受到，人工智能永远不会取代人类，因为它不懂什么叫"热爱"。

感谢中信出版集团的信任，感谢始终坚定支持我的家人和朋友，感谢读者。最好的作品永远是下一部。

赵灿

2024 年 3 月于北京

本书赞誉

张亚勤 | 李开复 | 黄铁军 | 尹　烨

陆雄文 | 马兆远 | 段伟文 | 之　恒

蒋　涛 | 霍太稳 | 李永乐 | 姜振宇

（排名不分先后）

张亚勤

清华大学智能产业研究院（AIR）院长，中国工程院外籍院士

美国艺术和科学院院士，澳大利亚国家工程院外籍院士

——

人工智能已经成为这个时代最具变革性的力量，是第四次工业革命的技术引擎。数据是新一代人工智能深度学习的"石油"，李飞飞教授所创建的ImageNet是图像深度学习的第一个"油田"，为人工智能的发展做出了基石性的贡献。飞飞用亲身的经历、优美的语言和科学家的思维，记录了这段令人神往和波澜壮阔的历史进程。这本书也是一部新移民的令人动容的奋斗史和成功史。我大力推荐这本书！

李开复

创新工场董事长兼CEO，零一万物CEO

——

李飞飞博士是世界人工智能领域的先锋。她的研究包含计算机视觉、大型图像数据集和以人为本的人工智能等，都是当前人工智能领域最前沿的重要工作。她是人工智能的布道者，也是榜样，更是这场重要科技革命的良知之声。我非常推荐这本书。

黄铁军
北京智源人工智能研究院理事长，北京大学教授

——

读君一部书，胜交十年友！我和李飞飞教授相识但交往不深，2011年我访学斯坦福大学时只是与她邮件联系但未谋面，2019年她来京时曾短暂晤面但未深谈，这本书让我对她的认识一下子超过了十年老友。她的成长经历和人工智能发展史在书中交织展开，细节和心理描写堪比优秀文学作品，贯穿全书的真情实感更是直击人心！我从业人工智能超过30年，爱好文学超过40年，如果将来回首往事，这本书是极好的模板！

尹烨
华大集团 CEO

——

泛IT领域一直有这样的偏见，认为女性的成就不如男性。而华人女性科学家李飞飞则用这本科技范儿的回忆录，向世界证明了这就是偏见。她用自己的亲身经历讲述了如何把握时代以及与人工智能快速发展期共成长；也用娓娓道来的细腻笔触告知读者成功没有捷径；更以女性特有的灵眸视角，让我们看到了一个充满希望并具备无限可能的人工智能新世界。

陆雄文
复旦大学管理学院院长

——

人工智能是新一轮科技革命的助燃剂和基础设施，是21世纪核爆般的科技前沿，并会改变与催化人类文明进程。作为人工智能领域顶尖的科学家，李飞飞教授在本书中结合自己的人生经历，对人工智能的发展进行了一次通透、智慧的回望。这本书是一位科学家谦和而坚定的人生自传，更是一场永远在路上的北极星追逐之旅，拥有触达人心底处的震撼力量。

马兆远
南方科技大学教授

——

虽然跟飞飞认识二十多年了，但读这本书依然让我感到惊喜。书中讲述了飞飞作为一个新移民在美国学习和工作，直到成为世界级科学家的成长经历。从中国走向世界，科学的旅程让飞飞看到了世界。飞飞作为杰出的人工智能学者，从人工智能的低谷时期，通过机器看懂世界，把人工智能带到了今天的高光时刻，这是她让机器"看世界"的另外一层含义。这本书不仅对今天青少年的STEM（科学、技术、工程与数学）教育有特殊的参考价值，而且对科研工作者怎样带团队、怎样渡过难关、怎样在科学领域获得新突破，都有很多启发。

段伟文
中国社科院科学技术和社会研究中心主任、研究员

——

人工智能科学家李飞飞的《我看见的世界》是一部十分精彩的自传。从母亲一再给予她走科学之路的定力到师友萨贝拉的真情支持，从 ImageNet 的创建到对以人为本的人工智能的思考与实践，李飞飞以我们正在经历的科技大时代为背景，勾勒出一帧帧穿越生活、教育和研究场景的蒙太奇，通过灵动的文字，让读者得以了解她对科学与哲学的独到洞见，一窥指引其成为世界上第一位认识到大数据力量的计算机视觉研究者的北极星。面对通用人工智能刚刚开启的高度不确定的未来，李飞飞的故事将推开每个人心灵和思想的天窗，激励人们去努力探寻科技文明的下一颗北极星。

之恒
小红书首席营销官

——

人工智能是当今时代最具生产力和发展前景的科学领域之一，李飞飞博士的《我看见的世界》讲述了该领域一位女性科学家的成长，深入浅出地带读者领略了人工智能的诞生和发展历程。从她的故事中，你可以感受到那种灵魂深处迸发而出的激情与动力，这不仅指向科学领域的一次重大突破，更意味着一位真正的科学家一往无前的坚定与勇气。

蒋涛
CSDN 创始人兼董事长，中国开源软件推进联盟副主席

——

这是一本感人至深且意味深长的科学家传记。李飞飞用细腻的文笔讲述了自己的移民成长故事，同时讲述了人工智能领域计算机视觉革命的来龙去脉，两者交融巧妙。李飞飞团队在 ImageNet 大规模数据集上的工作取得范式突破，让神经网络算法焕发出人类大脑的智慧，这一切是如何发生的？作者用亲身视角展示了突破创造的科学研究是如何一步步传承发展的，作者和前沿的科学家们在每个阶段又是如何思考的。对于有志于科学研究的青年和想了解人工智能发展的读者，这本书是不可多得的佳作。

霍太稳
极客邦科技创始人兼 CEO

——

郑重推荐。一起来见证一位华裔女科学家用细腻的文笔描述的个人成长历程，以及 ImageNet 数据集诞生的前因后果。李飞飞的独特不是凭空而来的，而是来自全球专家，来自祖国和异国他乡的"知识杂交"。我们理应尊重这种不同，信任这种不同，从而让每个人都拥有一个多元的视野，都拥有自己的"北极星"。

李永乐
中国人民大学附属中学物理教师，知名科普达人

——

李飞飞博士是人工智能领域的顶尖科学家。在这本自传中，她对人工智能的阐释深入浅出，而她自己的故事也同样具有振奋人心的力量。在找到属于自己的"北极星"的过程中，她对于数学、物理学以及人工智能领域的探索和领悟，给青少年的成长提供了很多启发性的思考：科学研究从不是一个机械重复的过程，它需要科学家用不灭的热情与超越常人的坚定意志去探索，保持好奇，保持勇敢，永远愿意追问那些看似不可能的问题。

姜振宇
微反应科学研究院院长，司法心理专家，风险投资人

——

这是一部鲜活的历史，一部讲述计算机视觉发展的鲜活历史。这是一部充满了生活味道的科普书，闪光点不仅仅在于技术本身的从无到有和跌宕起伏的发展历程，更在于亲历者和主导者李飞飞教授的奋斗历程。读这本书，可以更加深刻地理解基于计算机视觉的人工智能技术，非常适合前沿科技工作者和深度技术爱好者品咂个中滋味。

重磅导读

傅 盛 | 杨 澜 | 符绩勋 | 程 浩

快刀青衣 | 杨庆峰

（排名不分先后）

人工智能领域最重要的技术变革之一

傅盛

猎豹移动董事长兼 CEO，猎户星空董事长

亲爱的读者朋友，我亲历了互联网、移动互联网时代的巨变，也见证了人工智能带来的种种奇迹。当下历史节点上的每一个选择，都将直接影响科技进步的方向乃至整个时代的面貌。因此我深知，推动科技发展的出发点和落脚点，必须始终坚持以人为本。

正在全球范围内迅猛崛起的人工智能技术，同样需要我们保持清醒与理性的头脑。我们必须牢牢掌握技术发展的主动权，防止其被某些心怀不轨的个人或集团利用、盗取或篡改，产生负面影响。这不仅是每个科技工作者的使命，也是这个时代每

一个公民需要自觉承担的责任。

从这个层面而言，我由衷地推荐李飞飞博士的这本新书《我看见的世界》。这是一本异乎寻常的科普作品，它生动地记录并反思了人工智能领域最重要的技术变革之一——图像识别的历史与实践。

这本书解开并满足了我对这一领域的诸多疑问与好奇，同时也启发了我对移动互联网时代的种种思考。它使我更加清楚地认识到，任何一项科技的产生和应用都不是偶然的。今天，人工智能技术已经深深融入社会生活的方方面面，但它的每一次进步、每一个应用场景的拓展，都建立在无数像李飞飞博士这样的科学家的辛勤耕耘和贡献之上。

如果说移动互联网连接了世界，那么人工智能则让世界更加智能协同。回顾 2016 年以来猎豹移动、猎户星空 All in AI 的发展历程，我由衷感激公司上下所有同人的努力与担当。正是他们将人工智能等前沿技术运用到教育、出行等重要民生领域，让技术真正造福社会、提升生活品质。这也正是我们"技术立德"的初心，更是这个时代赋予我们每个人的使命与担当。

这本书的最大价值，在于它反复强调人工智能技术发展和应用的根本出发点——以人类利益为中心。这一点至关重要，否则我们就会在科技的错综道路上迷失方向。李飞飞博士作为人工智能领域的领军人物，从未忘记自己的责任与担当。她的科学态度与价值追求，令我由衷敬佩。

这本书中最重要的章节，是李飞飞博士描述自己创建实验室、提出构建大规模图像数据集、实现图像识别技术突破的种种艰辛历程。正是这些枯燥乏味的基础工作积少成多，一步步地推进了整个行业的发展。这种创业家式的执着与韧性，正是当前时代最需要弘扬的精神。

尤其让我印象深刻的是，李飞飞博士为了实现自己的人工智能梦想，毅然决然抛弃了原有的学术生涯，远渡重洋来到陌生的硅谷创业。在资金与人手严重不足的情况下，她白手起家，一步一个脚印从零开始搭建起了自己的事业。这种胆识与魄力，令我由衷佩服。只有经历过创业的种种困难与坎坷，才能真正理解技术革新的本质。

可以说，李飞飞博士是整个人工智能产业发展史上最重要的女性之一。正如书中所言，计算机技术产业从诞生之日起就是一个杜绝女性的领域。直到今天，这个行业依然存在着严重的性别偏见与机会不均等问题。因此，我由衷敬佩李飞飞博士不畏艰辛、勇往直前的创业精神，也感慨她对后来一代女性科技工作者的强大启发作用。

人工智能技术及其应用日渐成熟与广泛，我们见证着它如何深刻地改变着世界。这是人类智慧的结晶，也是这个时代最重要的财富之一。因此，我们必须保持清醒与理智，牢牢掌握技术发展的主动权，始终坚持以人为本，始终不忘技术的根源与意义所在。这是我们共同的历史责任。

作为移动互联网时代的见证者与推动者，我由衷地向每一位科技工作者致以崇高的敬意，也衷心希望广大青年朋友在选择人生道路时，能汲取先哲的精神，心存"大我"与天下情怀，不忘初心，始终坚持正道。这本书的出版也唤醒了我们共同的历史担当。我由衷地向李飞飞博士及其团队表示感谢。

最后，我再次强烈推荐这本书。希望广大读者朋友能够仔细阅读与充分思考。这将是一次深刻的、值得铭记的阅读体验。

让人文的光芒照进机器社会

杨澜
资深媒体人，阳光媒体集团董事长，杨澜读书创始人

我第一次见李飞飞是在 2016 年，她梳着齐肩的短发，穿着一件灰色的 T 恤，上面印着"AI 改变世界，谁来改变 AI"，形象干练。那时她担任斯坦福大学人工智能实验室的主任，而我正在进行《探寻人工智能》纪录片的一系列拍摄。那段时间，我跑了 5 个国家 20 多座城市，采访了 30 多个顶尖实验室及研究机构的 80 多位行业专家。在这么多的专家里，只有两位女性，一位是麻省理工学院人工智能实验室的主任丹妮拉·鲁斯（Daniela Rus），另一位就是李飞飞。

李飞飞在 2007 年发起 ImageNet 计划，带领学生从互联网上下载上亿幅图片并进行标注。后来，来自 167 个国家的 5 万多

人自愿加入标注工作，完成1500万张图片，涉及22000个类别。正是因为有了这么大的数据库，并免费开放给全世界的研究者，才让科研人员们把重点放回到"算法"本身。

作为人工智能领域的顶级科学家，李飞飞不仅关注科技本身的创新和发展，也关注人工智能对社会、伦理带来的影响，这就是以人为本的人工智能。这让我思考"性别因素"与人工智能发展的关联性，也让我更加关注李飞飞创办的人工智能夏令营，这个夏令营让更多女生参与STEM的学习。她发现，"要吸引一个男孩子，你只要说这件事很酷就行了；而女生更在乎人工智能是否能让她的祖父母生活得更有尊严"。

李飞飞关注人工智能在老人陪护方面的应用，关注人工智能因为数据库的偏差而"生成"的性别与种族歧视，也关注她的孩子们是否能生活在一个更美好的世界。这给我以启发，在机器智能的时代，人的情感、人与人之间的连接和共情，依然是人工智能不可取代之处。

我曾问李飞飞研究人工智能技术是为了什么，她说对科技的研究肯定不是仅仅为了获取更多的财富，最终的目的一定是为了人类的福祉。正是像李飞飞这样的科学家和教育者，让人文的光芒照进机器社会，并不断传递着这份饱含情感的心灵观照。

科技让我们知道奔跑的速度，而爱让我们知道奔跑的方向。我对李飞飞所探索的前沿科技和她对生命的思考充满了期待，也对人机共存时代所拥有的可能性充满了期待，希望有更多女性受到鼓舞，进入科技领域，赋予技术更多人文关怀的温度。让我们透过李飞飞的新书，看见并理解她所看见的世界。

如何选择，才能成就不凡人生

符绩勋
纪源资本管理合伙人

听闻人工智能科学家、ImageNet 的奠基人李飞飞的自传《我看见的世界》一书出版，借推荐书之机会，谈谈我对这本书的理解。

《我看见的世界》提及李飞飞从中国前往美国，经历不同文化的多重经历。书中提到，在 20 世纪 80 年代，李飞飞的父母希望女儿能够看到更前沿的未来，因此一路助力女儿。李飞飞 15 岁移民美国，从普林斯顿大学毕业后进入加州理工学院研读，辗转于伊利诺伊大学厄巴纳香槟分校、普林斯顿大学任助理教授，后加入斯坦福大学，并在 2013—2018 年担任斯坦福大学人工智能实验室主任。

　　李飞飞的征途并非只限于学术圈。她进入谷歌担任副总裁，成为谷歌云人工智能及机器学习首席科学家，并当选美国国家工程院、美国国家医学院、美国艺术与科学院三院院士，一路取得科研和事业的双重成绩，而且在关乎人类未来的人工智能领域获得巨大成就，实属不易。

　　我时常思考一个问题：每个人的不同经历是否造就了人生的不同境遇？或许，人的经历越丰富，越会不停拓展自我边界，主动去接受不同文化带来的新冲击，而这一切也将成为我们在不同领域获得成就的筹码。

　　从李飞飞的经历来看，确实如此。对此我也颇有共鸣。作为新加坡人，我毕业后的第一份工作是在惠普推出某款打印机，那段经历让学习工科、研发出身的我开始考虑产品在市场上的定位，开始关注产品背后的供应链配合，并且有机会到美国工作，在科技创新的重要发源地感受创新氛围。

　　此后我又加入了新加坡科技局，作为政府公职人员去推动创业与创新，去进一步感受政府对于这一国家级举措的运筹帷幄。那时候我去过美国、以色列、英国、爱尔兰等国家，真正地打开了眼界，了解了其他国家的创投环境，思考了先进者的先进之处究竟在哪里。

　　再后来，我加入德丰杰，开启了投资人之旅。当时我负责东亚的投资，不仅常常来中国，还多次去了韩国。2005年，我做出了一个出乎很多人意料的选择：离开德丰杰，带家人定居上海，加入纪源资本。我常说，自己如今的一些成绩得益于中国经济崛起与中国互联网行业崛起这两大红利。我也清楚地知道，我的选择才使我有机会接触到这样的红利。

在我看来，李飞飞更是一个从不给自己设限的人。她加入谷歌，还创建了谷歌AI中国中心，这代表着她并不愿拘泥于学术，反而希望借助商业的杠杆改变更多人的生活。

另一个使我感到颇有共鸣的话题，是李飞飞移民美国之初的融入过程。她在街道周边不甚安全的中餐馆每天打工12个小时，做家政工，帮人遛狗。她在书中提道："这些工作让人感到疲倦的地方在于移民经历笼罩的不确定性。……我们来到这个国家，希望寻求其他地方没有的机会，但我却看不到任何通往这些机会的路径。"

虽身处不安全感中，她却从未停止脚步。她提到佩服父亲的乐观，认为父亲的天赋是"在任何情况下，哪怕再平淡无奇，都可以发现幸福和快乐"；除了持续痴迷于数学和物理学，她对美国历史也产生了兴趣，这使她更积极地拥抱美国社会。一次与父母的闲逛，让她邂逅了自己未来的母校普林斯顿大学，并迎面看到了这里矗立的爱因斯坦雕像。熬过移民最初的艰苦岁月之后，她在此重新找到了追逐的目标——物理学，这样的柳暗花明足以让读者感慨万千。

在书中，李飞飞也对人工智能的社会影响进行了诠释，一切都有关"人类"，而非某个国家。"科技革命必须深深植根于人类奋斗的基础之上，必须尊重全球社会的集体尊严，必须始终牢记自己的起源：人类的身体素质在自然界中并不起眼，只是因为人类拥有无尽的想象力，人类社会才取得长足发展。……因此，人工智能革命必须明确地以人为本。"

  以往 20 年的科技发展，无论是基于个人计算机还是移动互联网，目的都是提高效率，让整个供应链更加扁平，让商品直接到达用户。作为投资人，在我看来，人工智能颠覆了很多传统业态，它对社会带来的影响也一定是巨大的、多方面的。同样，科技公司应当考虑到人工智能可能对社会带来的正面甚至负面的冲击。一旦预感到人工智能对社会形态将产生正面甚至负面的冲击，创业者就更应当重视自己的社会责任感，在创造企业价值的同时考虑社会价值。

逐梦"以人为本"的人工智能

程浩

远望资本创始合伙人

《我看见的世界》是一个关于科学探索、移民艰辛和追逐梦想的故事,同时也是一部关于人工智能领域发展的重要著作。在这本自传中,斯坦福大学教授李飞飞向我们展示了一个令人钦佩的人物形象,她不仅是一位杰出的华人科学家,更是一个果敢追求梦想并为之奋斗的人。书中最引人注目的地方之一正是她愿意分享她的个人挣扎、自我怀疑和所历挑战。

作为女性,亲情的牵扰、母亲的疾病、移民家庭带来的生活窘迫和亚裔的身份认同危机,并没有成为她科学研究道路上的羁绊。在一个以男性为主导的领域,李飞飞教授展现出了非凡的勇气、耐心，即使面对逆境也孤勇前行，最终取得了世界瞩目的成绩，切实推动了现代人工智能，特别是计算机视觉的发展。

作为一位移民，高中时才离开中国家乡，到一个陌生的国度适应新的文化和语言挑战，李飞飞教授能够在科学领域取得巨大成就，本身就是一个令人振奋的故事。她的故事也提醒我们，科学研究不仅仅是为了学术荣誉，更重要的是为了追求知识和解决人类社会面临的问题。"以人为本的人工智能"正是李飞飞教授的理念所在。

她在承受巨大的精神和资金压力的情况下，力排众议建成的开创性数据集 ImageNet 就是一个很好的例子。作为当时世界上最大的图像数据库，ImageNet 不仅仅是一项成就，更为卷积神经网络等人工智能技术在深度学习方面取得突破提供了重要的基石，是启迪计算机视觉发展的里程碑，激励了人工智能领域新一代的科学家和工程师。

在这本书中，热心公益的李飞飞教授也提出了人工智能发展中需要保护人类个体尊严和注重伦理道德的观点。正如她与阿尼·米尔斯坦教授开展的"环境智能"项目，为了充分尊重医院护士们的隐私，坚持数据不上云端的原则，并开创性地采用了边缘计算的解决方式。她还创建了 AI4ALL 公益项目，旨在鼓励更多女性和少数族裔参与人工智能领域。

随着人工智能技术的快速发展，我们必须考虑人工智能在解放人类生产力的同时，会带来哪些不良后果甚至对社会的威胁。因此，"可解释的人工智能"是未来发展的必然趋势，以应对目前神经网络的"黑盒"带来的诸多问题。这也是本书所引发的思考之一,即如何确保人工智能的发展符合人类的利益。

除了对人工智能领域的深刻理解和研究,李飞飞教授也是一个充满激情的科学家。她不断追求自己的目标,努力突破自我。她的故事也激励着广大学子和年轻人。总的来说,《我看见的世界》不仅是一部关于人工智能的科学著作,更讲述了一个关于追求梦想和关注人类未来的故事。

通过这本书,我们可以重新审视人工智能,了解它的发展历程和未来的发展方向。在此我推荐《我看见的世界》,无论你的背景或职业如何,这本书都无需专业知识即能轻松阅读。从中你不仅可以更加了解人工智能本身,还能深刻理解科学中的人文精神,并始终保持对人类社会的关注。

在创造历史之前

快刀青衣

得到联合创始人，得到 AI 学习圈产品主理人

从打开李飞飞教授的这本《我看见的世界》的第一页，到看完最后一页的致谢，我感到已经很久没有一本书给我带来这么奇妙的"阅读体验"了。

对，我说的是阅读体验。我读过太多的小说，也读过很多严肃读物，我会把每本书当作一个人，我可能会把一本科幻小说当作一个科学怪人，把一本严肃著作当作一个走上讲台的老教授。看书的过程，其实就是我跟这个人对话的过程。

但是李飞飞教授的这本书，在我打开之前，其实是有自己先入为主的印象的。正因为李飞飞教授2009年创办了当时最

庞大、最超前的ImageNet数据集，并开启了算法挑战赛，才会在三年后，使得多伦多大学的辛顿和他的两个学生发布了AlexNet，开启了第二轮深度学习革命。所以，如果只从类似人工智能简史或者科技媒体报道的角度来看，李飞飞教授仿佛就是用金手指，一下子改写了人工智能发展史。

抽象的历史让我们特别容易神化一个人把握机会的能力，而忽视掉他（她）在创造历史前最黑暗彷徨的时光。但是打开这本书，你仿佛遇到了几个完全不一样的角色。一个是15岁的中学女生，就仿佛你的高中同学一样，学习成绩很好，家庭条件一般，在教室里非常安静内向，但是每次成绩都很出色。一个是25岁的女研究生，她每天沉迷在实验室里，不参加任何社交娱乐活动，但是你会在所有的科技讲座上看到她的身影。一个是35岁的知识渊博的教授，她带着自己的研究团队，面临着一个又一个科学难题，然后逐一克服。和这些角色穿插在一起的，还有一个笔法严谨的科技史记者角色，刚刚还是那个15岁的女中学生，刚到美国怀着身为少数族裔时常被欺负的胆怯，但是转眼间就讲到了这个时刻，在遥远的某个实验室里，一些现在名震江湖的大神，还在人工智能的寒冬里苦苦挣扎。

和这几个角色交织在一起的，还有李飞飞的家庭。你会从她的书里认识她的父母，从她的描述里看到很多自己父母的影子，面对贫困时依然乐观，在人生地不熟的异国他乡依然努力站稳脚跟，在李飞飞面临"提前结束学业去华尔街挣钱"还是遵循内心"成为一个科学家"时，她的妈妈在病床上依然支持女儿追随自己的梦想。

所以，这本书完全超出了我的预期。原本我以为是李飞飞教授写自己的辉煌历史，但是看完之后，她在我心目中的形象发生了很大的转变，不再是高高在上的大神，而是一个脚踏实地去解决问题、热爱生活的学者。

我甚至拿出她描写的一些片段，比如她在初中刚接触物理时的那种手足无措和茫然的场景，念给我13岁的女儿听，因为她也正处在为物理而发愁的阶段。我告诉她，曾经有一位15岁的姐姐也遇到了同样的情况，但是她直面困难，现在已经成为全球闻名的科学家。

等本书上市后，我会再买一本送给女儿，里面大部分内容她现在肯定看不懂，但是也许未来的某一天，她无意中翻起来，谁知道会产生什么样的奇妙效果呢？

毕竟从书里，你能看到很多"偶然"迸发出的机会，有些改变了某个人的命运，有些改变了世界的命运。科学是这样，其实阅读也是这样。

北极星的指引

杨庆峰
复旦大学科技伦理与人类未来研究院教授、研究员

初识此书

—

阅读《我看见的世界》纯属偶然,《信睿周报》的朋友找到我,让我看看这本书。在这之前,我的写作思考中已经有李飞飞教授的影响了。我在思考超级智能实现的三条路径时,已经阅读了她对具身智能、交互智能的讨论文章,所以欣然接受了这个任务。

要理解这本书,两个关键词是必须要注意到的。一个是"看",另外一个是"世界"。第一个关键词"看",和视觉有

关。"视觉研究是对人类认知中一个核心现象的探索。视觉在很大程度上是人类身份和独特性的基础，无论是在生物学上、人际关系方面，还是在文化层面。研究视觉是通往我们体验最基础层面的旅程。"这句话可以作为《我看见的世界》中"看"的最佳诠释。第二个关键词"世界"，并不是人类眼中的世界。对李飞飞来说，"世界"是机器眼中的世界，呈现给大多数人的则是图像世界。

　　阅读中也有触动我的地方。"'家'从来都不是个明确的概念"，这是这本书中非常不起眼的一句话，却触动了我。在很多人看来，家是一种非常明确的情感和概念。哲学界对家的讨论也非常多，并将这种明确的情感和内涵给予明晰。然而，我却对"不明确的家"有着一些共鸣：家是变动的、遥远的，并且存在彼岸的想象。在《我看见的世界》中，作者通过自己的生活经历，描述了家的概念的流转和变动不居，成都、北京、斯坦福，成为她生命前行的驿站，从中国到美国，构成她的生活轨迹。这让我想起了埃里克·坎德尔，一位研究记忆的诺贝尔奖获得者，他的童年也是如此，从奥地利到美国，在美国取得了自己的成就。回想我自己，也是在15岁那年，由于父母工作的变动，举家从陕西、宁夏辗转到了山东的一个小镇。于是，在我的印象中，家从来都不是明确的概念，反而成为一种模糊变动的情感。这种人生境遇的似曾相识让我对这本书产生了浓厚的兴趣，愿意跟随作者一起回顾生活经历，感受思想之路的变化。如果要对这本书进行导读，一个很好的方式是采用对象构建的方式。从点出发，点的运动形成了线，线的运动形成了面。在《我看见的世界》一书中，完全可以找到与之对应的对象要素。

北极星：我看到的点

———

贯穿全书始末的一个线索便是"北极星"，第 6 章、第 12 章的标题中就包含"北极星"，第 2 章、第 4 章、第 11 章里也多次提到北极星。北极星既是天上一颗指引人前行的恒星，也是一种让人穷追不舍的观念。对李飞飞教授来说，北极星的价值不容忽视，这也是她多次强调的东西。她写道："以北极星来比喻理想，其真正的价值不仅仅在于北极星可以指引方向，更在于无论怎样努力，到达北极星的距离永远是无限的。我们可以为之苦苦追求，可以为之痴迷一生，却永远无法抵达。"在书中，她提到父母的北极星是"追求无限机会"，她自己的北极星是"让机器熟悉视觉世界"（第 6 章）以及"从根本上重新构想人工智能，使其成为以人为本的实践"（第 11 章）。在哲学史上，我们至少看到两位哲学家也曾将北极星嵌入他们的著作中，一位是康德，另一位是利科。对他们来说，追逐自己的北极星成了他们整个学术生涯的动力之源。

学术之路：我看到的线

—

李飞飞教授的学术之路是这本书的一条主线。这条主线就是对智能的研究。大学期间，她攻读的是物理学专业，那时她就感受到可以"用离散的数学术语来理解心智"这一观点，并且被说服，逐渐将智能揭示为过程、规则和原则。研究生期间，她逐渐认识到，"研究生学习将把激情转化为旅程，将兴趣转化为身份"。工作之后，她开始从事机器视觉的研究，并且看到了人工智能与视觉研究之间的内在关联："视知觉依赖于分类""解开人工智能之谜的理想第一步，就是迎接一个特殊的挑战：通过理解各种物体来理解视觉世界"。受心理学家乔治·阿米蒂奇·米勒的 WordNet 启发，她在 2009 年构建起 ImageNet，这个数据集包含了 22000 个图像类别，用她自己的话说就是打造了一个真正的世界本体。这个本体由人类从零开始策划，既是概念性的，也是视觉上的。用卡尔那普的话说，这完成了图像世界的逻辑构造。其中，描述生成图像要点的算法的研究给我留下了深刻印象，能够用文字概括图像的要点，继而做到将图像转化为故事，将像素转化为语言和意义。

但是她的研究并不止于理论，而是很好地做到了理论与实践相结合。"环境智能"这个研究让我们看到了这一点。由于她的母亲身体不好，李飞飞经常和医院的医生、护士打交道。在偶然的一次聊天中，她知道了传统的医疗护理失误导致的高死亡率的问题，于是萌生了将人工智能和病人护理结合起来的想法。她对这种结合做了说明："与人类监察员不同，我们的技术将悄然融入背景之中，默默监视，只有在察觉到危险时才会发出警报。我们将其称为'环境智能'。"这一行动最初不被理解和看好。很多学生感到奇怪，甚至担忧将来的论文发表问题，医生和护士也不能很好地理解，认为她在监视他们。面对这种不理解，她依然坚持这种想法，并且通过多种方式获得了团队成员和医护人员的理解。2020年，她的团队在《自然》杂志上发表论文《用环境智能照亮医疗保健的黑暗空间》。我们细看这种想法，就能够感受到她的努力。论文"对我们的研究进行了全面的回顾，并介绍了我们对智能传感器的完整构想。智能传感器可以扩展医生和护士的感知范围，帮助他们以前所未有的规模和一致性应对医疗保健环境中的混乱状况。论文描述了环境智能在医院的各个场景中可以发挥的作用，包括改善老年人护理，协助慢性疾病管理，识别精神疾病症状，在整个手术过程中跟踪手术工具的使用，在整个轮班过程中提高临床医生的卫生状况，等等"。面对伦理质疑，她以开放认真的态度对待不同意见。2021年《柳叶刀》杂志发表了一篇反驳文章，题为《在医疗保健机构中使用环境智能的伦理问题》，文章指出，环境智能提升护理服务的潜力与"一系列伦理问题"相结合，其中许多问题围绕着大规模数据收集、新的隐私陷阱，以及这种沉浸式、分散监控技术的环境中对知情同意的侵犯。在与这篇文章的交锋中，她开始意识到伦理的重要性。担任谷歌云人工智能及机器学习首席科学家之后，她向全世界提出了"以人为本的人工智能"。

以人为本的人工智能：我看到的人工智能世界图景

一

通读整部书，读者能够感受到李飞飞教授以人为本的理念由模糊到清晰、由个体到群体的转变过程。在对环境智能的研究中，她从她的母亲那里看到了病人最宝贵的东西——尊严，"个体的尊严是至高无上的——这是任何数据集都无法解释、任何算法都无法优化的变量"。这唤醒了一位科学家内心的人性情怀。她开始思考构建以人为中心的人工智能。在她看来，如果人工智能要帮助人类，必须从人类自身开始思考。在对人工智能的认识中，她逐渐抵达了技术哲学的层面。比如，在分析人工智能给人类社会带来好处的同时也带来风险的问题上，她表现出足够的反思。她提到，在这个领域的历史上，第一次出现了流血事件。从自动驾驶汽车发展史上伊莱恩·赫茨伯格之死，到今天的机器人伤人事件，都说明了人工智能对人可能产生伤害。还有，加深了人类偏见，如在贷款审批、求职筛选等过程中表现出来的偏见、隐私侵犯等。

这些反思使得她格外强调人工智能伦理。因此，当被问到人工智能科研人员为什么关注伦理框架时，她强调，人们必须了解哲学、伦理学，甚至法律。这个想法最终明确为"以人为本的人工智能"，并且成为她的下一颗北极星。

合上此书，我的脑海里闪过一句话："对科学家来说，想象力就是满天的北极星。"对李飞飞来说，不正是如此吗？在下一颗北极星的指引下，她继续着自己"以人为本的人工智能"的科学追求和人文关怀。